近現代 韓國知性史大系 叢書 7

한국근현대사에서 민족자주론과 사대주의
19세기 말~1950년대

윤정란 지음

이 저서는 2013년 대한민국 교육부와 한국학중앙연구원(한국학진흥사업단)의 한국학 분야 토대연구지원사업의 지원을 받아 수행된 연구임(AKS-2013-KFR-1230002).

■ 윤정란

숭실대학교 사학과를 졸업하고 같은 대학교 대학원에서 "일제시대 한국기독교여성운동연구"라는 주제로 2000년 문학박사학위를 받았으며 이후부터 한국근현대사에서 여성사, 독립운동사, 개신교사 등의 연구에 전념했다. 현재는 서강대학교 종교연구소에서 연구원으로 재직하고 있다.

주요 저서로『한국 기독교 여성운동의 역사』(2003), 『19세기말 서양선교사와 한국사회』(공저, 2004), 『전쟁과 기억』(공저, 2005), 『종교계의 민족운동』(공저, 2008), 『서북을 호령한 여성독립운동가 조신성』(2009), 『혁명과 여성』(공저, 2010), 『왕비로 보는 조선왕조』(2015) 등이 있으며, 다수의 논문이 있다.

近現代 韓國知性史大系 叢書 7

한국근현대사에서 민족자주론과 사대주의
19세기 말~1950년대

2018년 8월 27일 초판 1쇄 인쇄
2018년 8월 30일 초판 1쇄 발행

지은이 ■ 윤정란
펴낸이 ■ 정용국
펴낸곳 ■ (주)신서원
주소 : 서울시 서대문구 냉천동 260 동부센트레빌 아파트 상가동 202호
전화 : (02)739-0222 · 3 팩스 : (02)739-0224
신서원 블로그 : http://blog.naver.com/sinseowon
등록 : 제300-2011-123호(2011.7.4)
ISBN 978-89-7940-296-4 94910
ISBN 978-89-7940-289-6 94910(세트)
값 21,000원

신서원은 부모의 서가에서 자녀의 책꽂이로
'대물림'할 수 있기를 바라며 책을 만들고 있습니다.
잘못된 책은 연락주세요.

近現代 韓國知性史大系 叢書 7

한국근현대사에서 민족자주론과 사대주의

19세기 말~1950년대

윤정란 지음

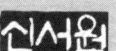

『근현대 한국지성사대계 총서』를 출간하며

　총 8권으로 구성된 『근현대 한국지성사대계 총서』는 한국학중앙연구원의 지원을 받아 2013년 9월 1일부터 3년에 걸쳐 수행된 한국학분야 토대연구지원사업의 성과로서 출간된 것이다. ≪근현대 한국지성사대계: 자주적 근대화의 사상과 행동≫이라는 주제에 따라 진행된 본 연구사업은 개항 후 20세기 후반에 이르기까지 전개된 한국사회의 자주적 근대화가 급변하는 역사적 환경의 압력에 대응해 국가적·민족적 정체성을 확보할 수 있는 방안을 모색하기 위한 지적 성찰에 힘입은 바 크다는 전제 하에, 이러한 성찰을 주도한 정치지성들의 이념적·실천적 시각과 현실인식을 추적한 연구결과를 총서의 형태로 발간하려는 목표를 상정하였다. 그리고 이와 같은 목표를 달성하기 위해 ① 민주주의와 민주화, ② 민족주의와 변혁이념, ③ 사회주의, ④ 근대 지식사와 실학 담론, ⑤ 동양과 아시아, ⑥ 사대와 자주 ⑦ 비극의 서사 등 총 7개 영역으로 구획된 대주제(大主題)를 설정하고, 개화기, 일제 강점기, 현대 한국으로 구획된 역사적 단계에 따라 각 대주제에 상응하는 세부주제들을 선택해 연구를 진행하였다. 연구방법으로는 고유한 역사사회적 지형 위에서 형성된 정치지성들의 시각과

견해를 다양한 측면에서 규명하기 위해 중층적 담론분석·경험과학적 내용분석·역사정치학적 맥락분석·이야기 기법 등, 각 연구자가 전공분야에 따라 견지하고 있는 분석구도를 복합적으로 동원한 다중방법론적 접근방식(multimethodological approach)을 채택했다. 연구결과로서 출간된 여덟 권의 책은 아래와 같다.

- 총서 1. 『민주주의와 민주화 I : 자주적 근대화와 저항의 담론』
- 총서 2. 『민주주의와 민주화 II : 민주주의 담론의 경험과학적 내용분석』
- 총서 3. 『한국 근대 민족주의와 변혁이념, 민주공화주의』
- 총서 4. 『사회주의와 맑스주의 원전 번역』
- 총서 5. 『다산(茶山)의 초상: 한국 근대 실학 담론의 형성과 전개』
- 총서 6. 『함께 움직이는 거울, '아시아': 근현대 한국의 '아시아' 인식의 궤적』
- 총서 7. 『한국근현대사에서 민족자주론과 사대주의: 19세기 말~1950년대』
- 총서 8. 『비극의 서사: 근현대 한국 지성의 삶과 사상』

본 『근현대 한국지성사대계 총서』가 비단 위에서 밝힌 7개 주제에 관한 한국지성사 연구뿐만 아니라, 근현대 한국의 정치적·사회문화적 변동 양상에 관한 역사학·정치학·사회학·국문학 등 광범위한 인문사회과학 연구의 기반자료로 널리 활용될 수 있기를 기대한다. 이와 더불어 여덟 권의 책 모두 대학 및 대학원을 포함한 교육기관의 한국학 관련강좌의 교재로서, 혹은 국내외 한국학 연구의 활성화에 일조할 수 있는 학술자료로서의 역할을 제대로 수행할 수 있기를 간절히 바란다.

한국학 발전에 있어서 지극히 중요한 주제를 지정해 주시고 연구의 전 과정에 걸쳐 적극적 지원을 아끼지 않으신 한국학중앙연구원과 연구주관기관 한국외국어대학교 연구산학협력단에 깊은 사의를 표한다. 또한 3년이라는 비교적 긴 시간 동안 결코 쉽지 않은 연구와 원고작성에 매진해 주신 공동연구원 선생님들, 연구사업의 조정·관리업무를 담당해 주신 전임연구인력 선생님들, 그리고 연구보조원 모두에게 감사의 말씀을 전하지 않을 수 없다.

2018년 6월
연구책임자
한국외국어대학교 정치외교학과 교수 김웅진

차 례

『근현대 한국지성사대계 총서』를 출간하며   5

| 서론 | 13 |

| 제1부 |
문명개화와 위정척사의 화이관(華夷觀)   23

제1장 서론 ··· 25
제2장 문명개화는 자주였는가? ···················· 29
제3장 위정척사는 사대였는가? ···················· 40
제4장 사대와 자주의 혼돈 ···························· 56
제5장 결론 ··· 68

| 제2부 |
일제강점기 조선지식인들의 자주독립노선과
친일사대주의노선   71

제1장 서론 ··· 73

제2장 유교 지식인의 자주독립노선 ………………………………… 75
제3장 근대민족지식인들의 자주독립노선 …………………………… 82
제4장 일제의 문화통치와 친일지식인들의 친일사대주의노선 ………… 88
제5장 일제의 전시정책과 친일지식인들의 전쟁협력논리와 활동 …… 93
   1. 일제의 사상통제와 전시 유언비어 확산 ……………………… 93
   2. 친일 지식인들의 전쟁협력 논리 ………………………………… 98
      1) 동양문명의 재구성: 동아협동체론에서 대동아공영권으로 ……… 98
      2) 내선일체론 ………………………………………………… 110
      3) 전쟁협력의 논리 …………………………………………… 118
   3. 단체를 통한 친일활동 …………………………………………… 127
제6장 결론 ……………………………………………………… 133

제3부

대한민국 정부 수립과 이승만의 대미관　　　　　147

제1장 서론 ……………………………………………………… 149
제2장 친미적 대미관 형성 ……………………………………… 152
제3장 일제강점기 친미적 대미관과 대미외교 ……………………… 166
   1. 위임청원운동과 구미위원부를 통한 대미외교 ………………… 166
   2. 태평양전쟁기 대미외교:
       임시정부 승인, 군사적 지원, 얄타밀약설 …………………… 179
제4장 대한민국 정부수립과 한미상호방위조약 …………………… 186
   1. 미국과 대한민국 정부수립 ……………………………………… 186
   2. 유엔의 정부 승인 ……………………………………………… 197

3. 한미상호방위조약 ·· 206
제5장 결론 ··· 214

결론   217

참고문헌   229

색인   236

서론

⋮

1.

　오늘날 대한민국은 경제발전과 정치적 민주화를 동시에 이루어 세계적인 모범국가로 평가받고 있다. 그러나 그 저변에는 대한민국, 한국인의 정체성에 대한 혼란과 위기에 대한 불안감도 자리 잡고 있다. 대한민국이 공식 출범한지 70년이 되었음에도 불구하고 여전히 우리의 정체성이 무엇이고 어떻게 정립해 나갈 것인지에 대하여 의견이 분분하다. 그것은 아직도 한국의 정체성을 확립하지 못했다는 반증이라고도 할 수 있다.

　한국의 정체성이 확립되지 못한 것은 역사에 대한 무관심과 역사의식의 부재 때문이라고 할 수 있다. 즉 단지 역사의 진행이 발전과 진보의 방향으로 나가고 있다는 막연한 이해만 있을 뿐, 그 발전과 진보의 동력, 특히 합리적/비합리적 동기가 무엇인지를 알지 못하고, 이로 인해 현재가 과거라는 성립 선행조건에 의해 결정된 것임을 파악하지 못했기 때문이다. 만약 성립선행조건으로서 과거라는 역사와 현재의 나를 둘러싼 환경의 모든 변수들을 고려해야만 현상을 설명하고 예측할 수 있다면, '나'와 '우리', 그리고 '대한민국', '한국인'의 정체성은 바로 과거라는 역사의 동력에 의해서 표출된 것으로 파악해야 한다.

이러한 측면에서 접근할 경우, 현재 나와 우리의 정체성을 밝히는 동기로서 '대한민국'의 역사, 그 중에서도 '대한민국'이 출현했던 역사단계로서 근현대 시기 대한민국 형성의 정신적 자원이 무엇임을 읽어낼 수 있는 독법을 모색해야 할 시점에 이르렀다.

대한민국이라는 국호는 민주주의에 기초하고 있음을 분명히 하고 있으며, 헌법 1조의 "대한민국은 민주공화국이다"는 문장은 대한민국이 법리적으로 대표의 선출에 의한 정체와 민주주의 이념을 정체성으로 하고 있다는 사실을 명시한다. 이와 같이 법리적으로 대한민국을 규정할 경우, 헌법 전문의 내용 이상으로 서술되기는 어려울 것이다. 그럼에도 불구하고 여전히 정체성으로서 대한민국의 국체는 무엇인지, 그 기원은 어디로부터 출발했는지에 대한 선명한 이해가 어렵다.

왜 그런 것일까? 대한민국의 국체를 설명하는 작업이야말로 정치적 선언에 해당하는 정치의 영역이기 때문이다. '대한민국'의 국호제정에 대한 역사적 기원을 보자면, 고종의 황제등극과 '대한제국'의 출범과 연관하여 '일통삼한(一統三韓)'의 왕업을 계승했음을 천명함으로써 정통성을 확보하려 했던 사실로부터 국권상실 이후 근대 국민국가로서 '대한민국'으로의 전환을 겪으며 해방과 정부수립 과정에서 대한민국의 공식적인 출범을 설명한다.

대한민국의 출범과 함께 한국의 근현대사를 바라보는 시각은 이중적이다. 하나는 근대로의 편입과 식민통치로 전개되는 근대의 내재적 전개가 외부 압력으로 인해 좌절되었다는 입장과 동시에 반성과 망각해야 할 기억의 파편으로 간주되었고, 다른 하나는 본격적인 근대 국민국가 건설로

현대를 평가하는 입장으로 근대화와 산업화를 거쳐 민주화와 선진화로의 내재적 발전을 찬양하거나 정통성을 결여한 권위주의 체제에 의해 세계 자본주의 체제와의 결합이 가져온 산물로 간주하는 것이다. 이와 같은 시각의 양면성은 그 자체로 대한민국의 고유성, 즉 민족적 정체성에 대한 자부심과 동시에 보편적 정체성과 일체화라는 양면성과 중첩된다. 결국 현재 대한민국의 성공과 불안은 대한민국의 기원과 역사 전개과정에서 배태된 양면성이 반영된 셈이다.

그렇다면 현재의 '대한민국'의 정체성과 그 기원을 온전히 설명할 수 있는 방법은 어떤 것일까? 기존의 역사적, 정치적, 법리적 설명방식이 더 이상 현재 대한민국이 분출하는 역동성과 영향력을 오로지 내재적 역량의 자연스러운 결과로 설명하거나 보편성에 기초한 외생변수에 의한 결과로 해석하는 것 모두 일면만을 밝혀줄 뿐이다. 그 해답의 단서 중 하나는 내외의 변수를 모두 아우를 수 있는 일관된 실체, 곧 '우리' 삶에 대한 지속적인 응답을 제시하려고 했던 정신에 대한 이해일 것이다.

근대 여명기 조선의 통치주체들과 지식인들은 서구와 근대를 제국주의와의 충격적 조우를 통해 경험했다. 물론 이러한 이해는 기존의 역사관과 관련되겠지만, 새로운 경험이 자발적-내재적 발전론-이었든 비자발적-식민지 근대화론-이었든 간에 서구와 근대의 경험은 조선이 더 이상 자신들의 역사범주에 머물지 않고 세계사의 일부분을 깨닫게 되는 단서로 작용했을 것이다. 그 과정에서 세계사의 일부분으로 편입된 것인지, 또는 세계사의 일부분이지만 독자적인 위상과 역할이 부여되었는지에 대한 근대 지식인들의 고민과 기대가 교차했을 것이다. 더구나 그 여부에 따라 지식인들 스스로는 현재 자신이 처한 역사적 조건, 즉 조선의 존망과 식민통치의 순응과 저항, 그리고 해방 이후 근대적 국민국가 건설의 여부를 결정해야 했을 것이다.

19세기말 이후 오늘날까지 한국 근현대 지성들은 국가와 민족의 위기에 대한 인식과 대응방안을 끊임없이 고민하고 성찰하면서 민족지성사의 역사를 만들어왔다. 근현대 지성사에 대한 연구는 오늘날 한국사회를 견인한 비판적 지성의 정신과 정체성의 역사성을 고찰한다는 의미에서, 또한 나아가 그 외연으로서 오늘날 한국사회 지성과 정체성을 조명하고 재구명하기 위한 출발점이자 실증적 근거가 될 수 있다. 국권상실의 위기를 극복하고 오늘날 한국사회를 성장시킨 역사적인 동인이 민족정신의 도전과 응전이었다는 사실로부터 한국·한국인의 지성/정신사의 전개양상을 고찰해야 한다. 이러한 작업은 비판적 지성을 통해서 당면한 국가와 민족의 위기에 대한 인식과 대응방안을 고민했던 한국인의 정체성을 고찰하는 것이 될 것이다.

한국 근현대라는 특정 역사단계와 공간에서 관조와 활동의 정합을 보여주는 지성의 출현은 그들이 처한 조건에 의해 '자주적 근대화'라는 과제에 직면하여 집단적인 대응 방식으로 출현한다. 즉 19세기말에서 20세기 초 한국사회에서는 근대적인 특징이 태동하며 이와 함께 정치사회적 변화가 모색되었다. 자주적인 근대적 변화의 모색은 기존 정치 질서에 입각한 신분제 사회의 이완과 근대사회로의 변화를 자극하여 근대적 '지성'의 '사회적 대두'를 촉진했다. 한국 근현대 지성은 자주적 근대화라는 일관된 목표 하에 끊임없이 고민하고 성찰하면서 한국근현대지성사를 만들어냈다. 그들은 그러한 역사적 과정에서 민주주의, 사회주의, 실학, 동아시아와 한국의 정체성, 사대와 자주 등에 대해 끊임없이 고민하고 성찰했다. 이 책에서는 19세기말부터 오늘날까지 여전히 논쟁의 중심이 되는 '사대와 자주'의 문제에 대해 살펴볼 것이다. 시기는 19세기 말부터 1950년대 이승만 정권기까지 한정한다.

2.

 '사대와 자주'의 주제는 근대라는 시점과 정치적 각성을 이룬 행위주체들의 교집합이 근대 국민국가 건설이라는 목표와 자주적이라는 방법의 문제를 어떻게 해결할 것인가에 대한 문제의식으로 결과했기에 행위주체들의 선택이야말로 한국을 포괄하는 동아시아 질서의 패권적 주체와의 관계성에서 비롯된다고 할 수 있다.
 한국 근현대사의 노정이 근대 국민국가 건설이라는 최종 목표로 나아가고 있다는 역사적 사실을 들여다 볼 경우, 개항~대한제국기는 전통적인 패권주체로서 중국에 대한 태도와 새로운 패권주체로서 서구와 일본에 대한 태도로부터 정치 지성으로서 문명개화파와 위정척사파를, 일제 식민통치기는 근대 지식인의 출현과 함께 기존 패권주체로서 일본에 대한 태도에 따라 민족주의 세력/친일세력을, 해방~현대는 새로운 패권주체로서 미국의 출현과 함께 이에 따라 한국 지식인들의 정신과 태도에 어떠한 변이(變移)가 나타났는지를 주목해 보아야 한다.
 '사대주의와 민족자주'의 이항대립 구도가 '자주적 근대화'라는 역사적 목표를 향해 이루어진 합리적 선택이었다는 동질성에 기초했다고 상정하고 과거부터 현재에 이르기까지 정치 지성들의 정신과 행위의 정합성이 그 실질에 있어서 사대와 자주로 평가될 수 있는지의 여부를 타진함으로써 근대 이후 재탄생한 정치 지성들의 정신과 행위가 갖는 연속성과 단절성을 찾아 그 교차점에 현재 대한민국 정치 지성들의 정신과 태도가 만들어졌다고 할 수 있다.

자주적 근대화에서 자주, 근대화의 의미와 목표가 일관되었다면, 그 과정에서 개항에서 현대에 이르는 정치 엘리트 또는 정치 주체 등 정치 지성으로 불릴 수 있는 행위주체들의 범주화를 시도할 수 있다. 즉 개항에서 대한제국기에는 문명개화파/위정척사파로 구별할 수 있고, 일제 시기에는 민족주의 세력/친일세력으로, 해방에서 현대까지는 미국지향적 엘리트 등으로 구별할 수 있으며, 이들에게서 비친 '사대와 자주'의 이항대립 구도가 '자주적 근대화'라는 역사적 목표를 향해 이루어진 합리적 선택이었다는 동질성에 기초했다. 이로부터 과거에서 현재에 이르기까지 정치 지성들의 사대주의와 자존 의식이 어떻게 변용되고 굴절되었으며, 그 일관된 흐름의 교차 과정에서 오늘날 대한민국 정치 지성들의 생각과 행태의 본질을 추출하려고 한다.

이 책은 총 3부로 구성되었다. 제1부에서는 문명개화와 위정척사의 화이관을 살펴봄으로써 사대와 자주의 문제를 다루었다. 개항에서 대한제국 시기 가장 중요한 문제는 서구에 의한 문명개화를 선택할 것인지 아니면 중화문명의 보존을 통해 국가위기를 극복할 것인지에 집중되었다. 그것은 서구문명에 대한 사대주의적 양상과 동시에 중화문명에 대한 사대주의적 양상을 동시에 보여주며, 반면 서구문명에 따른 자주적 근대화의 실현을 위한 노력과 의지를 보여주는 동시에 중화문명의 정통성을 계승해서 우리를 중심으로 하는 새로운 질서의 구축의지라는 자주성으로도 비쳐질 수 있다. 이와 같은 모순된 양면성은 사실상 자주 대 사대의 구도로부터 개화파 대 위정척사파를 바라볼 경우 발생하는 선입관에 불구하며, 오히려 그들 내부논리와 실천양상에서 외형상 나타나는 사대 대 자주의 의미와 달리 각자가 사대와 자주의 논리가 교차하고 갈등하고 있었다.

제2부에서는 독립과 해방이 한민족 최대의 과제가 된 일제강점기에 조선지식인들의 자주독립노선과 친일사대주의노선을 사대와 자주의 관점에서 살펴보고자 한다. 당시 조선지식인들은 기존질서 유지자였던 유교지식인, 근대 민족지식인들, 그리고 친일지식인들로 구분할 수 있을 것이다.

제3부에서는 해방이후 강력한 친미관을 가지고 대한민국 정부수립 이후 초대 대통령이 된 이승만의 대미인식 형성과 대미활동에 초점을 맞추어 사대와 자주의 문제를 살펴보았다. 1948년 8월 15일 대한민국 정부 수립 이후 친미성향은 오늘날까지 지속되고 있다. 그러므로 오늘날 대한민국의 친미성향을 사대와 자주의 관점에서 살펴보기 위해서는 정부수립 초기의 친미성향부터 규명해야 할 것이다. 이승만은 대한민국 정부 수립 이후 친미성향의 외교 방향성을 제시했던 인물이었다. 그 방향성은 오늘날까지 영향력을 미치고 있다. 이승만이 제시한 방향성은 사대와 자주와 어떻게 관련되어 있는지를 살펴보았다.

제 1 부

문명개화와 위정척사의 화이관(華夷觀)

제 1 장
서론

　한국 역사에서 근대의 기점으로 채택하는 개항(開港)은 공식적으로 일본과 체결한 병자수호조약(1876)을 가리킨다. 물론 조약의 불평등함과 실제 의도는 별도의 논의대상이겠지만, 그것은 동아시아 질서구조의 근본적인 변화, 즉 질서의 양상과 운영원리가 바뀌었음을 가리키는 지표이기도 하다. 왜냐하면 기존 중국 중심의 동아시아 질서가 세계의 보편질서 체계에 의해 도전받고, 국가 간 교린(交隣)의 운영원리로서 사대(事大)-기미(羈縻)의 관계성이 역전되었기 때문이다. 본래 동아시아 질서를 뒷받침했던 국제(國際) 관념은 "예라는 것은 작은 나라가 큰 나라를 섬기고 큰 나라가 작은 나라에게 혜택 줌을 이르는 것 … 큰 나라를 섬긴다는 것은 그 시절의 명을 공손히 받드는 데 있고 큰 나라가 작은 나라에게 혜택을 베푼다는 것은 작은 나라에 없는 바를 긍휼히 해주는 것"[1]이라는 자소사대(字小事大)의 규준에 기초했다. 그러나 주의해야 할 사실은 "오직 어진 자만이 큰 나라로 작은 나라를 섬길 수 있고 … 지혜로운 자만이 작은 나라로 큰 나라를 섬길 수 있다"[惟仁者爲能以大事小, 惟智者爲能以小事大.「梁惠王下」]는

---
[1] 『左傳』「昭公30年」, "禮也者, 小事大, 大字小之謂 … 事大在共其時命, 字小在恤其所無."

『孟子』의 언명처럼 자소사대가 성립할 수 있는 필요충분조건이 '큰 나라는 어질어야 하고 작은 나라는 지혜로워야 한다'는 점이다.

만약 이 시기 한국에 대한 외부도전이 동아시아 질서라는 한국의 외연에 대한 도전이었고, 그 도전의 원천이 보편적인 세계질서라면, 공식적인 개항 이전에 발생한 병인양요(1866), 신미양요(1871)부터 이미 외부의 도전이 있었고, 그 연장선상에서 일본과의 조약체결로 귀결되었다고 할 수 있다. 그럴 경우 외부도전에 따른 우리 내부응전 역시 이미 개항 이전부터 이루어졌을 것이며, 개항을 통한 근대 진입이야말로 내외의 요건들이 접점을 이룬 시점의 필연적 결과물로 평가할 수 있다.

그것은 한국의 역사진행이 단순히 내재적 동기로만 추동되는 것이 아니라 외생 변수와의 상호성에 기초한다는 것을 의미한다. 왜냐하면 토인비도 지적하듯이 "역사에 작용하는 힘은 한 민족뿐만 아니라 좀 더 넓은 범위에 작용하는 원인 때문에 생겨난다. 그런 원인은 사회의 각 분야에 영향을 줌으로써 결국 사회 전체에 영향을 미친다 … 문제 하나하나의 출현이 구성원들에게는 어떤 시련을 받아들이도록 요구하는 '도전'이 된다. 사회 구성원들은 이러한 일련의 시련을 겪으면서 차츰차츰 분화되어 가는 것"[2]이기 때문이다. 따라서 외부도전에 따른 내부응전이라는 맥락에서 접근할 때, 비로소 한국의 근대진입을 가능하게 한 내부의 추동력을 선명히 할 수 있을 것이다.[3]

---

2) 아놀드 조셉 토인비 지음 · 김규태, 조종상 옮김. 2012. 『역사의 연구 I』. 서울: 더스타일, 60.
3) 김용구는 문명권의 충돌에 입각해 세계외교사를 조망하려는 입장을 취하는 이유로 국가 단위의 '정신구조'를 형성한 문명권의 존재를 강조하기 위함이라고 지적한다. 이로부터 김용구는 세계외교사를 여러 문명권에 고유한 '정신구조들의 충돌'이라고 규정하며, 여기에서 말하는 정신구조란 세계관에 해당하는 개념이라고 지적한다. 이러한 입장은 본 연

그렇다면 내부응전이란 어떤 것이었을까? 과연 누가, 무엇을 문제로 인식했고, 어떻게 해결하려고 했던 것일까? 일반적으로 알려진 개항~대한제국 시기 가장 중요한 문제는 위기극복을 위해 서구문명 수용을 통한 개화를 선택할 것인지 아니면 중화문명의 보존을 통한 위정척사로 극복할 것인지에 집중되었다. 그것은 서구문명 수용을 통한 근대화를 선택할 것인지 또는 중화문명의 변용을 통한 근대화를 선택할 것인지에 대한 고민과 함께 서구와 중화문명 모두에 대한 사대(事大)로 평가될 수도 있고 우리의 정체성에 부합하는 새로운 질서구축이라는 자주(自主)로도 비쳐질 수 있다.[4] 특히 사대교린의 상대였던 중국의 왕조가 직면한 도전과 위기, 그리고 기미교린의 상대였던 일본의 도전과 관계역전은 질서의 외연과 상호 연관되어 있던 내포의 운영자들로 하여금 어떻게 현재를 이해하고 대처하게 했는지를 보여주는 단서이다.[5]

구의 문제의식과 닿아 있으며, 문명 간 충돌과 전환의 시기 한국의 지성들에게서 표출된 정신과 활동의 정합성을 추적하는 본 연구의 적실성을 뒷받침한다. 김용구. 2001. 『세계관 충돌과 한말외교사, 1866~1882』. 서울: 문학과 지성사, 34-50 참조.

4) 전통과 근대, 보수와 진보 중 어떤 입장을 취할 것인가 하는 문제는 변혁기, 전환기의 사회에서는 동서를 막론하고 정치사상과 운동에서 핵심적인 과제이다. 흔히 진보사상(진보적 입장) 또는 보수사상(보수적 입장)이라고 규정되는 사상과 운동에서도 전통과 근대의 존재양상은 어느 한쪽 요소만이 긍정되고 다른 한쪽 요소는 모두가 부정되는 경우는 오히려 드물다. 변혁기 사상과 운동일수록 더욱 그러며 초기 개화파 사상에서도 개화사상과 운동이 지니는 역사적 진보성과 탈전통적 입장에도 불구하고 전통과 근대의 존재양상 내지는 활용방법은 일반적으로 생각되어 온 것처럼 획일적이지 않았다. 김영작. 2003. "초기 개화파의 '내셔널리즘'의 사상적 구조." 『동양정치사상사』 2:2, 131.

5) 김용구는 사대질서와 공법 질서를 대립적으로 규정하고, 공법 질서가 병렬적인 반면 사대질서는 천자-제후 간 불평등 국제정치질서이며 사대자소의 예를 명분으로 하며 제후 간 관계는 교린의 규칙으로 규율되어 왔다고 설명한다. 따라서 한말 외교사는 사대질서와 공법질서의 충돌이라는 특징을 보여주며 특히 1866~1882년 간 조선이 이질 문명권과 첫 조우하고 가졌던 세계 인식의 낙후된 수준이 여전히 지속되고 있으며, 유럽문명의 전파자인 일본과의 충돌로 교린질서가 해체되기 시작했고 중국의 자기변화로 인해 사

본 연구는 자주적 근대화에서 자주, 근대화의 의미와 목표가 일관되었다면, 그 과정에서 개항~대한제국에 이르는 정치 엘리트 또는 정치주체 등 정치지성(政治知性)으로 불릴 수 있는 행위자들을 문명개화파와 위정척사파로 구별하고, 이들에게 비친 사대 vs 자주의 이항대립 구도가 '자주적 근대화'라는 목표를 향해 이루어진 합리적 선택이라는 동질성에 기초했다고 상정하려고 한다. 외형상 모순되어 보이는 근대로의 진입양상은 정신과 실천의 정합성을 위한 내부의 투쟁과 궤를 같이 했음을 방증한다.6) 그 결과 근대 진입으로부터 출발한 국가위기와 최종적인 망국을 보다 객관적으로 이해할 수 있으며, 전 과정에서 해결해야 할 문제로 인식하고 대응했던 것이 무엇인지를 선명히 할 수 있을 것이다.7)

대질서가 해체되기 시작했으며, 미국을 비롯한 서양열강과의 충돌이라는 3중, 4중의 충돌층에서 고민했던 것이다. 김용구(2001), 64-78.
6) 19세기 이후 동아시아 지역에서 진행된 거대한 전환의 과정이란 기존 중화질서가 현실적으로 붕괴되고 서구의 근대 국제질서권으로 편입되어 가는 과정이었다. 동아시아 지역에 나타난 '서구의 충격'이란 실제로 동아시아 삼국이 처한 각각의 외압의 성격이나 강도, 타이밍의 차이, 지정학적 위치, 기존 정치질서의 안정성 등의 여부에 따라 그 충격의 객관적 여파 곧 위기상황의 내용을 달리하고 있다. 그럼에도 불구하고 동아시아 삼국은 문명사적 전환기의 상황에서 이른바 예의 관념에 입각한 '중화질서'와 국가평등 관념에 근거한 '근대국제질서'가 서로 얽혀 교착하는 양상을 보였다는 점에서 동일한 경험을 공유하고 있었다고 해야 할 것이다. 강상규. 2013. 『조선정치사의 발견』. 서울: 창비, 239.
7) 우리 삶을 규율하고 있는 근대성의 기원을 탐색함으로써 '지금 여기'에서의 삶의 실상을 구성하는 핵심요소가 무엇인지를 묻는 일, 이는 현실을 반성, 성찰하고 현실을 지배하는 허구로 가득 찬 담론체계를 비판, 전복하기 위한 예비작업이라 할 수 있다. 특히 근대 지식인의 내면의 드라마를 읽어내는 데 있어 '복합적인 내적 연관성'을 고려하지 않고서는 그 위상을 찾기가 쉽지 않을 것이다. 히야마 히사오 저·정선태 역. 2000. 『동양적 근대의 창출』. 서울: 소명, 4-5.

제 2 장
문명개화는 자주였는가?

1913년 위정척사의 맥을 계승하고 있는 상징적 인물인 유인석(柳麟錫)이 망명 중인 연해주에서 집필한 『宇宙問答』의 내용 중에서 "개화를 주장하는 사람들은 구법을 행함은 나라를 망하게 한다하고 또 앞 다투어 수구인을 비난하는데 그대는 혹 들어봤는가?"라며 자문하고 "나라가 망한 것은 개화 후에 일어난 일이다 … 개화를 하여 나라가 망하는데도 오히려 개화를 주장하며 개화를 새로운 법이라 하니 신법이라는 것이 또한 미혹함이 극심하다"[1]라고 답했던 대목은 개화야말로 망국(亡國)의 원인이라고 진단하는 위정척사파의 인식을 드러낸다.

여기에서 위정척사파가 비판하는 '개화를 주장하는 사람들' 곧 개화파의 '신법'이란 무엇이고, '수구인을 비난'한 이유는 무엇일까? 사실 '개화를 주장'하게 된 직접적인 정치적 배경은 1876년 일본과의 병자수호조약 체결 이후 그 내용이 굴욕적이건 정상적이건 '책임과 마무리의 소재'를 설정해야 하는 과제에서 비롯한다. 조약 체결 이틀 후 고종은 의정부의 회좌

---

1) 『毅菴集』 卷 51. 「宇宙問答」, "問曰, 朝鮮之爲開化也, 開化人, 以爲舊法亡國, 又爭咎守舊人, 子或聞之乎? 曰 … 亡國在行開化後也 … 爲開化有亡國而有曰開化, 開化曰新法, 新法其亦惑之甚矣."

(會座)를 철파하라고 전교하고 이유원·이최응·김병학·박규수·홍순목·김병국을 인책했다.2) 그것은 "적들의 배가 왔다는 소식을 듣고 의정부에서 응당 확정적인 의논이 있으리라고 생각하여 여러 날 동안 귀를 기울이고 기다렸으나 아직도 들은 바가 없다"3)는 최익현의 상소에서도 드러나듯이, 어떠한 대처도 하지 못한 신료들에 대한 고종의 우회적인 불만표시이자 반격의 의미를 지닌다.4) 이로 인해 고종의 친정(親政)으로부터 출발한 국왕-신료 간 정치적 갈등은 고종으로 하여금 이를 돌파하기 위해 시대의 전환을 가져올 단서를 모색하게 했다.

이 과정에서 1880년 일본에 수신사로 파견되었던 김홍집이 가져온 『朝鮮策略』은 조선의 현실 정치공간에 미묘한 의미를 제공했다. 김홍집은 주일 청국 참사관인 황준헌과 대담을 갖는 자리에서 "중국에 대한 우리나라의 의리(義理)는 속방(屬邦)과 같았으니 근일 바깥일이 어지러운 만큼 구하고 바라는 바가 더욱 간절"하다는 입장을 밝히고 자문을 구하자 "오늘날의 급선무는 자강(自强)을 도모하는데 힘쓰는 것"이라는 황준헌의 답변을 듣는다.5) 물론 외교적 수사에 불과하다 할지라도 '속방'을 자처하는 김홍집의 발언은 고종을 둘러싼 신료들과 유가 지식인들의 뿌리 깊은 화이관(華夷觀)을 반영하는 것이자 전략적 선택을 대변하는 것일 수 있다. 즉 당시 국정 참여자들은 서양의 근대 국제질서에 편입되는 과정에서 기존의

---

2) 『高宗實錄』 13年 2月 13日 丁卯.
3) 『高宗實錄』 13年 1月 23日 丙子, "臣聞賊船之報, 意謂廊廟, 當有定論, 側聽屢日, 尙無所聞."
4) 고종의 입장에서 보면 자신에 대한 비판세력에 둘러싸여 기존의 배외정책을 본격적으로 돌파할만한 설득력 있는 논리와 정치적 계기를 발견하지 못했다는 것을 의미하는 것이기도 하다. 강상규(2013), 455.
5) "김홍집과 주일청국외교관과의 필담." 1997. 黃遵憲 지음·조일문 역주.『朝鮮策略』. 서울: 건국대학교출판부, 42-43.

중국관계와 관련하여 필연적으로 제기될 수밖에 없었던 긴박한 난제로서 조선의 '자주'(自主)를 어떻게 처리할 것인지 고민했으며, 그 타협안으로 김윤식이 제안한 '양편론'(兩便論) 또는 '양득론'(兩得論), 곧 중국에게는 속국이지만 각 국에 대해서는 자주라고 하는 것이 명분이 바르고 말이 순리에 맞아 실제와 이치 모두 편리하다는 논리로 표현되었다.6)

비록 '속방'의 전략적 선택이 '자주'의 확보를 위한 것일지라도, 여전히 전통적인 사대(事大)의 틀을 벗어나지 않는다는 전제 하에 제시되었기에, "조선이라는 땅덩어리는 실로 아시아의 요충을 차지하고 있어 … 러시아가 강토를 공략하려 할진대 반드시 조선으로부터 시작할 것"이라고 전제하고 "중국과 친하고 일본과 맺고 미국과 이어짐으로써 자강을 도모할 따름"7)이라는 황준헌의 「私擬朝鮮策略」은 고종으로 하여금 자강을 위한 개화의 불가피성을 신료와 유가 지식인들에게 호소함으로써 오히려 그들의 화이관을 극복하고 적극적인 대외정책으로의 전환을 가져올 수 있는 전략적 가치로 이해되었을 수 있다.8)

앞서 지적했듯 전통적인 동아시아 질서관념으로 자소사대의 명목상 논

---

6) 1881년 중국에서 진행되고 있던 조미수교 협상과정에서 김윤식에 의해 제기된 양편론은 조약문 안에 조선이 중국의 속방임을 명기한다면 중국이 유사시 조선을 돕지 않을 수 없어 실리를 취할 수 있고 속방임을 인정해도 자주권의 보유를 명기한다면 외교하는데 무해하여 평등권을 사용할 수 있기에 사대의 의에도 배반되지 않고 자주권 상실 걱정도 없는 양득이라는 주장이다. 박상섭. 2008. 『국가. 주권』. 서울: 소화.
7) "私擬朝鮮策略." 『朝鮮策略』(1997), 10-11.
8) 『朝鮮策略』의 전래를 계기로 고종은 기존 신료들의 협력을 유도하면서 일본과의 외교상 현안문제처리를 비롯한 일련의 개혁적인 조치를 추진하게 된다. 반면 영남만인소(嶺南萬人疏)로 알려진 유생들의 상소는 내수외양(內修外攘)의 입장에서 문제를 해결할 것을 요구하며 『朝鮮策略』이나 『萬國公法』 등 사학 서적의 소각 등 조정의 입장을 전면적으로 비판하는 것이었다. 강상규(2013), 465-466, 522-523.

거는 "큰 나라는 섬기는 것을 먼저 생각하고 나서 바치는 재물을 따지는 것이 예이고, 작은 나라가 큰 나라를 섬김에는 무슨 일에 대한 성과를 거두지 못하더라도 큰 나라를 따라 그 나라의 뜻을 맞추는 것이 예"9)라는 예제(禮制)의 윤리성에 있었고, 그 실질적 근거는 "큰 나라로 작은 나라를 섬기는 자는 하늘의 이치를 즐겁게 받아들이는 자이고 작은 나라로 큰 나라를 섬기는 자는 하늘의 이치를 두렵게 받아들이는 자이다. 하늘의 이치를 즐겁게 받아들이는 자는 천하를 보존하고 하늘의 이치를 두렵게 받아들이는 자는 그 나라를 보존한다"10)는 자존(自存)의 효과였다. 그렇게 보자면 기존 동아시아 질서관을 뒷받침했던 춘추대의(春秋大義)의 윤리적 근거는 존화양이(尊華攘夷)의 실천양상으로 전개될 수밖에 없었으며 그 대상으로서 국가보존을 위한 합리적 선택이었던 셈이다.

사대(事大)는 '어진 큰 나라와 지혜로운 작은 나라'의 합리적 선택으로의 의미를 지닐 수 있으며, 이러한 배경 하에 고종 19년(1882) 4월 6일 조미(朝美) 조약이 체결되면서 '강제된 개국'에서 '적극적 개국'으로 전환되었던 시기에 이르러 "조금이라도 외무(外務)에 마음을 쓰는 자를 보기만 하면 대뜸 사교(邪敎)에 물들었다고 지목하며 비방하고 침을 뱉으며 욕합니다. 백성들이 서로 동요하면서 의심하고 시기하는 것은 시세를 모르고 있기 때문입니다. 백성들이 안주하지 못한다면 나라가 어떻게 잘 다스려질 수 있겠습니까?"11)라는 지석영의 상소에서 보이는 인식처럼 당시 정치 주체들은 내외의 문제해결 기제가 정합성을 지녀야 한다는 사실을 명백히

---

9) 『左傳』, 「襄公28年」, "先事後賄, 禮也. 小事大, 未獲事焉, 從之如志, 禮也."
10) 『孟子』, 「梁惠王下」 3, "以大事小者, 樂天者也, 以小事大者, 畏天者也. 樂天者保天下, 畏天者保國."
11) 『高宗實錄』 19年 8月 23日 丙子.

인지했다고 할 수 있다. 결국 동아시아 질서의 틀이 외생변수로서 보편적 세계질서의 도전을 받고 조선의 근대 편입이 동아시아 질서라는 외연이 외생변수로 전환하여 도전받았다고 전제할 수 있다면, 개화는 당시 고종, 더 나아가 조선이 응전할 수 있는 합리적 선택이다.

정말 그렇게 평가할 수 있는 것일까? 1883년 유길준은 「세계대세론」을 제시하고 "수많은 세월을 경과하며 수많은 변천을 조우하여 세계일부가 개화의 경역에 진입"[12]했다는 현실이해에 기초해서 "문명을 진기(進起)하여 개화하는 여러 일에 그 뜻을 쓰는 것"[13]으로 개화를 문명화와 등치시켰다. 물론 여기에서 유길준이 지적하는 개화=문명화의 도식이 유인석이 지적했던 신법의 도입, 즉 서구화와 같은 의미였는지는 별개로, 문명개화를 요구했던 이유가 무엇인지 선명성을 드러낸다. 유길준은 "우리 국조의 치욕과 나태함을 잊지 말며 습관과 풍속의 완성을 소홀히 하지 말고 다른 나라가 문명으로 진보했던 까닭이 그렇다는 것을 고찰해서 우리나라의 개화진보를 계획하려는 것"[14]이며 우국현사의 애군충신의 태도임을 주지시키려는 의도에서 제기했다고 고백한다. 즉 조선의 개화=문명화는 '진보를 위한 기획'이라는 의도에서 비롯했음을 밝힌 것이다.

그러나 개화의 원리로 소개된 '경쟁'에 대해 "우리들이 한 나라의 인민을 위하여 그 기력이 더욱 강성하고 또 높고 멀리하기를 희망하니 옛날에 중니가 말하길 활쏘기를 절하고 사양하며 내려와서는 술을 마시니 그 경쟁이 군자라고 하셨으니 대개 경쟁의 기력이 있고 또 그 경쟁하는 바가 천

---

12) 兪吉濬全書編纂委員會 編. 1996. 『兪吉濬全書Ⅲ』. 서울: 일조각, 89.(이하 『全書』로 약술).
13) 『全書Ⅰ』, 214.
14) 『全書Ⅲ』, 35.

박하고 비루하지 아니함을 감탄하셨던 것"15)이라는 유길준의 설명은 "군자는 다투는 일이 없으나 꼭 하나 있다면 그것은 활쏘기이다. 그러나 절하고 사양하며 활쏘는 자리에 오르고 내려와서는 벌주를 마시니 그 다투는 모습도 군자답다"16)는 『論語』의 언명을 빌어 '경쟁'이 강자의 승리라는 결과만을 목적으로 하는 것이 아니라 예의 본질로서 겸양의 태도라는 과정을 강조하는 덕목임을 지적한다. 그것은 여전히 개화파의 진보관념에 동아시아의 전통이 투영되고 있으며, 오히려 다투는 것을 원리로 하는 사회야말로 문명의 본질과 정반대되는 것으로 인식했다는 사실을 가리킨다.17) 또한 개화=서구화의 의미로 사용된 최초 용례로서 경복궁 침입사건을 일으킨 일본공사 오오토리 게이스케[大鳥圭介]가 1894년 6월 22일 고종을 접견하며 "개화하면 두 나라의 교린 관계가 전날에 비하여 더욱 돈독해지고 좋아질 것"이라고 변명한데서도 찾아지지만, "두 나라가 서로 한나라처럼 여기면서 함께 교린의 정의를 닦아 나간다면 실로 서로 돕고 서로 의지하는 방도가 될 것"이라는 고종의 답변 역시 국가 간 관계에서 전통적인 '교린'의 개념과 규준을 적용하고 있음을 찾을 수 있다.18)

그렇다면 '개화를 주장하는 자들'의 '문명화'는 전통적인 교린규준을 그대로 유지하려는 의지의 표명은 아니었을까?19) 즉 정반대의 문명을 적극

---

15) 『全書IV』, 50.
16) 『論語』. 「八佾」, "子曰, 君子無所爭. 必也射乎! 揖讓而升, 下而飮. 其爭也君子."
17) "경쟁과 '문명'." 2008. 와타나베 히로시, 박충석 공편. 『'문명' '개화' '평화': 한국과 일본』. 서울: 아연출판부, 264.
18) 『高宗實錄』 31年 6月 22日 丁卯, "公使曰, 自今開化, 則兩國交隣, 比於前日, 尤爲篤好矣. 敎曰, 兩國視同一國, 共修交隣之誼, 則實爲相濟相依之道也."
19) 이와 달리 조선의 근대는 서구열강과 일본으로부터의 자주독립이라는 과제 외에 전통적 국제관계와의 관련에서 볼 때, 이중의 의미에서 화이적 질서의 극복과정이라고 할 수 있다. 즉 하나는 의식차원에서의 화이적 명분론의 극복이고, 다른 하나는 중국(청)

적으로 수용하는 것 역시 새로운 질서에 대한 또 다른 사대의 의지에서 비롯한 것은 아닐까? 앞서 살펴 본 개화의 의미와 수용과정에서 작동하고 있었던 상수(常數)는 고종의 현실돌파 의지였으며, 그 돌파의 방법론이 개화에 있었다는 것은 분명하다. 즉 군사력으로 상징되는 서구 문명을 수용하는 것이야말로 고종 자신의 생존 곧 '자주독립'을 위한 필수적인 과제로 인식했다는 것을 의미하기에 '문명개화'야말로 당초 '자주독립'의 현실적 방편인 '부국강병'을 의미하는 것이고 이후 '문명 일반에의 개화'로 확산되었던 것으로 파악할 수 있다.[20] 더욱이 고종의 친정(10년, 1873)을 기점으로 개화파로 분류되는 윤웅렬(1856), 김옥균(1872), 박영효(1872), 어윤중(1872), 김홍집(1873), 김윤식(1874), 홍영식(1874), 서광범(1882), 서재필(1884) 등 신진관료들이 본격적으로 등용되었다는 점을 고려할 때, 개화파의 형성 기원과 별개로 고종의 선택은 개화에 초점을 맞추고 있었다고 추론할 수 있다.[21]

여기에서 주지해야 할 사항이 있다. 개화=문명화라는 전제에 역사의 진보와 진화라는 공식을 적용할 경우, '문명'이란 개념에 내포된 의도를 파악해야 한다. 동아시아 지식인들에게 문명개념과 담론보급에 결정적인 역할을 수행했던 후쿠자와 유키치는 "일본의 문명은 서양의 문명보다도 뒤진

으로부터의 정치적 간섭 내지 종속의 극복이라는 현실적 권력정치의 과제였다. 김영작. 2008. "한 · 일 양국의 서양수용에 관한 비교연구." 『한일공동연구총서』 고려대학교 아세아문제연구소, 123.

20) 와타나베 히로시, 박충석(2008), 60.
21) 김옥균의 「甲申日錄」에 궁녀 모씨(某氏)로 기록된 '고대수(顧大嫂)가 십년 전부터 우리 당에 붙어 이따금 비밀을 통보해 온 자'라고 소개되어 있는데, 갑신정변을 기점으로 소급할 경우 고종의 친정을 전후로 등용되었던 신진 관료들의 성향과 목표가 이미 공유되었음을 추론할 수 있다.

것이라고 말하지 않을 수 없다 … 우리 문명으로써 그들에게 미치지 못함을 알고 문명이 뒤진 자는 앞선 자에 제압된다는 이치까지도 알 때는 그 인민의 심정에 일단 새기는 바의 것은 자국의 독립여하라고 하는 사실 하나"라고 전제하고 "목표를 정하고 문명으로 나아가는 한 가지 방법이 있을 따름. 그 목표라 함은 무엇이더냐. 국내외의 분별을 명확히 해서 우리조국의 독립을 지키는 것이다. 지금의 일본의 인민을 문명으로 나아가게 하는 것은 이 나라의 독립을 지키기 위해서일 따름. 고로 나라의 독립은 목표이고 국민의 문명은 이 목적에 도달하는 것의 수단"이라고 명시함으로써 자신이 문명개화의 담론을 제시한 목적을 분명히 천명하고 있다.[22] 그것은 문명수용이 국가단위로 이루어졌으며 부국강병과 밀접한 관련이 있음을 지적하는 것이지만, 실질적으로 서구문명을 무조건적으로 흠모했던 당시 일본 지식인의 사대주의적 인식을 혁파하여 일본의 국가적 독립을 보존하려는 의도를 담고 있는 것이었다.[23]

따라서 개화=문명화는 독립을 위한 자강, 즉 부국강병의 방법론으로 제기된 것이며, 기존 동아시아 질서관념에서 사대교린에 기초한 국가 간 관계의 운영원리와 강조점이 다를 수 있다.[24] 다시 말해서 "이 때 일본정부는 바야흐로 조선에 뜻을 두고 있던 참이라 우리나라를 독립국으로 보고 공사 대접이 자못 융숭하였다"[時日本政府方注意于朝鮮, 視爲獨立國待公使頗殷殷][25]고 회고하는 김옥균의 기억에서도, 또한 황현의 『梅泉野錄』에

---

22) 후쿠자와 유키치 저·임종원 역. 2012. 『문명론의 개략』. 서울: 제이앤씨, 353, 395.
23) 박정심. 2005. "개화파의 문명의식과 타자인식의 상관성에 관한 연구." 『유교사상연구』 41, 67.
24) 박병주. 2010. "갑신정변과 갑오경장 시기의 사대와 독립의 의미." 『한국학연구』 34, 51-52.
25) 한국학문헌연구소. 1979. 『金玉均全集』. 서울: 아세아문화사, 23.

서 "이홍장이 대조규개가 한국정부를 개혁하도록 강요한 것이 오로지 자주를 내세워 청국과 단절시키려는 뜻임을 헤아렸던 까닭"26)이라고도 지적했듯이, '독립국으로서 조선'이란 일본의 이익을 위해 강요된 명분임을 이미 알고 있었다는 사실을 시사한다. 그것은 문명개화를 통한 자강과 독립을 추구하려고 했던 개화파의 입장을 사대의 규준에서 '속방'을 자처하는 수구파와 구별할 수 있는 '자주성'으로 비추는 동시에 "그들(일본)의 實心實事를 살피고 박군(박영효)과 의논한 끝에 드디어 마음을 기울여 일본에 의뢰하기로 했다"[余察其實心實事, 仍與朴君議, 遂傾意依賴于日本]27)는 김옥균의 결정에서도 드러나듯 '마음과 일의 부합'이라는 선행조건이 검증된 후 자발적으로 형성되는 '어진 큰 나라와 지혜로운 작은 나라 간 사대관계'의 전형으로도 비쳐질 수 있다.

비록 개화파의 결성동기가 애초부터 청의 천단적 지배와 그에 부화뇌동한 민씨 척족에의 도전에서 비롯했으며, 개화파의 궁극적 관심이 중화사상과 질서로부터 벗어나 독립자강과 자주자립을 이룩하는데 있었다는 기존 평가를 받아들일지라도,28) 자강과 독립을 위해 그들이 선택한 문명개화가 여전히 사대의 규준에 기초한 질서의 틀을 유지한 채 그 대상만을 바꾸는 방식으로 전개되었던 것일 수 있다. 결국 개화파의 입장이 자주적이었다는 평가는 그들이 보여준 탈중국(脫中國)의 외형에 의해 재단된 것이며, 오히려 문명개화의 실질이 새로운 서구문명으로의 편입을 '지혜로운 작은 나라'의 합리적 선택으로 판단함으로써 여전히 사대의 규준을 유지했던 것으로 평가할 수 있다.

---

26) 황현 저·이장희 역. 2008. 『매천야록 상』. 서울: 명문당, 704.
27) 한국학문헌연구소(1979), 23.
28) 김옥균 저·조일문 역주. 1977. 『甲申日錄』. 서울: 건국대학교출판부, 18-19.

즉 당시 현실 정치공간에서 고종을 정점으로 문명개화파의 목표가 지닌 선명성에도 불구하고 '누구에게 의뢰할 것'인지에 대한 노선의 차이에 따라 민씨 척족과의 대립에서 파생된 반발이 개화파로 하여금 전통적인 화이관 곧 사대의 규준을 벗어나 자주독립의 규준으로 나아가게 했음에도 불구하고 이를 탈중국적 태도로 이해하게 했던 것일 수 있다.[29] 그 결과 자주=독립=개화=문명화=좋은 삶이고 중화=수구=종속=열등=사대=나쁜 삶으로 대조하는 습속화 된 경향으로 말미암아,[30] 근대 진입양상에 대한

---

[29] 강상규는 이 점을 당시 조선의 협소한 정치공간이 갖는 한계성이 가져온 좌절과 무력감에 기인한다고 지적하고 있다. 즉 국왕의 측근 그룹 내부에서 개혁의 성공여부에 대한 불안감이 심화되었고 열악한 정치 현실 앞에서 무력감과 초조감에 빠져들었던 정황을 보인다는 것이다. 예를 들어 구미 각국을 보빙사로 다녀온 민영익이 오히려 개화자강 정책에 자신감을 상실하고 친청(親淸)의 자세로 경도된 것이나, 이러한 민영익 등의 태도에 배신감을 느끼고 반청(反淸) 자주를 위해 불가불 일본의 힘에 의존하지 않을 수 없다고 느낀 김옥균, 박영효 등의 태도는 협소한 정치공간에 대한 무력감과 초조감에서 비롯한 것이며 정치적 선택지가 제한된 상태였던 것이다. 결국 민영익이 친청을 통해 망국의 위기를 모면하려고 했다면, 김옥균 등은 세계의 흐름을 주도하는 구미국가들이야말로 문명국가이며 새로운 문명기준에 따른 문명개화와 부국강병만이 망국을 면할 수 있는 유일한 길이라고 확신했던 것일 수 있다. 강상규. 2010b. "개화기 조선 지식인의 시대인식." 『통합인문학연구』 2:2, 3-34.

[30] 박정심도 동일한 문제의식을 제기한다. 그는 한국의 근대사가 민족주의와 근대화 지상주의란 큰 틀에서 다루어져 온 결과 근대화지상주의 관점에서 위정척사는 수구보수인 반면 개화론은 진보적 발전론이라고 할 수 있으며, 민족적 관점에서 본다면 위정척사는 반외세적 민족주의인 반면 개화파는 일본문명지도론에 동조한 친일이라고 할 수 있다고 대조한 뒤 척사위정=수구=보수세력/개화=진보세력이라는 역사적 평가를 전제로 할 경우 척사위정은 변화를 거부한 퇴보적 수구이념인 반면 개화는 문명화를 주장한 진보적 이념인가? 라는 문제를 제기한다. 오히려 한국 근대는 유학적 도덕문명과 서구 근대문명의 충돌적 만남 속에서 형성되었고, 그 만남을 여실히 보여주는 사례는 위정척사사상이라는 점은 위정척사를 무능하고 시대착오적인 보수주의로 근대를 인식하는 데 실패한 이념으로 평가하는 것이 바람직하지 않다는 반증이기도 하다는 것이다. 박정심. 2009. "근대 위정척사사상의 문명사적 함의에 관한 연구." 『한국사상사학』 32, 437-439.

우리의 이해 역시 일종의 편견에 빠진 것일지 모른다.

　과연 기존의 사대와 자주에 대한 우리의 이분법적 이해는 합당한 것일까? 만약 그렇다면 중화문명의 보존과 응전을 요구했던 위정척사파는 문명개화를 통한 자주독립에 어떠한 관심과 노력도 하지 않았다는 것일까? 궁극적으로 위정척사파는 보편적 역사진행에 대한 무지로 인해 근대화에 대한 정확한 이해와 대안도 마련하지 않았기에 방관한 결과 망국을 가져온 원인제공자였을까?

제 3 장
위정척사는 사대였는가?

    일반적으로 위정척사파에 대한 평가는 존화양이(尊華攘夷), 복수보형(復讐保形), 무장투쟁 같은 이념과 실천양상에 따라 그들이 시대에 뒤떨어진 중화질서를 고수하고 근대화를 곧 서구화=일본화로 등치시켜 전면적인 악(惡)으로 잘못 판단했던 수구주의자들[1] 혹은 자주독립을 위해 개인희생을 감수했던 도덕적으로 고결한 민족주의자라는 방식으로 나뉜다.[2]

---

[1] 대표적으로 이이화의 입장을 들 수 있다. 이이화는 도전에 대한 응전을 보편적 역사원리로 전제할 경우 서구의 18-19세기는 세계사적 범위를 대상으로 한 도전을 시도했던 반면, 한국은 18-19세기 척사라는 반응을 통해 기존 문화가치의 고수와 사회기능의 유지라는 일종의 민족주의의 표현양식을 보여주고 있다고 지적한다. 특히 이항로를 비롯한 척사위정론자들은 주자학적 유학의 구현이 위기의 타개책이고 민족보위의 주된 가치체계라고 고수함으로써 외부의 도전과 내부의 다양한 응전을 위한 모색을 외면하고 유교적 복고주의가 과거로의 회귀가 아닌 보수반동의 역할로 변질되게 만들었다고 비판한다. 그 결과 개항 이후 무력한 망국의 과정에 이르렀고 민족주의와 관계없는 하나의 역사사실에 불과하다고 혹평했다. 이이화. 1997. "척사위정론의 비판적 검토." 『한국사연구』 18, 137-140.
[2] 대표적으로 이상익의 입장을 들 수 있는데, 위정척사파의 핵심원리는 '대일통'에 있으며, 국제적 차원과 개별 국가의 차원을 모두 포괄하는 것으로 모든 구성원들이 인륜적 보편질서를 공유하는데 있다고 지적한다. 이로부터 바람직한 인간관계를 감응의 관계로 설정하고 자신의 역할완수와 타자의 역할 인정이라는 전통 유교의 명분론과 예양론이 위정척사파의 사회사상의 골간을 이룬다고 한다. 바로 이 점에서 위정척사파는 당시 현실

그런데 위정척사파 이해의 다양한 시각에도 불구하고 공통된 한 가지 사실은 그들의 정신과 실천의 원리가 주자학적 정통성에 근거한다는 점이다. 그럴 경우 19세기 서구의 도전과 동아시아 질서의 틀이 흔들리던 현실의 정치 지형을 전제로, 위정척사파는 중화사상에 젖어 자소사대의 윤리성을 고수함으로써 종속의 정치를 수구하려 했던 사대주의자(事大主義者)로 평가할 수 있다. 과연 그런 것일까? 앞서 유인석도 지적했듯 문명개화를 주장하는 세력은 '앞 다투어 수구인을 비난하는' 입장이라고 했는데, '수구인'이란 누구를 지칭하는 것일까? 유인석과 같은 위정척사 스스로 자신을 수구(守舊)라고 규정한 것일까? 물론 개화를 둘러싸고 대립했던 '수구'를 규정하는 것은 '구법을 행하는' 전제로부터 성립될 수 있고, 유인석 자신도 "의병을 일으켜 왜적을 소탕하고 고국을 버리고 국외에 가서 대의를 지키며 의리를 간직한 채 죽어서 뜻에 따르는 것을 말한다"[曰擧義掃淸, 曰去之守舊, 曰自靖遂志. 『昭義新編』卷2, 「雜錄」]는 처변삼사(處變三事)의 실천 강령조차도 위정척사의 실천방법으로 '수구'를 언급하기도 한다.

사실 두 가지 맥락에서 '수구'의 의미는 전혀 다른 대상을 투영한다. 하나는 유인석이 지적한 '수구'는 '고국을 버리고 국외에 가서 대의를 지키는' 투쟁방법을 가리키며, 다른 하나는 문명개화파의 '구법을 행하는 수구인'이란 문명개화파와 개화의 목표를 공유했음에도 불구하고 '의뢰'의 대상이 여전히 중화중심적 화이관을 벗어나지 못한 것으로 의심받았던 '사

을 비판하고 대안으로 내수외양(內修外攘)론을 제시하고 '公'의 회복을 통한 민심결집과 양적의 타파를 의도했다는 것이다. 따라서 전근대적 생산양식을 옹호하고 검소한 생활을 추구한 위정척사파의 사회적 대안은 한계라기보다 미덕에 가까운 것으로 평가할 수 있다는 것이다. 이상익. 2009. "위정척사파의 사회사상." 『율곡사상연구』 19, 257-259.

대당'을 가리키는 것이다. 이미 문명개화의 의미가 '자주독립'으로 설정된 이상, 중국에 의뢰하는 것은 기존 사대의 규준 자체에 매달리는 '종속' 즉 '사대주의'로의 의미로 규정되는 이항대립 구조에 의해서이다.3)

상기한 두 가지 다른 맥락을 고려할 때, 위정척사는 '자주독립'과 '사대종속'의 어느 입장에서도 출발한 것이 아닐 수 있다. 만약 당시 정치 지형에서 드러난 정치적 스펙트럼을 개화에서 사대까지라고 할 수 있다면, 그리고 정치 주체들 모두 '자주자강'을 위한 부국강병의 목표를 공유했다고 한다면, 위정척사는 조작 정의된 '독립'과 '사대' 중 어떤 것도 목표로 한 것이 아니었을 수도 있다. 보다 포괄적으로 접근하자면 위정척사는 주자 성리학의 전통 속에 정통-이단의 이분법적 가치관에 기초해서 동아시아 가치와 서구의 가치가 충돌한 문명 간 도전과 응전의 결과물로 파악할 수 있다.4)

바로 이 점에서 위정척사에 대한 평가와 이해도 달라져야 할 것이다.5)

---

3) '사대주의'라는 단어는 후쿠자와 유키치와 그 문하생을 중심으로 하는 일군의 언론인이 「지지신보」[時事新報]에 '조선의 신료 가운데 가장 중국인에 의뢰하는 자는 국내에서는 스스로가 큰 세력을 가지면서도 … 대국의 정부는 섬겨야 한다고 말하면서 이것을 사대의 주의라고 칭하고 … 특히 그 외척 민씨와 같은 사람들도 소위 사대당의 한 부분'이라고 소개하면서 대조하여 '김옥균, 박영효, 홍영식, 서광범 등의 유로서 그 주의는 국왕폐하를 보좌하여 조선국 독립의 명과 실을 온전하게 하려는 것으로 이들에 당명을 붙인다면 독립당이라고 칭하는 것이 옳다'고 양자 간 대립구도를 부각시켜 갑신정변이 일본과 관계없다는 점을 강조하기 위한 의도에서 제기된 것이다. 갑신정변 전후로 후쿠자와 유키치는 조선의 보수파를 '고루한 유자의 무리'로 폄하하던 입장을 바꿔 사대당이 다수를 점하는 주류세력이라고 해석하고 조선 내부의 '독립'과 '사대'의 대립과 갈등이 갑신정변을 일으킨 원인이라고 호도했던 것이다. 강동국. 2009. "사대주의의 기원." 『일본공간』 5, 142-150.

4) 박경환. 2004. "동아시아 유학의 근현대 굴절양상." 『국학연구』 4, 9.

5) '위정척사'인가? '척사위정'인가?에 대한 용어사용의 문제 역시 제기된다. 박성순은 이이화가 위정척사 사상이 민족주의와 관계없다고 주장하면서 위정척사가 아닌 척사위정으

원래 위정척사(衛正斥邪) 용어는 정조(正祖) 때부터 사용되었고 서학(西學)으로 명명된 천주교 유입에 따라 정학(正學)으로서 성리학 보위라는 정신적 맥락에서 이루어진 도전과 응전의 결과물이다. 예를 들어『實錄』에서 처음으로 등장하는 위정척사의 용례는 관학 유생인 송도정 등이 천주교 서적을 들여온 이승훈·권일신·권철신·이윤하 등을 처벌하여 이단을 물리치고 정도를 넓히는 뜻을 효유할 것을 정조에게 요청하자 "물러나 학업을 닦아 더욱 위정척사의 방책에 힘써라"[爾等退修學業, 益勵衛正斥邪之方]라고 비답을 내린 사건에서 비롯한다.6) 더욱이 '제사폐지'의 문제를 촉발한 진산(珍山)사건을 탄핵하는데 핵심인물인 홍낙안(洪樂安)이 당시 영의정인 채제공에게 보낸 장문의 편지[長書]에 대해 정조의 판단 즉 "사적인 편지의 문구를 가지고 묻는다는 것은 국가의 체통과 관계가 있을 뿐만 아니라, 또 그 안에 별다른 내막이 있는지 어찌 알겠는가?"7)라고 일축했음에도 이후 "이른바 장서는 위정척사라는 명분을 내세웠으니 겉으로 논하면 비록 배척한 것이 아니라고 하기는 어렵지만 … 장서로서 덫을 조성해 한 세상을 떠들썩하게 하였으니 이것이 과연 무슨 마음인가?"8)라고

로 써야 한다고 주장하면서 촉발된 문제제기로 소개하면서, 위정척사의 용례가 처음 보이는 정조시기 관찬사료에서 위정척사와 위정벽사의 용례(24회)가 척사위정과 벽사위정의 용례(19회)와 크게 차이가 없는 점을 들면서 의미의 차이 없이 위정척사를 선호했다고 지적한다. 또한 척사운동이 본격화한 고종시기 척사론자들의 사찬자료를 보면 위정척사, 척사위정의 혼용이 보이며, 대부분 위정척사의 용어와 문장을 더 많이 사용한 사례를 확인할 수 있다고 지적한다. 그것은 정조대에 위정의 문제가, 고종대에 척사의 문제가 더 절박했다는 추론을 가능케 한다. 그러나 박성순은 정조와 고종 모두 이 문제에 대한 절박함 때문에 사용한 것보다 언어도치를 통해 국왕의 반대세력을 위무하는 방법으로 사용한 것으로 평가하고 있다. 박성순. 2008. "근대 척사운동의 상징용어에 대한 고찰."『동양학』44, 232-245.

6)『正祖實錄』15年 11月 6日 丁丑.
7)『正祖實錄』15年 10月 23日 甲子.

반문했던 것은 위정척사의 의미가 서학 배척, 곧 정학 보호라는 등치를 통해 정조 자신의 권위에 대한 도전이었음을 시사한다.9)

정말 위정척사론이 그 저변에 정조의 정치적 정통성을 의심했던 것일까?10) 특히 서학과 천주교 수용을 둘러싼 갈등구조가 단순히 종교적 신념체계의 확산과 탄압이라는 의미뿐만 아니라 국왕 정조의 후원을 받았던 채제공(蔡濟恭)을 중심으로 권철신·이가환·이승훈·정약종·정약전·정약용 등 친서파(親西派, 信西派)로 분류되는 남인 시파(時派)와 기존 노론 벽파와 전략적 제휴를 모색했던 남인 벽파 계열의 목만중·홍낙안·이기경·홍의호 등 공서파(攻西派)의 정치적 대립이라는 의미를 내포할 때 더욱 그렇다.11)

---

8) 『正祖實錄』16年 2月 30日 己巳.
9) 정조의 군사론(君師論)은 자신이 도통(道統)을 계승하는 만천명월의 주인임을 자부[萬川明月主人翁]함으로써 주자-율곡-송시열을 계승했다고 자처하는 노론의 주자의리론을 군주의리론으로 포섭하기 위한 것이었다. 그것은 당시 정치 지형에서 주자학적 교의의 선명성만이 자신들의 존립기반이었기에 정조조차도 주자의리론에 집착했던 것이다. 따라서 정조의 개혁실패 역시 주자의리론에 대항할 군주의리론을 신료들에게 관철시키지 못한데 기인한다고 할 수 있다. 유미림. 2002. 『조선후기의 정치사상』. 지식산업사, 184; 정조의 개인문집인 『弘齋全書』에는 천주교와 관련되어 척사논의가 활발하게 전개되었음을 보여주는 사례가 많은데, 여기에서는 위정척사의 용례만이 등장한다. 그것은 위정과 척사의 가치에서 위정이 더 중요한 상위개념임을 반영하는 것이며, 당시 조선의 국왕이나 사대부들에게 위정-척사는 본-말의 개념으로 자리 잡고 있었으며 개화기 지식인들에게도 그대로 그 논리구조가 계승되었음을 확인할 수 있다. 박성순 (2008), 240-242.
10) 박현모는 정조 치세에 서학과 유학의 만남을 세계관 충돌의 역사로 다룬 기존 연구가 종교적 박해와 정치적 탄압의 측면에서 접근한 서학의 입장과 제국주의 침략의 관점에서 접근한 유학의 입장을 반영하지만 당시 정치의 핵심적 위치를 차지하고 있던 국왕 정조의 역할에 상대적으로 무관심했음을 지적한다. 박현모. 2001. "서학과 유학의 만남." 『정치사상연구』 4, 1-2.
11) 정조 치세에 천주학이 세력을 신장함에 따라 전통 성리학을 추종하는 사대부들의 비판과 공격이 시작되었는데, 처음에는 학문적 논의에서 시작하여 점차 정치적·사회적 문

그것은 정조 치세까지 계승되었던 탕평정치와 정조 개인의 복수(復讐) 라는 딜레마를 정합해야 하는 과제수행의 어두운 면이기도 하다. 정조는 공적 영역에서 자신의 정체성을 부정하고 왕위를 계승하는 동시에 사적 영역에서 사도세자에 대한 감정을 공존시켜야 하는 상태에 있었다. 따라서 정조 치세는 모순되는 두 가지 의리, 선왕(先王)의 의리와 선부(先父)의 의리를 공존시켜야 했으며 정치과정에서 모든 붕당을 아우를 수 있는 보다 높은 차원의 의리를 창출해내야 하는 과제를 안고 있었다.[12] 그 과정에서 채제공을 중심으로 하는 청남계열의 영남 남인중용은 탕평의 이념과 달리 현실정치에서 노론과 소론의 반발을 가져왔고, 채제공에 대한 소론의 공격을 둘러싸고 강온의 입장이 나뉘면서 남인 내부에서도 시파와 벽파가 분기한 결과 천주교를 둘러싼 서학논쟁의 정치적 대립이 격화되었던 것이다. 따라서 탕평의 기조 위에서 진행된 위정척사론은 정조 자신을 둘러싼 이념성을 담을 수밖에 없었다.

그렇다면 이념적 의미의 위정척사란 무엇을 말하는 것일까? 당시 강경론자인 이기경(李基慶)의 『闢衛編』은 현손인 이만채(李萬采)에 이르기까지 일관되게 위정척사의 입장을 정리한 대표적인 저작이다. 이만채의 발문(跋文)에 소개된 "이 〈벽위편〉은 지난 날 나의 황고조인 척암공 이기경, 노암공 홍낙안, 삼명공 강준흠, 이재공 목태석이 사교를 배척하던 때의 역

제인 당론 차원으로 비화했다. 이와 같은 당론의 태도는 정학으로서 유학을 사학인 천주학의 위협으로부터 어떻게 지킬 것인가의 방법론과 관련하여 강온파로 나뉘는데, 초기 온건파는 안정복과 같이 천주학에 감염된 자들을 설득하려는 입장이고 강경파는 이헌경과 같이 천주학에 대한 철저한 봉쇄와 근절을 주장하는 입장인 반면, 후기 온건파는 정조와 채제공과 같이 친서파로, 강경파는 이기경, 홍낙안과 같이 공서파로 구별된다. 김홍우. 1986. "정조조의 천주학 비판."『한국정치학회보』20:2, 58-59.

[12] 허태용. 2010. "정조대 후반 탕평정국과 진산사건의 성격."『민족문화』35, 237.

사이다. 벽위라고 하는 것은 사교를 물리치고 정도를 호위한다는 뜻 … 황고조께서 북관에서 돌아가실 뻔하였고 무고를 당함이 더욱 심하니 그 때의 공론이 원통하게 여겼다. 오래지 않아서 사학의 괴수는 정도가 아니라 하여 처형되었고 채상도 사학을 옹호하였다 하여 사후에 처형되었으니 그 때의 사실이 이 책에 자세하게 기록되어 있다. 황고조께서 스스로 편찬한 것은 백대의 공론을 기다린 것이었다"13)는 감정의 배설은 홍이섭이 지적하듯이 이기경에서 이만채에 이르는 한 가문의 가학(家學)으로 형성되어 온 반서학적 이념고수와 견지라는 흥미로운 심리상태를 보여준다.14)

『闢衛編』의 내용과 특징은 그 서문에 소개되어 있는데, "세상의 가르침을 바로 잡고 우리의 뜻을 밝히려는 뜻에서이다"라는 편찬의의를 적고 "〈명사 외이전〉, 주이존의 〈폭서정집〉, 전겸익의 〈경교고〉, 고염무의 〈일지록〉, 이수광의 〈지봉유설〉, 이익의 〈천주실의 발문〉, 안정복·이헌경의 〈천학문답〉을 실었는데 사학이 선왕의 가르침이 아님을 밝히기 위한 것"이라고 소개하고 있다.15) 특히 『闢衛編』은 신후담의 〈서학변〉에 기록된 필방제(畢方濟)의 〈영언려작(靈言蠡勺)〉의 논증에서 "내가 생각하기로는 저들이 말하는 아니마(Anima)란 것은 우리가 말하는 영혼이다. 저들이 말하는 바 하늘에 있는 변함없는 복이란 사람이 죽더라도 영혼은 불멸하며 착한 일을 한 사람은 천당에 올라간다는 것을 말하는 것"이라고 지적하고 "하늘에 있는 변함없는 복이란 과연 어떤 근거에서 말한 것인가? 착한 것을 복주고 방탕한 것에 화를 준다는 말은 우리 유교의 글에도 있다. 우리는 특히 이치로 말한다"고 분석한다.16)

---

13) 이만채 편·김시준 역. 1987. 『闢衛編』. 서울: 한국자유교양추진회, 375.
14) 홍이섭. 1959. "소위 『闢衛編』의 형성에 대해서." 『인문과학』 4, 193-194.
15) "序." 『闢衛編』(1987).

여기에서 관건은 '저들이 말하는바 복(福)과 화(禍)'를 어떻게 '우리가 말하는 이치(理)'로 설명할 수 있는지의 여부이다. 그것은 "군자의 도리는 애당초 일상적인 행위에서 벗어나지 않는 것"이라는 유가적 전제로부터 출발하면서 "저들이 가르치고 배우는 것은 오로지 하늘 위의 복이며 이 복을 구하기만 하면 된다고 한다. 이것은 아들 된 자가 부모를 섬기는 일에 마음을 쓰지 않으며 신하된 자가 임금 섬기는 일에 마음을 쓰지 않고 나라를 다스리는 자가 세상을 다스리고 법률을 제정하는데 유의하지 않으며 … 모든 일상적인 일은 폐지되고 마는 것"이라는 의미로 전환된다.17) 결국 "오늘날 저들이 학문이라고 하는 것은 복을 구하는 데만 뛰어나니 너무나 성실하지 못하며 오직 이익을 추구하는 마음뿐이다. 무릇 이단의 학문은 그 유파가 모두 다르지만 그 원천은 모두 이익을 추구하는 데서 나왔다"18)는 『闢衛編』의 논조는 맹자(孟子)의 이단사설(異端邪說)을 배척하기 위한 논변의 방법론을 그대로 채택하고 있는 셈이다.

만약 『闢衛編』의 벽사위정(辟邪衛正) 의미가 이단사설의 공리성(功利性)에 대한 경계심에 기초한 것이라면, 정조 치세에 서학과 천주교 수용에 대한 강력한 반발 역시 현실정치의 혼란을 방기하거나 조장하고 있는 군주들과 실질적으로 그 동기를 제공한 당대 지식인들의 대안과 행태에 비판적이었던 맹자의 태도를 그대로 계승하는 것으로 파악해야 한다.19) 즉 난신적자(亂臣賊子)로서 남인 시파와 정조에 대한 불만과 비판을 제기했

---

16) 『闢衛編』(1987), 43-44.
17) 『闢衛編』(1987), 44.
18) 『闢衛編』(1987), 45.
19) 윤대식. 2005. "맹자의 왕도주의에 내재한 정치적 의무의 기제." 『한국정치학회보』 39:3, 10.

다는 의미를 내포하는 셈이다.

이제 위정척사의 용례가 본격적으로 등장하는 시기는 고종(高宗)에 이르러서이다. 왜 그런 것일까? 물론 19세기 말에 이르러 서구의 도전이 직접 동아시아에 위기를 가져왔기 때문일 수 있지만, 보다 근본적인 원인은 위정척사의 용례와 어순이 갖는 의미가 조선 내부의 정치 지형과 관련되어 있기 때문이다. 더욱이 정조 치세에 제기되었던 위정척사의 용어가 세도(勢道)정치를 거쳐 다시 고종의 등극과 맞물려 제기된다는 점은 시사적이다. 역설적으로 세도정치와 이후 전례 없던 살아있는 대원군의 집정(執政)이 갖는 결정적인 문제점으로서 권력의 사사화(私事化) 과정에서는 위정척사의 용례가 발견되지 않는다.

그렇다면 위정척사의 용어는 그 동기부터 내부 통치문제, 즉 국왕의 권위와 밀접히 연계되어 있다고 할 수 있다. 특히 위정(衛正)이 원래 정치권위에 대한 도전에 따른 응전으로의 의미를 지니며, 훗날 외부 도전에 따른 응전으로서 척사(斥邪)와 논리적 일관성을 갖게 된 이유는 그 핵심에 이항로(李恒老)의 존재가 있었기 때문이다. 따라서 위정척사의 최초 언급부터 내부 정치권위의 정통성과 그 기초 위에 성립될 공적 영역의 정당한 운영 주체가 누구인지에 대한 문제는 기존 주자성리학이 후원하는 의리론(義理論)과 연계되었으며, 그 기원으로서 주자의 군자-소인, 중화-이적의 이분법적 세계관을 내외에 적용할 수밖에 없었던 한계조건이 작동한다.

앞서 언급했듯 누가 공적 영역의 운영자인지에 대한 정조와 집권세력 간 대립이 위정의 정의(定義)를 둘러싼 출발이었다면, 노론의 세도정치는 특정 벌열 세족에 의해 사사화 된 권력행사로써 위정에 도전한 셈이고 대원군의 집정이야말로 위정을 위한 또 다른 응전인 셈이다. 정말 그런 것일까? 우선 고려해야 할 사항은 대원군 집정이 위정, 즉 왕실권위의 회복이라는 외형을 지니고 있다는 사실에도 불구하고, 대원군 집정 자체가 위정의 의미를 지닐 수 없는 원천적 한계를 지닌다는 점이다. 왜냐하면 현재의 국왕에게 살아있는 대원군의 존재와 정치참여 자체가 전례 없는 일이기 때문이다. 즉 대원군이 공식적인 직위나 제도적 합법성에 근거하지 않고도 실질적으로 국가권력을 행사했던 양상은 세도정치와 마찬가지로 사사화 된 권력일 뿐이었다.[20]

반면 권력구조의 맥락에서 보자면 대원군의 집정은 사사화 된 권력구조에 개혁을 시도했다는 점에서 세도정치와 대조된다. 즉 비변사 중심의 벌열 세족의 독점구조를 의정부 강화와 다양한 정치세력의 해금조처를 통해 관행을 탈피하려는 모습을 보인다.[21] 철종에 대한 공식적인 거상기간이 끝난 직후 "세상이 가볍든 무겁든 그 기준이 있어서 엄정함이 없다고 말하지 못한다. 이제 모두 유신의 뜻을 들어 이에 두루 마음에 통하는 것이 있어 칙유를 내리려 한다"[22]는 신정왕후(조대비)의 전교는 외형상 새로운 군주 등극에 따른 일반론으로 보이지만, '유신'의 용어사용 자체가 조선이라는 오래된 나라의 기강을 새롭게 하겠다는 변화를 예고했기 때문이다.[23]

그렇다면 고종 등극과 함께 새롭게 형성된 정치 지형은 대원군과 벌열 세족 모두 사적 영역에 머문 행위자들이며, 그 가운데 놓여 공적 영역의 회복을 책임진 어린 국왕이 존재하는 모습을 취한다. 만약 대원군 집정의

---

[20] 강상규. 2006. "명성왕후와 대원군의 정치적 관계연구."『한국정치학회보』40:2, 31-32.
[21] 박광용. 1997. "19세기 초중반의 정치와 사상."『역사비평』37, 39-40.
[22] 『承政院日記』高宗 1年 1月 10日.
[23] 김병우. 2006. "대원군의 집권과정과 권력행사."『역사와 경계』60, 139.

목표가 왕실권위 회복과 벌열세족의 단죄에 있다면, 그것은 공적 영역의 회복이라는 명분을 확보하는 동시에 벌열세족의 사적 동기를 은폐한 공적 영역에 대한 도전이라는 역설적인 상황에 직면한다. 반면 벌열세족의 입장에서 주자학적 의리명분론은 자신들이 내세운 공적 권위의 원천으로서 정통론을 대원군의 도전에 응전의 수단으로 채택할 수 있다. 따라서 고종이 즉위한 1월 13일의 차대에서 영의정 김좌근의 "오늘은 바로 우리 성상께서 즉위하시어 정식으로 정사를 보시는 첫날입니다 … 은나라 고종이 즉위한 초기에 어진 신하가 경계하여 말한 것도 오직 '시종 학문에 주력해야 합니다'라고 한 것뿐이었습니다. 바라건대 전하께서는 힘쓰고 또 힘쓰소서!"[24]라고 의례적이면서도 의미심장한 조언은 대원군과 벌열세족 간 교집합의 도출을 위한 단서를 제공한다.

즉 양자 간 공적 영역의 공백을 어떻게 메울 것인지를 두고 제기된 대안은 영의정 김좌근이 건의한 "정학(正學)을 숭상하는 것이 현재의 급선무"라는 전제로부터 "정자와 주자의 책을 힘써 연구한 자들을 문벌에 구애하지 말고 널리 찾아내어, 서울에서는 구경(九卿)이 각각 한 사람씩 추천하고 팔도에서는 도신이 각각 두 사람씩 추천하여 차례로 뽑아서 장려하여 등용시키는 것이 좋을 듯"하다는 대안의 제시 결과 공적 영역의 정당한 운영자로서 정통성을 계승할 수 있는 국왕의 수신과 훈육이라는 타협점으로 귀결되었던 것이다.[25] 그 교집합의 핵심에 이항로가 놓여 있었다.[26]

---

24) 『高宗實錄』 1年 1月 13日 乙卯, "領議政金左根曰, 今日卽我聖上卽祚之上甲初元也 … 殷高宗作位之初, 良弼進戒之辭, 亦惟曰, 念終始典于學. 伏願殿下, 懋哉懋哉!"
25) 『高宗實錄』 1年 3月 20日 庚申, "左根曰, 崇正學之爲目下急先務者 … 力頤程朱之書者, 不拘門地, 廣搜博訪, 京師則九卿各薦一人, 八道則道臣各薦二人, 以爲取次奬用之地恐好."
26) 윤대식. 2013. "한국 민족주의의 쟁점-민족주의를 바라보는 양가적 시선에 대한 자존의 변명." 『정신문화연구』 36:2, 346-347.

한편 병인양요(고종 3년, 1866)를 전후로 양이창궐에 대한 대책마련 중 이항로에서 출발하는 위정척사의 모습이 드러난다. 동부승지를 제수 받은 이항로는 사직을 요청하며 상소를 통해 현재 국론이 "이른바 양적(洋賊)을 치자는 것은 나라 입장에 선 사람이고, 양적과 화친하자고 하는 것은 적의 입장에 선 사람들" 둘로 나뉘며, 전자는 싸우면서 지키자는[戰守] 입장으로 옛 제도를 보존하는 것[保衣裳之舊]인 반면 후자는 도성을 떠나가자[去邠]는 입장으로 사람을 짐승의 구역으로 빠뜨리는 것[陷禽獸之域]이라고 대조한다.27) 동시에 이항로는 고종을 직접 소견하는 자리에서 "천하국가의 큰 근본은 임금의 일심(一心)에 달려 있습니다. 마음이 바른 때를 얻으면 만사가 순리하게 되고, 마음이 바른 때를 잃으면 만사가 무너집니다. 어려운 때나 태평스러운 때를 막론하고 경건하게 수양하여 마음의 체(體)를 세우고, 학문을 강론하고 이치를 밝혀 마음의 용(用)을 통달해야"28) 할 것을 건의한다. 그것은 외형상 위정척사의 방법론으로서 내수외양(內修外攘)을 강조하고 있지만, 외부도전에 대한 응전으로서 '임금의 일심'을 제시하는 이항로의 답변이야말로 척사의 필요조건이 위정이라는 의미를 반영한다. 즉 위정척사의 최초 용례에서 표출된 의미가 여전히 일관되게 유가 지식인들에게 계승된 셈이다.

어떤 근거로 척사의 시대적 수요에 응답한 것으로 보이는 이항로의 답변이 위정을 강조했다고 평가할 수 있을까? 19세기 조선의 내외 변동 속에 도학(道學) 계열의 성리학자들 역시 이론적 기반에 대한 재인식을 통해 학파의 분화를 가져왔고, 외세침략과 국가위기에 대한 해답을 제시하면서

---

27)『高宗實錄』3年 9月 12日 戊辰.
28)『高宗實錄』3年 9月 13日 己巳.

행동으로 전환해야 하는 절박한 상황에 놓여 있었다.29) 그 중에서 이항로는 사승관계 없이 독자적으로 주리론(主理論)적 입장에서 어느 한쪽에 치우치지 않는 이론 체계를 정립하고 주자(朱子)와 우암(尤庵)을 존숭함으로써 자신의 학문적·사상적 단서로 연결시켰다.30) 이로 인해 이항로는 주자와 우암의 춘추의리론을 실천하는 도학적 입장을 수용함으로써 그들의 화이관(華夷觀) 역시 수용하게 된다.

이항로는 리기(理氣)를 구별하고 주리(主理)의 입장에서 "리(理)는 부리는 주인이고 기(氣)는 부림을 받는 것이라면 리는 순수해지고 기는 바르게 되어서 만사가 다스려지고 천하가 안정될 것"31)으로 리와 기의 차등성을 구분하는데, 그것은 춘추의리론과 결합하여 정-사, 시-비, 선-악의 이분법적 차별을 가져옴으로써 인성의 차원에서 천리-인욕의 구분으로부터 사회적 차원에서 정의-부정의, 학문적 차원에서 정학-이단, 정치적 차원에서 왕도-패도, 최종적으로 문명의 차원에서 중화-이적으로 확대되었던 것이다.32)

그렇게 보자면 문명 간 충돌의 맥락에서 이항로의 세계관은 세계를 중화와 이적으로 구별하고 "존중화, 양이적은 천지가 다 할 때까지 지켜야

---

29) 주리론(主理論)의 입장에서 위정과 척사를 실천한 화서학파와 노사학파(蘆沙學派), 주기론(主氣論)의 입장에서 위정과 척사를 실천한 고산(鼓山)-간재(艮齋)-연재(淵齋)학파로 분류할 수 있으며, 화서-노사학파가 의병투쟁에 적극적으로 참여한 항전형이 주류였다면, 고산-간재학파는 은둔형이 주류였으며, 연재학파는 순절형으로 대비될 수 있다. 금장태. 2009. "19세기 한국성리학의 지역적 전개와 시대인식."『국학연구』15, 15-16.
30) 이택휘. 1987. "조선후기 척사논의의 전개와 그 의의."『한국정치외교사논총』4:1, 167; 부남철. 1996.『조선시대 7인의 정치사상』. 서울: 사계절, 242.
31)『華西集 下』卷 25.「理氣問答」, "理爲主氣爲役, 則理純氣正, 萬事治而天下安矣."
32) 오석원. 1997. "화서 이항로의 척사위정과 의리사상."『유교사상연구』9, 124.

할 대원칙이며 자신의 사사로움을 내쫓고 제왕을 충심으로 받드는 것은 성현의 요법에 있다"33)는 중화문명의 우월성이라는 화이관으로 표출될 수밖에 없었으며, 양자 간 차별적 질서에 기초해서 중화문명의 존숭과 서구문명의 배척이 국가 간 지켜야 할 당위적인 것임을 분명히 한다. 앞선 '양적과의 화친은 사람을 짐승의 구역으로 빠뜨리는 것'이라는 이항로의 답변 역시 자신의 세계관에 일관된 것으로 중화문명을 정(正), 서구문명을 사(邪)로 규정함으로써 배타적이고 관념적인 서양관을 제시한 셈이다.34) 그러므로 천리를 실현하기 위해 정학으로 '국왕의 일심'을 훈육시켜야 왕도의 실현을 보장할 수 있으며 그것이야말로 우월한 중화문명의 일관된 노정인 반면, 반대편에서 전개되는 인욕을 충족하려는 서구 근대문명의 패도적 위협이야말로 '사람을 짐승의 구역으로 빠뜨리는 것'일 수밖에 없다는 당위적인 결론에 이르렀던 것이다.35)

그런데 상기한 노정을 따를 경우, 이항로의 이분법적 주리론은 필연적으로 내부문제에 대해 추락한 왕실권위 회복과 그 원인으로서 세도정치 폐단 및 어떠한 법제적 근거도 없이 집정했던 대원군에 대한 위정(衛正)의 요구로까지 확대 적용될 수 있다. 즉 "내수와 외양은 마치 나무에서 뿌리와 잎이 서로 필요한 것과 같이 하나라도 버릴 수 없는 것이 분명하지만

---

33) 『華西集 下』 卷 15. 「雜著」〈溪上隨錄 二〉, "尊中華攘夷狄, 窮天地之大經. 黜己私奉帝夷, 有聖賢之要法."

34) 조현걸. 2013. "위정척사사상의 변용에 관한 연구."『대한정치학회보』 20:2, 93.

35) 이항로는 주자의 "理氣二物說"을 리와 기의 부잡(不雜), 불리(不離)의 논거로 삼고 절대와 상대, 선과 불선 등 가치개념으로 파악함으로써 순선무악(純善無惡)한 리는 유선유악(有善有惡)한 기와 혼륜(渾淪)될 수 없는 지고한 궁극성으로 이해되며, 리는 당위적인 도덕적 준칙이 된다. 강필선. 2002. "화서 리기론의 주리적 특성에 대한 일고."『한국철학논집』 11, 22.

지엽을 비록 늦출 수 없다고 하더라도 근본은 더욱 급한 것"36)이라는 인식 하에 내수(內修)에 초점을 맞추는 것이 외양(外攘)의 해결책일 수 있다. 동부승지를 사직하며 건의한 이항로의 시무책은 외부의 도전으로서 양이의 창궐이 백성들의 호응에 연유한 것이며, 백성들의 호응을 유발한 것은 내부통치의 불합리성으로 인한 것이므로, 내부통치의 합리성 곧 백성의 항산(恒産)을 유지하기 위해 무리한 토목공사와 재정소모에 따른 과도한 부담을 줄여야 한다는 환원론으로 전개될 수 있었던 것이다. 그 환원의 최종점은 '국왕의 일심'이며, 내부통치의 합리성 회복이 개혁여부에 달려 있다는 점에서 이항로의 위정이야말로 척사까지 다룰 수 있는 일원적 문제해결 기제였던 셈이다.

한편 외연에 대한 서구의 도전 국면으로 관심을 전환할 경우에도 이항로의 주리론은 위정으로서 중화문명과 가치에 강조점을 두는 화이관(華夷觀)의 선명성으로 나타난다. 즉 외부 타자와의 관계에서 조선의 자기질서를 '리'로 보고 서구를 '기'로 보는 인식을 통해 리기의 상하·귀천·존비의 관계로부터 정학(正學)으로서의 성리학과 사학(邪學)으로서의 서학의 관계를 규정하는 척사(斥邪)의 실천론으로 전개되는 것이기도 하다.37) 결국 위정척사론은 내부위정과 외부척사가 정합되어 있는 방법론 또는 문제해결기제라는 구조적 동일성 명제(the thesis of structural identity)이며,38)

---

36) 『華西集 下』 卷 3. 「辭同義禁疏」, "內修外攘之擧, 如根本枝葉之相須, 不可闕一也, 明矣. 但枝葉雖不可緩, 而根本尤所當急."

37) 강재언. 1983. 『근대한국사상사연구』. 서울: 한울, 68-69.

38) 구조적 동일성 명제는 과학연구 방법론에서 칼 헴펠(Carl G. Hempel)이 제시한 개념으로 이론이 지닌 설명(explanation)의 기능과 예측(prediction)의 기능이 과학적 분석의 목적 혹은 이론화 과정의 단계에 따라 동일한 작업에 붙여지는 다른 명칭에 불과하다는 점을 지적한 것이다. 김웅진. 1992. 『정치학방법론서설』. 서울: 명지사, 16-18.

척사는 사대의 관념에서 비롯한 일관된 표현일 수 있다.

그렇다면 이미 동아시아 질서의 틀 내에서 오랜 기간 독립성을 유지했던 규준이 '어진 큰 나라와 지혜로운 작은 나라'의 자소사대와 그 결과 '작은 나라의 사직보존'이었다고 인정하는 한, 새삼스럽게 우암 이후 소중화(小中華)를 자부하며 이적(夷狄)에 불과한 청(淸)으로부터 '자주독립'을 요구할 논리적 이유가 없다. 오히려 기존 질서 틀로부터 이탈하는 위험을 무릅쓰지 않아도 현상유지가 보다 합리적인 선택일 수 있다는 판단의 결과일 수 있다. 오히려 "한국이 중화에 속한 것은 이미 천여 년이 되었다는 것"[韓屬華己千餘年][39)]이라는 인식으로 드러났던 당시 청 정부의 변질된 사대의 이해처럼 단순히 중국 중심의 전통적 화이관, 즉 중화문명에 대한 배타적인 태도에 기초해서 중화문명만을 존숭하는 입장으로 위정척사를 평가하는 것이야말로 사대가 아니라 사대주의의 관점일 것이다.

물론 개화파가 제기한 '자주독립'의 의미가 비로소 힘을 얻을 수 있을 만큼 청-조선 관계가 이미 자소사대의 건강성을 잃은 것일 수 있다. 왜냐하면 청 역시 보편적 세계질서의 틀에 의해 도전받았고, 이에 대한 응전의 무력함은 '어진 큰 나라'의 정체성을 상실한 셈이기 때문이다. 바로 이 점에서 전통적(유가적) 가치와 세계관에 따라 위정척사의 노정은 재조명되어야 할 필요가 있다. 그들이 수용한 기존 질서관이 사대의 일관성을 유지했던 결과인지 아니면 사대주의의 의미로 변질된 것인지를 명확히 구별하기 위해서는 '어진 자와 지혜로운 자'라는 필요충분조건의 구성여부를 타진해야 하기 때문이다.

---

39) 황현 저 · 이장희 역. 2008. "갑오 고종 31년." 『매천야록 상』. 서울: 명문당, 704.

제 4 장

사대와 자주의 혼돈

만약 사대와 사대주의의 사용이 원래 의미의 엄격한 구별 없이 혼용된 결과라면, 사대와 자주의 이항대립적 구도 역시 사대에 대한 이해의 혼돈에 따른 결과일 수 있으며, 그 결과 위정과 척사, 자주와 독립의 의미 역시 이해의 혼돈에 빠진 것일 수 있다. 이러한 추론은 근대 진입과정에서 도전과 응전에 따른 필연적인 사상적, 실천적 다양성의 외형을 혼란과 무질서로 받아들이는 관성의 작용에 기인한 것으로 파악할 수 있다.

우선 문명개화파를 평가하자면, 상기했던 자주독립과 문명개화의 진보성으로 평가하건 여전히 사대관념을 벗어나지 않는 한도 내에서 부국강병을 추구한 것으로 평가하건, 그것은 현재 여기에서 사용되는 근대성이라는 기준을 적용한 것에 불과할 수 있다. 오히려 당대의 인식, 예를 들어 황현이 박규수를 "대원군 집정시대에는 척양을 주장했으나 고종이 집정하는 갑술년 이후에는 일본과 통교할 것을 주장하였으니 수서양절(首鼠兩截) 하면서 시의와 영합하여 사람들이 비로소 그를 의심하게 되었다"[1]고 평가하는 진술은 문명개화파에 대한 공정한 평가과정에서 시사적인 단서를 제

---

1) 황현 저·이장희 역. 2008. "갑오 이전."『매천야록 상』. 서울: 명문당, 119.

공한다.

사실 개화파의 구심점 역할을 한 것으로 평가되는 박규수는 대원군 집정기였던 고종 3-5년에 평양감사로 재직하면서 프랑스와 미국의 이양선과 접촉하게 되었고, 척양의 기조에 충실했었다.2) 그런데 고종 친정체제에 들어와서 대원군 정책에 대한 반론으로 일본과의 국교회복이라는 당위성을 지지했고, 병자수호조약 체결을 앞두고 척사를 주장하는 최익현과 장호근의 상소를 묵살하지만 "일본과 300년 동안 믿고 화목하게 지냈으며, 왜관을 설치하고 상호 간에 저자를 열었습니다. 그러다가 몇 해 전부터 서계 문제로 서로 대립하여 왔으나, 지금은 계속 좋게 지내자는 처지에서 반드시 통상을 거절할 필요는 없습니다"3)라고 고종에게 건의하는 등 일관성을 잃은 혼란 그 자체를 보여준다. 물론 그 이유는 조선의 개항이 일본에 의해 이루어짐으로써 새로운 국제질서와의 강제적 만남이라는 개항 본연의 의미에서 이해되지 못하고 '300년 구전통'을 회복하려는 것이었기 때문이다.4)

반면 박규수의 태도가 일관성을 그대로 유지하는 것일 수도 있다. 즉 당시 대외문제의 최고 전문가인 동시에 고종의 친정의지와 맞물려 가장 신뢰하던 신료로서 박규수의 태도는 고종과 대원군 간 불편한 정치적 관계를 대리한 것일 수 있다.5) 이로 인해 일본과의 서계(書契) 접수를 거부한

---

2) 대원군 집정기에 박규수가 비판적인 태도를 취했기에 권력에서 철저히 소외되었다는 『行狀』의 기술과 달리 대원군 집정 초반부터 그 문학적 능력을 높이 평가받고 국왕의 최측근에서 활동했으며, 주요 실무직에 중용되었던 경력은 대원군의 신임을 얻었다는 반증일 수 있다. 김명호. 2001. "대원군정권과 박규수." 『진단학보』 91, 255-259.
3) 『高宗實錄』 13年 1月 24日 丙辰, "議政府啓 … 我國之與日本三百年信使修睦, 設館互市, 而年來雖以書契事相持, 然今於續好之地, 不必牢拒其通商."
4) 김영작. 2008. "한·일 양국의 서양수용에 관한 비교연구." 『한일공동연구총서』 6, 123.

대원군의 태도와 달리 과거의 우호관계를 회복하겠다는 일본의 의지표명을 받아들이지 않는 것이 오히려 무력행사의 빌미를 제공하며, 일본과 서양제국이 결합하여 조선을 고립시키는 형국으로 전개될 수 있다는 현실적이고 전략적인 태도를 취했던 결과일 수 있다.6)

과연 문명개화파의 진정한 모습은 무엇일까? 황현이 박규수의 태도를 기회주의적인 것으로 조롱하며 사용한 '양절'의 의미처럼 그것은 중화에 대한 사대를 당위적으로 수용하는 한, 일본과의 교린 역시 소중화로서 조선이 자소사대의 원칙을 적용하는 것이 당위적임에도 불구하고, 일본과의 조약체결이라는 사건 자체가 평등한 국가 간 관계로의 전환이라는 혼돈을 가져왔고 더욱이 조약이 갖는 불평등성과 일방성까지 인지하는 순간 당대 정치 참여자와 지식인들이 근대와 개화를 혼돈스럽게 이해할 수밖에 없었음을 시사한다.7)

또한 그것은 유길준의 '양절체제'(兩截體制) 개념을 선명하게 한다. 원래 '양절'(兩截)의 사전적 정의는 "한결 같은 모양이 아닌"[不一樣] 또는 "앞뒤가 일치하지 않는"[前后不一]다는 뜻이다(『漢語大辭典』). 그렇게 보면 "受貢國이 然卽 諸國을 向ㅎ야 동등의 禮度를 행ㅎ고 贈貢國을 對ㅎ야 獨尊혼 체모를 擅ㅎ리니 此는 증공국의 체제가 受貢國及諸他國을 向ㅎ야

---

5) 강상규. 2010a. "1870~1880년대 고종의 대외관과 자주의식에 관한 연구." 『통합인문학연구』 2:1, 23-29.
6) 강상규(2010a), 30.
7) 조선은 자주국을 사대교린 질서 안에서 통용되던 원리, 즉 외번(外蕃)은 그 내정과 외국 교제를 자주적으로 행한다는 의미로 받아들여 이를 교린 질서의 연장으로 해석한 반면, 일본은 자주란 곧 독립을 의미하는 것이어서 만국공법에 따라 양국이 주권국가임을 인정한 것이라고 해석했던 것이다. 김용구. 2001. 『세계관 충돌과 한말외교사, 1866~1882』. 서울: 문학과 지성사, 200-201.

前後의 兩截이오 수공국의 체제도 贈貢國及諸他國을 대호야 亦前後의 兩截이라 제국이 受貢國及贈貢國의 양절체제를 一視홈은 何故오."⁸⁾라고 알려진 유길준의 언명은 외형적 논리구성 상 조공과 조약이라는 모순된 원리에 입각한 조선-청 간 국가관계의 모순성을 '양절'로 비판하는 것으로 보이지만,⁹⁾ 그 동기는 조선과 청의 국제관계 전반의 모순을 지적하는 용어로 채택된 것이며, 속국화를 강요하는 청의 대 조선관계와 조선의 대 서양 제국과의 동등한 조약관계가 모순된다는 점을 지적하여 청의 속국화 정책을 비판하는 개념으로 변용한 것일 수 있다.¹⁰⁾

그렇다면 '양절'의 의미에 내포된 괴리(乖離)의 지적 역시 '자주적 개화'의 과제를 어떻게 진행할 것인가에 대한 당대의 고민이 '자주'를 위해 '사대'의 방편을 이용한 것으로 평가할 수 있다. 동시에 '자주'와 '사대'의 양절체제 그 자체가 당대 정치 주체들로 하여금 '자주'='사대'의 등식으로 이해하도록 이끈 것일 수도 있다. 왜냐하면 큰 나라로서 청의 경우 사대하는 작은 나라로서 조선에만 우위를 가지고 작은 나라로 하여금 큰 나라와 사

---

8) 『全書 I』「邦國의 權利」.
9) 양절체제의 용어가 하라다 다마키[原田 環]의 설명처럼 조선이 주권국가로서 만국공법에 의거해 여타 국가와 국교를 맺으면서도 청과는 여전히 종속관계가 계속되는 특수관계를 비판한 것으로 보는 입장이거나 김용구의 설명처럼 청국과는 조공관계로, 여타 국가와는 근대 국제법 질서 하에 조약관계를 공유하는 특수관계이기에 조선은 독립국가라는 설명이건, 유길준이 양절체제라는 용어를 사용해서 말하고자 한 내용은 당시 조선이 청에 사대조공을 하더라도 열강과 조약관계를 맺은 국제법상 독립국이어야 하는데 현재 조공체제에도 조약체제에도 부합할 수 없는 '양 체제로부터 단절'(=양절)된 상황에 처해 있음을 지적하고 청과 열강 모두 조선의 애매하고 모순된 상황과 체제를 불식시켜 독립국으로 인정해야 한다는 주장이었다. 김민규. 2005. "개화기 유길준의 국제질서관 연구."『한국인물사연구』 3, 307-314.
10) 이 점에서 유길준의 양절체제론은 중국의 속방론을 수용하는 김윤식의 양편론, 양득론과는 본질적으로 다른 것이다. 김영작(2008), 131-137.

대 및 여타 국가와 평등이라는 비대칭을 방치했고, 큰 나라 역시 여타 국가와 평등한 관계임에도 불구하고 작은 나라에 사소를 하지 않은 모순을 가져옴으로써 기존 자소사대가 유지했던 동등한 예제의 괴리를 가져왔기 때문이다.

또 다른 사례를 보자면, 갑신정변 실패 후 박영효가 고종에게 조선의 문명개화와 부국강병 구상을 건의하기 위해 상언한「조선내정개혁에 관한 건백서」의 내용에서 찾아진다. 총 8절로 구성된 상소문 전문은 개혁의 기본방향을 제시하고 있는데, 홍미로운 대목은 4절의 "무릇 제국치군의 도(制國治軍之道)는 때가 달라도 일은 같은 것이며 고금이 다름이 없거늘 폐하는 어찌 이를 귀감으로 삼지 않으시고 편안히 구중궁궐에 깊이 머물러 계시면서 좌우와 더불어 오히려 노닐며 홀로 스스로 즐거움을 삼으니 여항(閭巷)의 인민이 갖는 고단함을 살피지 못하시는 겁니까?"라는 질책과 함께 "강태공이 이른바 방국(邦國)은 제왕의 방국이 아니요 마침내 인민의 방국이며 제왕은 방국을 다스리는 직인이라 했으니 방국의 이익을 같이 하는 자는 방국을 얻고 방국의 이익을 천단하는 자는 방국을 잃을 것"[11]이라고 경고하는 내용이다.

여기에서 박영효가 지적하는 '인민의 방국'이란 고종에게 인민주권을 각성시키기 위해 제기된 것이 아니라 인민의 고단함을 같이 하는 인의(仁義)의 통치, 즉 맹자가 양혜왕에게 "왕께서 백성들과 즐거움을 같이 하신다면 통일된 천하의 왕이 되실 것"[12]이라고 강조했던 여민동락(與民同樂)의 민본적 전통을 상기시키기 위한 것이었다.[13] 즉 그것은 서구와 일본의

---

11) 전봉덕. 1978. "박영효와 그의 상소 연구서설."『동양학』8, 201에서 재인용.
12) 今王與百姓同樂則王矣.『孟子』「梁惠王下」.
13) 와타나베 히로시, 박충석 공편. 2008.『'문명' '개화' '평화': 한국과 일본』. 서울: 아연출

도전에 따른 조선의 국세회복이라는 응전의 수단으로 문명개화와 부국강병을 요구하면서도 여전히 고종의 수신을 우선한다는 점에서 위정척사의 내수외양론과 동질적이다. 더욱이 인민의 보존[恒産]이라는 통치자의 전통적인 책무를 거론하면서 그 논거로 강태공의 언명을 비롯한 동양고전을 제시한 것은 문명개화와 부국강병이 기존 중화문명의 가치와 상충하지 않는다는 사실을 강조하려는 의도로 읽힐 수 있다.

비록 문명개화와 부국강병이라는 역사적 수요의 당위성과 고종에게 호소하기 위한 전략적 선택으로 전통적 가치체계를 동원했다 할지라도, 박영효의 언술체계 역시 전통적인 가치관에 기초하고 있다는 한계조건으로 인해 정신(精神)으로서 중화가치와 활동(活動)으로서 문명개화를 정합하지 못한다. 그것은 "청나라에 정성으로 하고 조심해서 러시아와 화목하며 미국에 잘 위탁하고 일본과 친하게 사귀고 영국, 독일, 프랑스와 잘 결합할 것"과 "외국과는 반드시 믿음으로써 사귀어 위배하지 말며, 또 조약을 맺게 되면 반드시 신중히 하고 경솔하게 하지 말 것" 등 고종에게 전략적 선택을 권고하는 언명에서도 여전히 『朝鮮策略』의 수준을 극복하지 못하는 단면과 부합하는 것이기도 하다.

다음 위정척사파에 대한 평가 역시 동일한 궤적을 갖는다. 앞서 제시했듯 고종의 개화의지와 전략적 선택으로서 『朝鮮策略』의 수용은 그 반동으로 이만손을 위시한 만인소(萬人疏) 제출로 전개되었는데, 그것은 황준헌의 『朝鮮策略』에서 건의된 "중국과 친교를 맺고 일본과 결속하고 미국과 연합하는" 대안에 "주공·공자의 말씀보다 낫고 정자·주자의 문구와 같다고 하니, 어찌 이리도 성현을 모욕하고 어찌 이리도 나라를 욕되게 한

판부, 37.

다"는 반론과 동시에 "중국이란 우리가 신하로 섬기는 바[中國者, 我之所稱藩也], 일본이란 우리에게 매어 있던 나라[日本者, 我之所羈縻也], 미국이란 우리가 본래 모르던 나라[美國者, 我之所素昧也]"라고 구분하면서 "러시아·미국·일본은 같은 오랑캐이기에 그 본성이 탐욕하기를 예나 지금이나 한결 같으며 남만·북적이 마찬가지"라고 일체화함으로써 화이관적 이분법에 의거하고 있으며, 고종의 수신과 위정을 통해서만 "사람과 귀신이 오늘에 와서 판가름 나고 중화와 오랑캐가 이번 길에 구별될 것[人鬼判於今日, 華戎使於此行]"을 요구한다.14)

고종 자신도 "간사한 것을 물리치고 바른 것을 지키는 일"[闢邪衛正], 곧 위정과 척사로의 응전이 갖는 당위성에 동조하면서도 그들이 『朝鮮策略』의 취지를 잘못 이해하고 있다고 지적한다. 왜 그런 것일까? 고종 자신이 전략적 수단으로 채택했다는 사실을 논외로 하더라도, 『朝鮮策略』에 반발하는 위정척사파의 태도는 고종에게 이율배반적으로 비쳐졌기 때문일 것이다. 즉 "저 황준헌이라는 자가 중국 사람으로 자칭하면서 일본의 설객이 되고 예수의 선신이 되고 기꺼이 사문난적의 효시가 되어 스스로 금수와 같은 무리에 끼어들었다"15)는 유생들의 비난은 '러시아, 미국, 일본'과 황준헌까지 모두를 '이적'으로 일체화 시키는 결과를 초래하여 자신들의 화이관에 모순을 드러냈으며, 동시에 황준헌이 제안한 내부 부국강병책조차 선왕의 도를 실천하려는 고종의 의지여부에 달려 있다고 전망함으로써 여전히 그들이 내부의 위정을 명분으로 고종의 권위를 구속하려는 의도로 비쳐졌던 것이다.

---

14) 黃遵憲 저·조일문 역주. 1997. 『朝鮮策略』, 96-105; 『高宗實錄』 18年 2月 26日 戊午.
15) 『朝鮮策略』(1997), 102.

만인소와 고종의 대립구도로부터 위정척사의 기본적인 화이관은 변함없으며, 중국-조선 관계를 '번국'(蕃國)으로, 조선-일본관계를 '기미'(羈縻)로 규정하는 중화중심적 질서관이 작동하고 있음을 볼 수 있다. 따라서 위정척사는 '어진 큰 나라와 지혜로운 작은 나라'의 전제에 따라 이루어지는 중국과 '조공'의 순기능을 지지하고, '지혜롭지 못한 또는 교화하지 못한 작은 나라'로서 일본과 대등한 '조약' 체결을 수용하지 않았던 것이다. 이 점에서 그들은 여전히 '사대'의 규준을 유지한 셈이다.

그런데 위정과 척사가 '사대'를 의미하기 때문에 곧 '자주'를 포기하고 '종속'을 받아들이겠다는 태도를 뜻할까? 이미 대원군 집정에 대해 "친친의 반열에 속한 사람은 단지 마땅히 그 자리의 중함과 녹봉을 존숭하며 좋고 나쁨이 같으니 국정에 간여하지 않도록 할 것"[16]을 주장했던 최익현의 위정 개념을 보자면, 그것 역시 "비록 왜인이라고 가탁하지만 실제로는 서양도적"[彼雖託倭, 其實洋賊]이라는 인식에 기초하는 소양소왜(小洋小倭)의 척사론으로 전개되지만, 내부의 정체성 위기라는 국면에서 정책결정자들의 무능과 방임을 우선적으로 지적한 것이기도 하다. 즉 주리론적 입장의 이항로를 계승하는 최익현의 세계관은 규범적 근거도 없었던 대원군의 집정을 천리의 대행자로서 고종에게 이양되는 것을 순리(順理)로 이해하며 리기의 관계에 따른 당위적인 결론으로 고종의 친정을 강조하는 것이었다.

바로 고종의 친정이 외부도전에 의해 위협받고 있다는 위기의식으로 말미암아 이 지점에서 최익현의 위정은 척사와 등치되었고, "왜인의 이름

---

16) 『勉庵先生文集』 卷 3. 「疏」, 「辭戶曹參判. 兼陳所懷疏」, "惟屬於親親之列者, 只當尊其位重其祿, 同其好惡, 勿使干預國政."

을 칭탁하였으나 실은 양적이기에 불문에 부치게 되면 집집마다 사학을 하고 아들은 아비를 아비로 여기지 않고 신하는 인군을 인군으로 여기지 않게 된다"는 주자학적 의리를 담지하는데 그치지 않고, "저들의 물화는 대부분 지나치게 사치하고 특이한 노리개이니, 손에서 생산되어 한이 없습니다. 우리의 물화는 대부분 백성들의 생명이 달린 것으로 땅에서 생산되니 한계가 있다"는 점에서 조선이 처한 상황이 민족자존을 결정하는 것임을 주지시키고 있다.17)

그렇다면 위정척사의 '사대'적인 화이관은 '금수'에 불과한 일본을 '기미'의 대상으로 규정하고 있는 기존 소중화의 정체성에서 비롯한 것으로 파악할 수 있다. 즉 조선-일본 관계 역시 중화-이적 관계로 규정되며, '어진 큰 나라'로서 조선에게 '교화하지 못한 작은 나라'인 일본은 '중화문명으로 매어 놓아야' 하는 대상에 불과할 뿐, 대등한 국가 관계에 기초해서 조약에 따른 교린의 대상이 될 수 없다는 인식을 배경으로 하는 것이었다. 따라서 을미사변과 단발령 이후 일어난 의병무장투쟁은 "춘추에 의하면 난신적자는 모든 사람을 죽일 수 있기에 먼저 난신적자의 무리를 다스리는 것이 옳은 일"18)이기에 난적으로서 개화파와 이적으로서 일본을 물리치고 전통질서를 보존한다는 위정척사의 일원성에 따른 논리적 산물인 셈이다.

동시에 개항 이후 위정척사의 화이관은 그 실천과정에서 실질이 변형

---

17) 『勉庵先生文集』 卷 3. 「疏」, 「持斧伏闕斥和議疏」, "而彼之物貨, 類皆淫奢奇玩, 生於手而無窮者也. 我之物貨, 類皆民命所寄, 産於地而有限者也 … 彼雖託名倭人, 其實洋賊也 則少焉將見其家家邪學, 人人邪學, 子焉而不父其父, 臣焉而不君其君."
18) 『昭義新編』 卷 2. 「入彊至楚山陣情待罪疏略」, "據春秋亂臣賊子人人得誅, 亂賊先治黨與之義."

되는 단서도 형성한다. 이항로의 위정척사 사상을 계승한 김평묵(金平黙)은 '자강아사'(自强我事)를 통한 척양과 척사를 주장하고 이를 위해 내수(內修)를 선결조건으로 강조함으로써 위정척사론을 심화시켰고,19) 유인석도 "죽을 마음을 갖고 죽을 힘을 다하면 우리나라를 회복할 수 있고 중화의 벼리를 경영할 수 있다"20)는 의지를 토로했지만, 당시 현실 정치지형의 조건은 더 곤란해진 상황이었다.21) 여기에서 인식전환의 단서인 '자강아사'는 "다른 이적이 쳐들어와 중국의 주인이 되면 우리나라 또한 마땅히 사대하지 않아야 하는가?"22)라는 자문에 "스스로 강해져서 우리가 사대하지 않을 수 없다면 사대하는 것 외에 어찌 다른 대책이 있는가?"라는 답변에서 비롯한다. 즉 위정척사의 화이관에 기초한 '사대'는 '어진 큰 나라와 지혜로운 작은 나라'의 규준적용이 아니라 '어질지 못한 큰 나라'에 대한 '강하지 못한 작은 나라'의 불가피한 전략적 선택이라는 유연성을 반영한다.

물론 "청나라 오랑캐가 중국의 주인이 된 후 곧 중화를 이용하여 이적을 변하게 하였으니 다스림의 편안함이 성대해지고 문물이 빼어나졌다. 명분과 가르침의 내용이 드물게 양한에 견줄 정도로 융성해졌으니 어찌된 일인가? 우리나라도 복수의 의를 강론하고 토론해야 하는가? 그렇지 않다. 청나라 오랑캐가 과연 이와 같이 할 수 있었으니 천하의 올바른 주인이 된 것"23)이라는 김평묵의 자평에서 드러나듯, 청의 도덕적 고양을 인정했기

---

19) 이택휘. 1987. "조선후기 척사논의의 전개와 그 의의."『한국정치외교사논총』4:1, 184.
20)『毅菴集』「雲峴盟質」, "辨死心盡死力, 可以灰復本邦, 可以經紀中華."
21) 유한철. 1995. "1910년대 유인석의 사상 변화와 성격."『한국독립운동사연구』9, 23.
22)『重菴先生文集』卷 39.「雜著」,「鷺江隨錄」, "問, 他夷入主中國, 我國亦當事之否乎? 曰, 不能自强我事, 則事之之外, 豈有他策?"
23)『重菴先生文集』卷 39.「雜著」,「鷺江隨錄」, "或問, 清虜入主中國之後, 卽能用夏變夷,

에 여전히 전통적인 화이관의 적용에도 불구하고 사대했던 것이겠지만, 정치적 현실주의에 입각해서 '자강아사'하여 스스로를 방어할 수 없다면 사대하게 된다는 점을 강조하는 적극적 자강론을 제시함으로써, 김평묵은 전통적 화이관에 내재한 중화의 순정성보다 현실의 권력관계에 기초한 화이관을 강조한 결과 민족적 자존의식을 고양시킨 셈이다.24) 그것이야말로 또 하나의 '어질지 못한 이적의 큰 나라'인 서양과 '기미'의 대상에 불과한 일본의 도전에 대한 응전의 방법론적 전제로 화이관을 유지한 이유이기도 하다.

전통적 화이관의 변용은 망국이 이루어진 후 국권회복을 위한 투쟁과정에서 더 명료해진다. 유인석은 『宇宙問答』〈총론〉 부분에서 "대지에 중국이 있으니 중국은 한 가운데 있기 때문에 풍기(風氣)가 일찍 열리고 사람과 나라가 먼저 생겨서 지극히 오래되었지만 외국은 변두리에 있어서 풍기가 늦게 열리고 나라가 뒤에 이루어지며 오래지 않아 차질이 생긴다. 이것은 그 이치와 형세가 그렇게 되지 않을 수 없는 것"25)이라고 여전히 중화중심적 가치와 세계관을 유지한다.

그러나 여기에서 유인석이 가리키는 중화의 가치와 그 실체로서 중국(中國)은 국가적 실체로서 중국을 의미하는 것이 아니라, 문화적·정신적

治安之盛, 文物之懿. 名敎之實, 幾與兩漢比隆, 則如何? 我國猶且講討復之義乎? 曰, 是則不然也. 淸虜果能如此, 則天下之義主也, 所謂爲皇明復讐者, 與殷頑, 無以相遠, 而天下之心不與也. 當是時, 豈可執一也?"

24) 이러한 맥락에서 서구와 일본의 도전은 소중화로서 중화가치를 계승한 조선의 응전이라는 문화적 화이론에서 민족적 주체를 보전해야 한다는 정치적 민족주의 이념으로 전화한다. 이택휘(1987), 190-191.

25) 『毅菴集』 卷 51. 「宇宙問答」, "大地有中國, 中國中者也, 故風氣早開, 人而國焉居先, 而極久矣. 有外國, 外國邊者也, 故風氣晚開, 其曰國焉居後, 未久而參差矣. 此其理勢有不得不然也."

우위에 기초한 문명적 실체를 의미한다.26) 유인석은 중국의 상달(上達)하는 융성함으로 말미암아 외국의 존경과 두려움을 이끌어 냈을 때 중화가치를 중심으로 하는 질서가 구축되었다고 강조하는데, 특히 흥미로운 사실은 중국의 쇠퇴를 가져온 외국의 하달(下達) 사례로 원(元)·청(淸) 제국까지 거론하고 현재의 외국 열강(列强)과 동일선상에서 재단한다는 점이다. 결국 유인석의 중화중심적 가치와 세계관은 기존 화이론의 틀에서 원·청에 의한 지배가 가져온 중화의 훼손이 소중화로서 조선의 위상과 역할을 다시 재고할 모티브로 전환했던 것이다.27)

---

26) 이항로를 비롯한 화서학파의 위정척사론은 중화를 조선의 성리학, 그리고 이로 인한 도덕적 문화질서로 인식하고 성리학을 기반으로 하는 도덕적 이상국가나 중화질서의 재편을 통해 문명국가를 실현하고자 했던 것으로 평가할 수 있다. 김근호. 2009. "화서학파의 형성과정과 사상적 특징."『국학연구』15, 197.

27) 이황직. 2011. "초기 근대 유교 계열의 민족주의 서사에 대한 연구: 유인석의『우주문답』을 중심으로."『문화와 사회』11, 130.

제 5 장

결론

　한국역사를 추동한 근원으로 정치지성의 정신과 활동의 정합성을 추적하는 것은 단순히 특정 인물 또는 집단의 사상이나 이론체계를 긍정적으로 재평가하기 위한 작업이 아니다. 더 나아가 지나간 과거를 회상하면서 성화(聖化)하는 작업은 오히려 '누가, 왜 그렇게 생각하고 고민했으며 어떻게 해결하기 위해 무엇을 했는지'를 입체적으로 이해하는데 방해만 주고 화석화(化石化) 해버린 지식의 재생산만을 반복할 위험성을 노정한다.

　근대라는 세계사에 동승했던 시기를 전후해서 등장한 개화파와 위정척사파의 이항대립적 구도는 문명개화와 자주독립 그리고 중화가치와 보수응변을 상징하는 구도로 이해되었다. 이로 인해 문명개화를 주장했던 정치지성들은 탈중화적이고 사대주의를 거부한 자주자강론자라거나 또 다른 외세에 의존했던 사대주의자이자 내재적 한계조건을 극복하지 못한 미성숙한 개혁론자들로 평가받는다. 이와 마찬가지로 위정척사를 주장했던 정치지성들 역시 고루한 유교 지식인으로써 중화문명을 존숭한 사대주의자 또는 선진적인 열강들을 이적으로 치부하는 시대착오적 판단으로 인해 한국의 근대 편입을 방해했던 수구주의자로 평가받거나 한국 민족주의의 대외저항성을 각성시켜 민족적 자존을 위해 헌신했던 민족주의자로 평가되면서 그들 역시 내재적 한계조건을 극복하지 못했음을 비난 받는다.

도대체 어떻게 평가하는 것이 그들에 대한 공정한 태도일까? 상기한 평가들은 일정 부분 타당하지만, 문명개화와 위정척사에 대해 강조하고 싶은 부분만을 부각시키는 일면적인 평가이기도 하다. 물론 이러한 일면적 평가의 종합적인 분석을 통해 보다 완정한 이해의 단초를 마련할 수 있겠는데, 그 반대로 문명개화와 위정척사 모두 내재적 한계조건을 돌파하지 못한 아쉬움이나 자주·독립·자강·민족과 같은 긍정적 가치와 사대주의와 같은 부정적 가치를 모두 내포한 것으로 구별 없이 취급될 수도 있다.

오히려 기존 평가들의 가치까지도 포섭하면서 한국 역사의 근대출발 과정에서 다시 재고할 만한 가치로 평가하기 위해서는 그들을 단순히 당대 현실정치 참여주체나 지식인으로 규정하고 그 사상과 행위만으로 접근할 것이 아니라, 이러한 이항대립의 구도를 가져올 만큼 당대의 문제에 치열한 고민과 대안을 모색하고 이를 실행에 옮기려고 했던 정치지성으로 규정하고, 그들의 정신과 활동, 더 나아가 그들로 하여금 결국 어느 하나를 선택할 수밖에 없었던 현실조건과의 조응양상 등을 살펴볼 때 비로소 공정한 평가의 단서를 찾을 수 있을 것이다.

제 2 부

일제강점기 조선지식인들의 자주독립노선과 친일사대주의노선

제 1 장

서론

19세기말 이후 조선사회가 근대로 편입되기 시작하자 조선의 지식인들은 새로운 시대를 어떻게 해석하고 수용해야 하는가라는 문제를 두고 고민하기 시작하였다. 문명개화파와 위정척사파의 출현은 이 문제에 대한 해답을 찾으려는 지성적 움직임이었다. 한편으로는 기존 정치질서와 권위에 대한 새로운 정치권위의 도전과 응전도 초래하였다. 그러한 과정에서 대한제국(大韓帝國, 1897-1910)도 등장하였다.

대한제국의 출현은 '자주적 근대화'(modernization on self-reliance)의 출발을 선언하는 것이었으며, 대한제국의 종말은 '망국'(亡國)에 따른 '자주적 근대화'의 종언을 선언하는 것이기도 하였다. 대한제국의 멸망은 실질적으로 1905년 을사늑약에 의해 이루어졌다. 일본의 통감부 설치에 따른 자주적 통치권의 완전한 강탈과 자주적 외교권의 박탈로 국가 주권이 완전히 상실되었다. 망국 이후 자주적 근대화 대신에 독립과 해방이 최대의 과제가 되었다. 위기에 처한 나라의 정치체로서의 생존 그 자체를 의미하는 독립의 문제가 중요한 과제로 인식되었던 것이다.[1]

---

1) 김영작. 2006.『근대한일관계의 명암』. 서울: 백산서당, 274-278.

이 장에서는 독립과 해방이 한민족 최대의 과제가 된 일제강점기에 조선지식인들의 자주독립노선과 친일사대주의노선을 사대와 자주의 관점에서 살펴보고자 한다. 당시 조선지식인들은 기존질서 유지자였던 유교지식인, 근대 민족지식인들, 그리고 친일지식인들로 구분할 수 있을 것이다.

제 2 장
유교 지식인의 자주독립노선

1910년 대한제국의 멸망은 당대 유교 지식인들에게 자존감의 상실을 가져왔다. 1910년 8월 국권을 상실한 다음날부터 전국에서 유림들이 자정순국으로 생을 마감했다. 그 해에 이 길을 선택한 유림들은 38명에 이르렀다.[1]

심산 김창숙(心山 金昌淑)은 한일병합의 과정에 대응하여 "국가의 위급함을 판단하는 일은 비록 벼슬 없는 선비라도 말할 의리가 있는데 이것은 주자의 가르침"이라고 강조하고 향교에서 개최한 집회에서 중추원에 건의서를 작성하는 한편 신문사에 건의서를 투고하여 전문을 게재시키는 등 대중의 의식을 각성시키는 계기를 마련했다. 그것은 기존 정치적 책무의 이행자로서 자임의식을 표출한 것인 동시에 신교육을 통한 인재양성 등 일본에 의한 국권강탈이라는 시대상황을 정확히 인식하고 이에 적응할 수 있는 새로운 선비의 양성을 천명하는 등 망국으로 전개되는 전 과정은 선비로서의 삶 그 자체에 수치라는 자책감을 토로했다.[2]

---

1) 김희곤. 2011. "안동유림의 자정순국 투쟁." 『국학연구』 19, 12, 161.
2) 변창구. 2013. "심산 김창숙의 선비정신과 구국운동." 『민족사상』 7:4, 16-19.

또한 김창숙과 함께 민족계몽과 구국운동에 투신했던 박은식 역시 "나는 정사년 9월에 태어나 나라 망할 때를 당하여 죽고자 하되 죽지 못하고 경술년 모월 모일 아침에 한양을 하직하고 저녁에 압록강을 건너 다시 북안을 거슬러 위례성을 바라보며 머물렀다 … 이역 땅에 망명하자 다른 사람을 대하기가 더욱 부끄러우니 가동과 시졸이 모두 나를 망국노라 욕하는 것만 같다. 천지가 비록 크다고 하나 이러한 욕을 짊어지고 어디로 돌아가리오?"3)라고 망국의 수치를 토로하였다.

유림세력은 상소, 망명, 자결, 투서, 서원과 항일사적에의 정기 향사 등 다양하게 항일운동을 전개하였다. 이중에서 가장 강력한 항일의 양상은 무단통치 시기에도 지속되었던 의병투쟁이었다.4) 이미 을미의병으로부터 투쟁을 일관했던 유인석의 근거지 투쟁론이 한일병합으로 인해 국내진공의 가능성이 사라졌음에도 불구하고 유림 출신 의병장들에 의해 투쟁이 주도되고 있었다. 이제 그것은 복벽(復辟)의 성격을 지닌 무장독립투쟁으로 전화하였고, 투쟁 근거지로서 국내의 의미가 사라진 이상 망명에 의한 국외 근거지에서의 활동으로 집약되는 추세를 가져왔다. 바로 이 지점에서 망국에서 자주로의 경로를 위한 복국(復國)의 단계설정과 개념정의가 이루어질 수 있다.

그리고 국내에 잔존해 있던 척사유림은 복벽론을 제기하면서, 독립의군부(獨立義軍府)를 결성한 바도 있었으나 그들은 대중적 기반을 얻을 수 없어 기병에 이르지 못한 채, 1914년 일제에 의해 그 조직이 파괴당하고 말았다. 그 후 국내에서 척사 또는 복벽론의 조직이 일어나지 못했으니 전통

---

3) 장인성 외. 2014. 『근대한국 국제정치관 자료집 2』. 서울: 서울대학교 출판문화원.
4) 유준기. 2001. "1910년대 전후 일제의 유림 친일화 정책과 유림계의 대응."『한국사연구』 114, 76.

적 보수운동 조직은 사라졌다.[5)]

국내에서 항일유림세력 조직이 거의 궤멸되었기 때문에 1919년 3·1운동이 일어났을 때 유림세력은 민족 대표 33인에 포함되지 않았다. 김창숙은 3·1 독립선언서 작성에 각계 대표가 참여했지만 유림이 서명에 빠진 것을 알고는 다음과 같이 개탄하였다.[6)]

> 우리나라는 유교의 나라였다. 실로 나라가 망한 원인을 따져보면 이 유교가 먼저 망하자 나라도 따라서 망한 것이다. 지금 광복운동을 선도하는데 삼교의 대표가 주동을 하고 소위 유교는 한 사람도 참여하지 않았으니 세상에서 유교를 꾸짖어 '오활한 선비, 썩은 선비와는 더불어 일할 수 없다'할 것이다. 우리들이 이런 나쁜 이름을 뒤집어썼으니 이보다 더 부끄러운 일이 있겠는가?

김창숙은 이와 같이 유교가 망했기 때문에 나라가 망했다고 주장했다. 유림이 국가적 사명을 다하지 못해서 나라가 망했는데 다시 광복운동에서도 유림이 빠진 것은 정말 부끄러운 일이라며 개탄했다. 이에 그는 유림이 파리강화회의에 대표를 파견하여 국제여론의 환기로 독립을 인정받을 수 있다면 유림도 광복운동의 선구가 될 수 있다고 동지들에게 희망의 제안을 꺼내 놓았다.[7)]

그리하여 김창숙은 1919년 3월 파리강화회의에 '儒敎徒呈巴黎和會書'로 명명된 '한국독립청원장서'를 가지고 조선의 독립 문제를 의제에 상정되

[5)] 복벽주의의 정치이론은 전제군주론이고 보황주의(保皇主義)로 표현되고 있었다. 국외에서는 만주의 대한독립단처럼 1920년대 초반까지 복벽운동조직이 있었다. 조동걸. 2011. 『우사 조동걸전집』. 서울: 역사공간.
[6)] 김기승. 2012. "심산 김창숙의 사상적 변화와 민족운동." 『한국독립운동사연구』 42, 120.
[7)] 김기승(2012), 121.

도록 추진하는 역할을 맡았다. 그 내용은 "천하는 하나이지 어찌 여럿이겠는가? 이것이 하늘이 인무(仁武)를 금일에 내리사 천지지심을 받들어 대명을 비추고 대화를 행하여 일천하가 대동으로 돌아가 만물로 하여금 각기 그 성을 찾게 함"이라는 전통적인 유가적 본성론을 전제로 하여 "일본이 한 바를 대개 열거할 수 있다 … 얼마 안 가서 기회마다 속임수를 써서 안으로 위협하며 밖으로는 기만하여 독립이 변하여 보호가 되며 보호가 변하여 병합이 될 때에 한국인이 진정으로 원하는 바라고 펑계대서 만국의 공의를 면하려 하였으니 이는 그 수분에 한국이 없을 뿐 아니라 실로 또한 그 심계 속에 만국이 없느니라"라고 일본의 한국식민통치의 부당성을 국제정의에 호소하는 것이었다. 김창숙은 137명의 연명으로 작성된 장서를 가지고 상하이로 가서 파리강화회의에 우송하고 각국 대사 및 공사관 그리고 중국 정계요인들에게 전송함으로써 유림계의 독립운동을 보여준 1차 유림단 의거를 이끌었다.

특히 김창숙은 1차 유림단 의거 이후 식민당국에 의해 국내 유림들의 구속과 체포가 이루어지면서 상해로 망명하여 손문(孫文)을 만나 조선독립을 위한 중국의 협력과 지원을 얻어내고 상해의 대한민국임시정부를 지원하기 위해 모금운동을 전개했다.[8] 이후 김창숙은 대한민국임시정부 수

---

[8] 당시 한국독립후원회의 결성과 이 후원회가 중심이 된 의연금 모금액은 20만원에 이르렀다고 알려져 있다. 당시 중국 군벌의 1년 군비의 1/30에 해당하는 규모로 5인 가족을 기준으로 1년 수입의 2,000배에 해당한다. 그와 같은 결과는 김창숙이 개인자격이 아니라 한국 유림대표이자 의정원 의원자격으로 중국 국민당 요인들과 접촉하고 임시정부와 한국독립운동의 위상을 높였기 때문이다. 그러나 의연금을 보관했던 이문치가 횡령하여 도주함으로써 김창숙에게도 큰 타격을 주었는데 그 배경에 호법군정부 내 총참모장인 이열균과 부하 이근원 간 충돌이 발생해서 군정부와 의정원 요인들이 흩어지게 된 데 있었다. 결국 1920년 4월 발생한 군정부 내 정변으로 인해 김창숙도 상해로 귀환하게 되었고 독립운동 노선에서 그 위상이 추락하는 결과를 가져왔다. 염인호. 2003. "김창숙

립과 활동에 참여하여 외교활동을 전개했지만 국내 유림세력의 지원미비로 인해 중국 혁명인사들에게 지원을 요구할 수 없는 좌절을 겪게 된다. 국내 영남유림들은 독립청원서를 보내기 위한 2번의 시도를 통해 남경정부의 손문에게 권상익이 청원서 2통, 군벌인 오패부에게 장석영이 청원서 1통을 작성하고 이중업이 제출할 예정이었지만 이중업의 병사로 중지되었다. 청원서 발송노력은 영남유림 중 한주학파와 안동학맥의 협력에 기초했으며 김창숙의 활동지원과 중국정부의 지원을 기대했던 것이다. 그러나 중국 혁명인사와 군벌에 대해 직접 현장에서 경험한 김창숙의 입장과 국내 유림의 기대와는 괴리를 갖는 것이었고 2차 유림단 의거에 가서야 중국에 대한 기대감에서 탈피하게 된다.[9] 이로 인해 중국현실을 체험한 김창숙뿐만 아니라 국내 유림세력 역시 중국에 대한 전통적인 동질성과 지원기대에서 독립에 강조점을 둔 자조의 방향으로 전환한다. 그 결과 2차 유림단 의거로 전개된다.

2차 유림단 사건은 1925년 김창숙이 국내로 복귀하여 영남유림을 중심으로 의병양성의 군비모금을 진행했던 일이다. 그것은 1920년 이후 베르사유 체제와 워싱턴 체제의 구축에 따라 전후 국제질서가 제국주의의 상대적 안정기에 돌입함으로써 미국 주도 아래 국제질서가 재편되는 한편 동아시아에서 일본의 힘을 서구열강이 인정하여 동아시아의 제국주의적 이해관계가 조정되었던 상황에 의해 전략적 선회를 보여주는 것이기도 하다.[10] 특히 1925년에 이르면 안정기에 접어든 국제질서와 동아시아에서

의 재중국 독립운동에 관한 일고찰."『대동문화연구』43, 226-232.

9) 김희곤. 2001. "제2차 유림단의거 연구."『대동문화연구』38, 464-465.

10) 전상숙. 2005. "제1차 세계대전 이후 국제질서의 재편과 민족 지도자들의 대외 인식."『한국정치외교사논총』26:1, 317.

일본의 패권적 지위가 확고해지면서 국제질서의 재편과정에서 발생한 변화를 독립의 기회로 이용하려던 시도도 더 이상 기대할 수 없고 일본과 치룬 독립전쟁의 효과도 퇴색함으로써 장기적이고 근본적인 방략, 즉 '독립전쟁 준비방략'의 추진을 모색하게 되는 계기로 작용했다.[11]

상기한 내외적 환경을 고려할 때, 김창숙의 성찰과 실천은 혁명과 근대화라는 공통분모로부터 '중국'의 혁명과 국민당정부에 대한 기대와 지원에서 '독립'을 위한 장기적인 무장투쟁의 준비와 실행이라는 방향으로 선회한 것이었다. 그것은 '독립'의 목표달성을 보다 '자주적'인 방법으로 모색하는 것이며, 여전한 '사대'의 의심을 '자주'의 선명성으로 전환시켰다는 의미를 지닌다. 동시에 '자주'로의 전환은 보다 공격적인 양상으로 표출된 셈이다. 그 근거는 2차 유림단 의거로 인해 대구지법이 김창숙이 서간도 지역의 무장항일운동단체가 결성한 서로군정서(西路軍政署) 군사위원장과 주만독립군 군사고문에 추대되어 이들과 협조한 군사양성의 혐의로 기소한 내용에서 찾을 수 있다.[12] 2차 유림단 의거도 내부의 비협조와 실망감, 식민당국의 검거로 인해 좌절되었다. 이후 김창숙은 의열(義烈) 투쟁을 더 강조하게 되었다. 김창숙은 의열투쟁을 위해 나석주에게 무기와 행동 자금을 제공하였다. 나석주의 의거로 체포된 김창숙은 일제의 재판 과정에서 변호를 거부하였다.

> 내가 변호를 거부하는 것은 엄중한 대의이다. 나는 대한사람으로서 일본 법률을 부인하는 사람이다. 일본 법률을 부인하면서 만약 일본 법률론자에게 변호를 위탁한다면 얼마나 대의에 모순되는 일인가?

---

11) 김희곤(2001), 466.
12) 염인호(2003), 233.

그는 자신이 전쟁당사국의 포로이기 때문에 일본법의 적용대상자가 아니라고 주장했던 것이다. 김창숙은 14년형을 선고받았으나 1934년 9월 병의 악화로 풀려났다. 이후 그는 일제의 정책에 끝까지 저항하였다.

제 3 장
근대민족지식인들의 자주독립노선

　1911년 중국의 신해혁명은 식민지 지식인들, 특히 독립투쟁을 목표로 한 지식인들에게 본격적인 중국망명의 계기로 작용했다. 중국에서 발생한 공화주의 혁명에 가장 적극적으로 반응한 인물은 신규식이었다. 동제사는 신규식을 중심으로 결성된 국권회복[復國]운동의 결사체였다.[1] 그것은 중국 내 조선의 지식인들뿐 아니라 해외에 유학중이거나 활동 중인 지식인과 독립지사들을 포괄하는 조직이었으며, 중국 혁명세력의 공화주의에 일정부분 영향 받았던 특징을 지닌다.[2] 그렇게 보자면 동제사의 결성은 중국의 공화제 혁명에 대한 공감과 함께 이후 형성될 대한민국 임시정부가 재민주권에 기초한 공화제[民主共和制]를 천명한 이유를 드러내는 성립선행조건이기도 하다.

　연해주와 만주지역에서 독립투쟁의 여지가 사라진 후 1915년 이 지역

---

[1] '한 마음 한 뜻으로 같은 배를 타고 피안에 도착하자'[同舟共濟]라는 의미에서 형식상 재중동포의 상호협력기구로 만들어졌지만, 실질상 국권회복운동을 목표로 한 결사체였다. 김희곤. 2012. "신해혁명과 한국독립운동."『중국근현대사연구』53, 6-7.
[2] 배경한. 1994. "북벌시기 장개석과 반제문제-제남사건의 해결교섭 과정과 반일운동에의 대응을 중심으로."『부산사학』25-6, 232-234.

에서 영향력을 가졌던 이상설이 상해로 이동하여 동제사와 결합하여 신한혁명당을 결성했다. 이상설은 헤이그 밀사로 파견되었던 정치경력 등으로 독립투쟁에서 중심적 인물이었고 동제사의 박은식·신규식을 비롯하여 각처에서 모여든 조성환(청도)·유동열(연해주)·유홍렬(국내)·이춘일 등을 신한혁명당에 결속시킬 수가 있었다.3) 신한혁명당은 그 첫 사업으로 광무황제를 당수로 추대하고 중국 및 독일과 대일 군사협약의 체결을 추진하는 것이었는데, 망명정부의 수립을 우선적으로 고려했음을 볼 수 있다. 즉 신한혁명당은 동맹관계를 유지해야 할 독일과 중국이 군주정치 하에 있다는 점을 중시하고 각각의 운동노선과 이념의 차이를 일단 유보하여 고종을 독립운동의 구심체로 추대하여 망명정부를 수립하려고 했던 것이다.4)

신한혁명당 출신인 신규식이 중심이 되어 대한민국 임시정부를 구성하기 위한 해외 독립투쟁 세력의 결집의 결과 '대동단결선언'을 구상했다. 1917년 7월 상해에서 독립운동의 활로와 이론정립을 위해 임시정부 수립을 논의하는 민족대회를 소집할 것을 요구하는데, 신규식(상해), 조소앙(상해), 신석우(상해), 박용만(하와이), 한진교(상해), 홍명희(상해), 박은식(연해주), 신채호(간도), 윤세복(간도), 김규식(몽골), 이용혁(미주), 조성환(미주), 박기준, 신빈이 서명하고 선언문 마지막에 '찬동통지서'를 첨

---

3) 신한혁명당은 당초부터 그 조직을 광범위하게 확장하고 있었다. 본부장은 이상설이 맡고 지부는 상해(신규식)·장춘(이동휘)·연길(이동춘)·한구·봉천·안동 그리고 국내의 회령(박정래)·나남(강재후)·서울·원산·평양 등에 두기로 하고, 외교부장에 성락형, 교통부장에 유동열, 재무부장에 이춘일, 감독에는 박은식 등의 중앙 간부를 두었다. 그리고 규칙과 취지서는 박은식이 맡았는데 본부는 북경에 두었다. 조동걸. 2011.『우사 조동걸전집』. 서울: 역사공간.

4) 김소진. 1998.『한국독립선언서연구』. 서울: 국학자료원, 65-66.

부하여 미주와 연해주까지 전파함으로써 해외 동포의 전면적 포섭에 기초한 임시정부의 수립을 목표로 했다.[5]

1917년 8월에 「대동단결선언서」를 발표하였다. 이 선언서는 본문과 제의의 강령 7개항으로 이루어져 있고 날짜, 서명자 명단, 찬동 통지서(贊同通知書)와 회산에 대한 설명 등이 첨부되어 있다. 대동단결선언의 기초자는 확실한 것은 아니지만 조소앙일 것이라고 추정하고 있다.

'대동단결선언'을 보자면, "융희황제가 삼보를 포기한 8월 29일은 즉 오인 동지가 삼보를 계승한 8월 29일이니 그간에 순간도 정식이 없음이라. 오인 동지는 완전한 상속자니 저 제권 소멸의 때가 즉 민권발생의 때요, 구한 최종의 일일은 즉 신한 최초의 일일이니 어떤 이유인고. 아한은 무시(無始) 이래로 한인의 한이오, 비한인의 한이 아니라. 한인 간의 주권 수수는 역사상 불문법의 국헌이오, 비한인에게 주권양여는 근본적 무효요, 한국 민성의 절대 불허하는 바라. 고로 경술년 융희황제의 주권포기는 즉 우리 국민동지에 대한 묵시적 선위이니 우리 동지는 당연히 삼보를 계승하여 통치할 특권이 있고 또 대통을 상속할 의무가 있도다"라는 선언은 국민주권에 대한 독특한 논리를 제공하고 있다. 즉 주권을 천부인권론에 의해 주장하는 민권론이 아니라 민족 고유의 것으로 규정하고 있다.[6] 그것은 서양의 자연법사상과 다른 민족 고유설에 입각하고 있고 국민에게 주권을 양여했다는 선언을 통해 왕조와 군주의 복귀라는 복벽주의와도 결별하고 있다는 점에서 특징적이다.[7]

---

5) 윤대원. 2015. "대한민국 임시정부의 정체와 이념 그리고 법통성 문제." 『근현대 한국지성사 대계 7차 콜로키움』 발표문, 1-9(미공개).
6) 서희경. 2006. "대한민국 건국헌법의 역사적 기원(1898-1919)." 『한국정치학회보』 40:5, 153.

동시에 "금자 오인 동지는 내외정세에 감한 바 이 심절하여 법리상 정신상으로 국가 상속의 대의를 선포하여 해외 동지의 총 단결을 주장하며 국가적 행동의 진급적 활동을 표방하며 겸하여 내면으로 실질 문제에 들어가 대동단결의 이익을 논하노니, 첫째 재정, 둘째 인물, 셋째 신용의 문제가 이것이라"라고 주권상속에 따른 국가적 행동과 해외 국민의 총 단결이라는 방법론을 제시하고 있다. 그 논거는 정신상, 법리상으로 뒷받침되는 것이며, 식민통치로 인해 조선내부의 주권의지가 발현될 수 없는 대표성을 해외 동포로 규정된 주권자의 의지발현에 의해 주권이 행사되는 것이기에 임시정부로의 정체성을 갖는다는 점을 분명히 한다.

어떻게 총 단결하고 국가적 활동을 하는 것일까? "오인의 단결이 하루가 빠르면 신한의 부활은 하루가 빠르고 오인의 단결이 하루가 늦으면 신한의 건립은 하루가 늦으리니 이는 천리 인정에 비추어 지공무사한 의논이라. 이로써 만천하 동지 제공 앞에 선포제의 하노니 하늘이 그 명하심인저! 사람이 그 응할진저!"(「대동단결선언」)라고 전제하고 임시정부 수립을 위한 '제의(提議)의 강령'을 내놓는다. 그것은 7개 조항으로 구성되어 있는데 첫째 유일무이의 최고기관 조직, 둘째 중앙총본부를 중심으로 한 족 통합과 각 지부의 관할 규정, 셋째 대헌 제정과 법치실행, 넷째 독립평등의 성권 주장과 마력과 자치의 열근 방제, 다섯째 국민외교 실행, 여섯째 통일적 유기체 존립을 확고히 하기 위한 동지 간 애정수양, 일곱째 이를 실행하는 각 단체 대표와 덕망 있는 인사의 회의로 결정할 것 등이다.

여기에서 주목할 사항은 새로운 한국의 건설이 인간과 하늘을 대상으로 선포되었다는 점이다. 그것은 천부적인 권리와 의무의 이행으로 국가

---

7) 윤대원(2015), 1-9.

건설이라는 목적과 이를 실행할 의지의 당위성을 확보하기 위한 논리적 근거로 채택한 것이자 여전히 인본주의적 윤리의 틀을 유지하고 있는 양면성을 반영한다. 더 나아가 새로이 건설될 한국은 통합적 유일조직으로서 대외적으로 독립적이고 대내적으로 평등하며 이의 규준은 법치라는 점을 적시하고 있다.

이에 전 조선인은 1919년 3·1운동을 일으켜 주권은 국민에게 있음을 천명하였다. 3·1운동 이후 행위주체들은 '독립'의 목표와 방법이 더 이상 조선 내부의 실행조건이 부재하고 국제질서의 재편이라는 외부조건에 의해 결정된다는 사실을 명확히 인지한다. 이미 중국에서 활동하는 정치지성들과 해외국민들이 보여주듯이 러시아 거주 한인들 역시 조선의 '독립' 여부가 세계질서와 평화에 직결된 사항임을 「조선독립선언서」에서 천명한다. "자유, 평등, 동포주의 및 민족자결주의의 불변의 정의는 개조된 세계적 생활의 기초 위에 안치되어야 할 것"이라고 전제하고 출발하는 「조선독립선언서」는 "일본이 왕년 한국을 병합하였음에 당하여는 세계는 극히 이를 냉안시하였다. 그러나 지금에 일본은 그 조선을 영유하고 있는 동안은 제거할 수 없는 위험물이 되었다. 이제야 지금 조선 문제가 일반적 평화에 대하여 여하한 가치를 가졌는가를 심각히 연구할 시기에 도달하였다"고 강조한다. 즉 "조선은 그 위치가 극동 문제에 있어서는 지리적, 전략적 관계상 동아시아 문제의 관건이다. 고로 극동 문제의 해결은 단순히 조선에 관한 문제를 개정한 경우에 한하여 이를 할 수 있다 … 대체적으로 조선에 있어서의 일본의 정책은 그 대륙에 있어서의 군국적 발전을 위하여 필요한 근거지로서 영구히 조선을 자기에게 결합시키고자 하는 최후의 목적을 달성함에 가장 교묘한 방법으로서 그 방침을 정한 것으로서 필경 일본은 조선을 근거로 하여 마음대로 그 위력을 대륙에 떨치게 된 것이며, 이것이 즉 만주의 평화와 세계 인류의 평화에 대한 부단의 위협이라 하겠다"는 것이다. 보편적 자유, 정의, 평화를 위해 압제와의 분투는 민주주의의 실현으로 종결되는「조선독립선언서」의 내용이다.

3·1운동 전후로 국내외에서 독립운동을 대표하는 조직의 필요성이 제기되어 임시정부 수립운동으로 이어졌다. 1919년 2월 연해주 블라디보스토크에서 대한국민의회, 4월 13일에는 상해임시정부, 그리고 4월 23일에는 한성정부가 수립되었다. 이와 같이 여러 곳에서 임시정부가 조직되자 자연스럽게 통합논의가 시작되었다. 그리하여 1919년 9월 통합정부로 상해 임시정부가 수립되었다. 일제가 1931년 만주사변, 1937년 중일전쟁을 일으키자 임시정부도 일본군을 피해서 여러 곳으로 옮겨 다녔다. 1940년 9월 임시정부는 중경에 자리 잡았다. 이곳에서 임시정부는 조직과 체제를 확대·강화했다. 1940년 9월에는 한국광복군을 창립하였다. 만주독립군 출신들과 중국의 여러 군사학교를 졸업한 군사간부들로 광복군은 구성되었다. 1941년 12월 일제가 태평양전쟁을 일으키자 임시정부는 선전포고를 하고 전쟁에 참여했다. 광복군은 국내진입을 위해 준비를 했으나 일본의 빠른 패망으로 이를 할 수 없었다. 1945년 8월 15일 이후 미국은 임시정부를 인정하지 않았기 때문에 임시정부 요인들은 개인자격으로 입국할 수밖에 없었다.[8]

---

8) 역사학연구소. 2004.『한국근현대사』. 서울: 서해문집, 155-246.

제 4 장

일제의 문화통치와 친일지식인들의 친일사대주의노선

1920년대는 3·1운동 이후 조선정책의 전환 필요성을 인식한 일본 식민당국의 판단에 따라 무단정치에서 문화정치를 표방하는 전략적 선회를 가져왔지만, 그 실질은 식민화의 문화적 경로를 공고히 하는 것이었다.

3·1운동을 기점으로 조선의 식민통치는 3대 조선총독으로 부임한 사이토 마코토[齊藤實]에 의해 '문화정치'로 전환한다. 그 내용은 명목상 문화적 제도의 혁신·문화의 발달과 민력의 충실에 따라 정치상·사회상 동일한 대우를 목적으로 하며, 이를 위해서 총독무관제와 헌병경찰정치의 폐지를 비롯한 한국인의 처우개선과 시정쇄신, 언론·집회·출판의 고려, 조선의 문화와 관습 존중 등 구체적인 시책으로 전개되었다.[1] 특히 통치방식의 전환을 가져온 근원적인 동기로서 3·1운동은 식민당국에게 10년간의 통치에도 불구하고 독립에 대한 조선인의 열망이 여전히 지속되고 있으며, 조선을 근대화한다는 자신들의 명분조차 제도적 뒷받침이 부족해서 자초한 결과로 인지하는 계기였다. 그렇기 때문에 통감정치 시기 식민

---

1) 전상숙. 2008. "1920년대 사이토오 총독의 조선통치관과 "내지연장주의"." 『담론 201』 11:2, 14.

지 검열체제의 법률적 기초로서 '신문지법' '출판법' '보안법' '경찰범처벌규칙'을 유지함과 더불어 '정치에 관한 범죄처벌의 건' 및 '치안유지법'을 개설하고 언론·출판·집회·결사의 자유를 제한하는 도구로 이용하는 이율배반적인 모습을 갖는다.2)

식민통치라는 정치적 맥락에서 1920년대 문화정치로의 전환은 상기한 현재 상황, 즉 기존 무단(武斷)정치의 반작용이 예상을 뛰어넘는 위기로 다가왔기에 제시된 논리적 대응으로 이해할 수 있지만, 그 저변에 놓여 있는 식민당국의 진단은 조선인의 '독립' 열망이 여전히 조선의 '자주'와 중첩되고 있으며, 제도적 뒷받침만으로 해결할 수 없는 정신과 가치의 변질을 필요로 한다는 결론에 이른 것일 수 있다. 바로 이 지점에서 일본의 문화론이 식민지 지식인들에게 수용되기 시작했던 현상을 설명하는 단서를 찾을 수 있다.

일본의 문화주의 주장이 식민지 한국의 지식인들에게 빠르게 수용될 수 있었던 이유 역시 민중계몽의 문제와 연결되어 문화운동의 역동성이 지식인의 자기발견, 인격완성을 결과하는 것이기에 민중 속으로 들어가 문화를 창출하려는 열망을 가져온 현상을 설명한다.3)

문화정치의 표방은 언론·집회·출판의 자유를 허용하는 가시적 산물로서 언론활동을 허용하고, 이로부터 식민지 구성원들 스스로가 자기 사회의 근대성을 인식할 수 있도록 근대성을 확산시키는 전략적 효율성을 추구한 것이기도 하다.4) 결국 문화정치로의 전환은 이전 무단정치의 종

---

2) 이재진, 이민주. 2006. "1920년대 일제 '문화정치' 시기의 법치적 언론통제의 폭압적 성격에 대한 재조명." 『한국언론학보』 50:1, 231-240.
3) 홍선영. 2005. "1920년대 일본 문화주의의 조선 수용과 그 파장." 『일어일문학연구』 56, 477-478.

결이 아니라 장기적인 전망 속에 점진적으로 조선인의 의식과 관습을 바꾸는 지배로의 전환을 의미한다.[5]

일본 문화주의의 수용과 영향은 식민지 지식인들에게 '독립'을 위한 방법론으로 인식되었던 동시에 '자주'와 '사대'의 실질을 혼돈스럽게 한 계기이기도 하다.

이 시기부터 본격적으로 선실력 후독립을 요구하는 실력양성론이 제기되었고, 최남선·김성수·이광수 등 식민당국과 정치적으로 타협하고 협력하여 민족이 독립할 수 있는 실력부터 길러야 한다는 입장을 제기한 지식인들은 민족성을 개조하고 조선인 각자가 근대 서구적 시민으로 다시 태어나야 할 것과 조선총독부의 정책에 더 적극적으로 참여할 것을 주장하는 민족개조론과 자치론을 전개했다.[6] 그것은 주권회복의 현실적 구속 요건에 따른 포기와 함께 보다 관념적인 공동체 의식으로서 민족을 전면에 내세우고 민족성과 정신을 개조하는 것을 목표로 채택한다. 그 분기점은 일반적으로 1922년 『개벽』에 발표된 이광수(李光洙)의 「민족개조론」이다. 이광수의 민족개조론은 3·1운동의 실패와 문화정치로의 전환에 따른 1920년대 민족주의를 자처했던 일부 부르주아 세력들이 절대독립을 포기하고 일제가 허용하는 범위 안에서 민족을 개량하려는 민족 개량주의로 규정된다.[7] 이광수는 "오늘날 조선 사람으로서 시급히 하여야 할 개조는 실로 조선민족의 개조"라고 강조하면서 "조선민족 쇠퇴의 근본 원인은 타락된 민족성에 있"기 때문에 민족성 개조의 시급함을 요구했다. 그것은

---

4) 한기형. 2005. "문화정치기 검열체제와 식민지 미디어." 『대동문화연구』 51, 72.
5) 전상숙(2008), 10-15.
6) 정윤재. 2005. "일제강점기 민족생존의 정치사상." 『동양정치사상사』 4:1, 37.
7) 김인식. 2007. "안재홍의 신간회 운동." 『애산학보』 33, 85.

지배계급의 허상·사욕, 일반민중의 나태·겁나(怯懦)·무신(無信)·사회성 결여 등의 도덕적 문제성을 일반론으로 인정하는 것이었고 이를 위해서 이광수는 민족개조라는 견지에서 조선의 혁신운동을 역사적으로 천착·비평하고 조선민족의 쇠퇴원인을 도덕적 원인으로 지적하면서 도덕적 개조를 근본으로 할 것을 강조하는 것이었다.

그러나 이광수의 민족성 개조는 사회진화에 대한 신념이 여전히 유지되고 있고 민중에 대한 경멸과 그것에 의해 조선의 독립이 일본의 책임이기 이전에 조선 민족의 주체적인 문제에 기인하는 것임을 강조함으로써 독립에 대한 체념과 자치의 달성에 만족할 것을 요구하는 것에 불과하다. 그렇기 때문에 1924년 『동아일보』에 게재한 이광수의 사설 '민족적 경륜'은 "지금의 조선 민족에게는 정치적 생활이 없는 이유가 지금까지 하여 온 정치적 운동은 전혀 일본을 적국시하는 운동뿐이었기 때문"이라고 지적하면서, "조선 내에서 許하는 범위 내에서 일대 정치적 결사를 조직하여야 한다는 것이 우리의 주장"이라는 변절로 전개되었던 것이다. 그것은 "그 정치적 결사가 생장하기를 기다려 그 결사 자신으로 하여금 모든 문제를 스스로 결정케 할 것"이라는 대답으로부터 식민당국과 타협한 자치론의 정체가 '독립'='자주'의 등식을 '자치'로 치환시켜 '자주적 근대화'의 자포자기임을 드러낸다.

1930년대 접어들면 식민지 지식인의 민족주의는 명료하게 분기된다. 이광수는 "민족은 영원한 실재다 … 이러한 때에 있어서 민족이란 말을 꺼리고 욕하는 자는 마땅히 민족의 죄인이라고 극언하여야 할 것"이라고 전제하고 "오늘날 조선인이 해야 할 최대 긴요한 일은 조선민족운동에 대한 이론을 파악하는 일이다 … 모 이론 하에 뭉친 유력한 단결 없이는 … 마치 삼민주의 하에 뭉친 국민당이 없이 중국의 민족운동을 상상할 수 없음과 같다"(「조선민족운동의 삼 기초사업」)고 민족주의의 분기를 요구한다. 그것은 인텔리겐챠 결성, 농민 노동자 계몽과 생산향상, 협동조합운동이라는 실천론을 포함한다.

제 5 장

일제의 전시정책과
친일지식인들의 전쟁협력논리와 활동

1. 일제의 사상통제와 전시 유언비어 확산

일제는 1929년 세계적인 대공황으로 경제적인 타격을 받자 이에 대한 타개책으로 1931년 만주사변을 도발하였다. 이후 일제는 중일전쟁, 태평양전쟁으로 전쟁을 확대시켜가는 과정에서 조선을 병참기지로 만들기 위해 노력하였고, 조선인을 전쟁에 총동원시키기 위하여 '내선일체'를 표방하면서 황국신민화 정책을 추진하였다.

1937년 12월 일본 각의는 황국신민화정책을 위한 방침으로 조선교육령의 개정, 육군지원병제도의 창설, 창씨개명의 실시, 국민정신총동원 조선연맹의 결성, 그리고 경찰주재소를 중심으로 한 각종 시국좌담회의 개최 등을 결정하였다.[1] 이 시기 개정된 3차「조선교육령」에서 '국민'을 '황국신민'으로 고치고 천황중심주의를 표방하였다.

신사를 중심으로 애국반이 편성되었으며, 신사참배, 궁성요배, 국기게양, 황국신민서사(皇國臣民誓詞)제창 등이 강요되었다. 각 가정에는 이세

---

1) 細川嘉六. 1941.『植民史』. 東京: 東洋經濟新報社, 376-377.

신궁(伊勢神宮) 부적을 강제로 배포함과 동시에 신붕(神棚)을 설치하도록 했다. 아침 배례 여부를 감시하기 위해 감시대를 조직·사찰하였다. 애국반의 성적 여하에 따라 곡물이나 고무신 등의 배급에도 차이를 두었다.2)

1936년 12월 12일에는「조선사상범보호관찰령」을 공포하여 조선인들의 사상을 통제하기 시작했다. 치안유지법 위반자 중 형 집행종료 혹은 가출옥한 자들을 보호 관찰할 수 있도록 하기 위한 법령이었다. 주요한 내용은 2년 동안 피보호자의 사상과 행동 관찰, 거주·통신·교우의 제한 및 기타 적당한 조건의 준수, 심사회의 결의로 기간 연장 등이었다. 중일전쟁 이후인 1937년 7월 22일에는 '조선중앙정보위원회'라는 사상통제를 위한 행정기구를 설치하였다. 위원회의 위원장에는 정무총감, 위원에는 각부국장, 관방과장, 경기도지사 등이 담당하고 전국 각도에도 도정보위원회를 두었다. 임시위원에는 군부관계관이 맡았다. 설립과 동시에 제1회 위원회가 개최되어「위원회의 목적」,「사무에 관한 건」등 5개항을 결정하였다. 위원회는 매년 1회 개최되었고 간사장의 1년간의 업적보고가 있었다. 주요업무는 언론통제와 정보수집, 여론파악 및 조정 불순분자의 동향 파악 등의 정보활동, 인쇄물, 영화, 강연, 좌담회를 통한 시국선전, 애국일 설정, 황국신민서사의 제정, 국방헌금 실시 등이었다. 사상통제와 시국선전 활동을 위해 이 위원회 이외에도 일반 행정조직이나 경찰 조직 등이 있었다.3)

당시 조선인들 중 일부 지식인들을 제외하고 대부분의 조선인들은 유

---

2) 한석희. 1988. "전시하 조선의 신사참배 강요와 기독교의 저항." 최원규.『일제말기 파시즘과 한국사회』. 서울: 청아출판사, 261.
3) 박수현. 2006. "전시파시즘기(1937-1945) 조선지식인의 체제협력 양상과 논리: 신문·잡지의 친일 글을 중심으로."『한국민족운동사연구』46, 161-162.

언비어를 통해 자신의 정치적, 사회적 입장을 표현했다. 일제는 조선인들의 전시협력을 위한 사상적 결속을 저하시킨다는 이유로 전시 유언비어를 강력하게 단속하였다.4) 1939년 4월 24일 조선총독부는 각도경찰부장회의에서 실행사항 중 첫 번째로 조선인들의 사상을 철저히 단속하는 것이 중요한 일임을 강조하였다. 회의에서 유언비어에 대한 엄격한 단속 정책을 수립하였다. 국민총력조선연맹에서도 전국의 애국반원에게 "유언비어를 말살하자"라는 격문을 보내어 협력할 것을 요구하였다.5)

1938년 만주의 동부 국경인 장고산 귀속 문제를 두고 일본과 소련간의 군사 충돌이 일어났던 장고봉 사건 때 조선인들의 '불온언동' 혹은 '불온언론 범죄'가 크게 증가하였다. 그러다 1941년 태평양전쟁 발발 후에는 5배나 증가하였으며 이후 매년 1천명 이내로 검거되었다. 1945년 봄 '동경대공습' 이후 일본에서도 조선인의 유언비어가 2배 이상 증가했다.6)

일제말기 유언비어에 대해 연구한 변은진의 분석에 의하면 1937년 7월부터 1939년 9월까지 유언비어 유포로 검거된 총 피검자 360명 중 조선인이 326명이었다. 360명 가운데 '육군형법 위반'이 301명이었고, 연령별로는 20-30세 청년층이 107명으로 가장 많았다. 직업별로는 농촌의 농민층이나 무직자, 행상인이나 일용노동자와 같이 이동성이 강한 직업이 비교적 많았으며, 유언비어 내용은 반일, 반전, 반군, 종교, 민족주의나 공산주의 등과 관련된 것들이었고 대부분 조선인들이 유포한 유언비어는 전쟁 상황에 따른 정책과 많은 관련이 있었던 것으로 나타났다. 1944년 '불온언

---

4) 변은진. 2011. "유언비어를 통해 본 일제말 조선민중의 위기 담론." 『아시아문화연구』 22, 57.
5) 변은진(2011), 57-58.
6) 변은진(2011), 60-61.

론사범'으로 분류된 자는 전체 사상사건 검거자 중 약 70퍼센트에 이르렀고, 직업별로는 무직에 속하는 사람이 절대 다수였다고 한다. 연령별로는 20대 40퍼센트, 30대 23퍼센트, 40대 14퍼센트, 10대 10퍼센트, 50대 9퍼센트, 60대 4퍼센트로 20대가 가장 많았으며, 내용에서는 주로 일제의 패망과 조선독립과 관련된 것이 많았다. 전체 1,640건 중 일본패전이 346, 조선독립 252, 징용 224, 공습 139, 징병 114, 양곡 및 물자 공출 98, 적 잠수함 출몰 89, 식량사정 45, 경제사정 25, 기타 308 등이었다. '불온언론사범'의 법 적용 현황을 보면 조선임시보안령 위반이 988, 육해군 형법위반 384, 보안법위반 146, 안녕질서에 대한 죄 116, 언론·출판·집회·결사 등 임시취체법 위반 6 등이었다.

　변은진은 일제의 사상통제 속에서 조선인들 사이에서 유포된 유언비어는 조선인 내부의 결속 강화와 민족의식을 고무시키는 역할을 했다고 보았다. 그와 관련된 유언비어에 대해 다음과 같은 사례를 들었다. 1937년 8월 흥남조선질소비료공장 직공들 사이에서 "소학교 학생이 폭탄을 휴대하고 경성부 외 신촌도로를 폭파하려다 발각되어 총살되었다"는 것과 1941년 8월경 평남에서는 "방공연습기간을 이용해 조선인이 단결하여 일본인을 살해한다"는 등이었다. 이외에 함북 웅기의 김철완은 장고봉 사건이 일어났을 때 러시아 비행기의 폭격으로 발생한 일본군 사상자를 조선청년들에게 강제로 운반하도록 했다는 유언비어를 유포하였다고 한다. 원산에서는 "러시아와 전쟁이 시작되면 원산은 요새지대이므로 위험천만"한 곳이라는 유언비어가 주민들 사이에 유포되었으며, 1937년 11월 전남 여수의 선어 중매상인 최봉안은 목포 서남쪽 섬에서 무장경찰관이 배를 감시하고 발포하기 때문에 어업에 지장을 주고 있다고 불평하면서 진도 부근도 중국에서 일본으로 통하는 요충이므로 일본군함이 떠 있다는 이야기를 소문 냈다. 선원 유점암은 목포 근처 섬은 "장래 세계대전에 이르면 해전에 가장 적당한 지역으로서 장차 비행장을 신설하게 될 것"이라는 유언비어를 유포하였다고 한다. 1941년 경남 함양의 한 조선인은 일본이 삼국동맹에 기초하여 독일측에 참전하기로 한 이상 조선인 남자도 결국 징모되어 전선으로 내보낼 것이라고 하면서 "일본이 전쟁으로 약해지는 날이야말로 우리 조선민족이 일고(一考)를 요하는 기회다"라는 내용을 유포시켰다. 1943년 4월 함남 홍원의 37세 강동모는 "일본이 시베리아에 전 군을 출병하게 되면 태평양 방면은 손이 딸리게 되고 또 미국은 군수공업이 발달하여 매월 수천대의 비행기를 제작하고 있으므로 아무리 일본이 철벽같은 방어를 펴도 수만대의 적 비행기가 일거에 내습하면 일본은 모두 패배하게 되니, 그 때야 말로 우리 조선동포가 봉기해야 할 호기"라는 유언비어를 유포하다 검거되었다고 한다.

변은진이 조사한 내선일체와 관련된 유언비어 사례는 다음과 같다. 김제 광양광업소의 22세 김원주는 내선일체론은 식민통치를 위한 '공문구(空文句)'나 '단순한 구실'로서 '식민지적 기만정책'에 불과하며 조선 독립만이 이를 극복할 수 있다는 이야기를 하고 다니다 체포되었다. 개성에서 정미업을 하던 24세 송방의묵(松方義黙)은 창씨제도를 통해 일본과 조선 문화를 통합하려는 정책은 민족문화의 ABC도 모르는 무식한 조치이며 "민족문화는 하루아침에 이루어지는 것이 아닌데 겨우 병합 40년에 일체화시키려 함은 무리"라는 내용을 유포시키다 단속에 걸렸다. 일제의 패망이 다가오고 연합군측의 공습이 잦아지자 조선인임을 분명하게 드러내야 피해를 입지 않는다는 유언비어가 나타나기 시작했다. "양복을 입으면 일본인과 구별되지 않으므로 조선인은 조선복을 입는다"는 유언비어가 전국적으로 유포되어 있었다. 일제는 색복을 장려하고 있었기 때문에 조선인은 반드시 흰 옷을 입어야 일본인과 구별되어 피해를 입지 않는다는 의미였다.[7]

2. 친일 지식인들의 전쟁협력 논리

일제는 조선인들을 전시체제에 총동원하기 위해 내선일체를 주장하면서 황민화정책을 시행하였다. 일제는 그들이 수립한 정책에 조금이라도 반하는 행동이나 말을 허용하지 않았다. 그러나 이와 같은 전시통제하에서 대부분 조선인들은 유언비어를 통해 일제의 정책에 균열을 내고 있었다. 일제는 일반 조선인들을 통제하기 위하여 친일지식인들을 이용하였다. 친일지식인들을 동원하여 일제의 전시정책을 선전 선동하였다. 일제는 일반 조선인들을 전시체제에 총동원하기 위하여 명망있는 친일 조선지식인들을 이용하였던 것이다. 친일 조선지식인들은 순회강연, 잡지나 신문 등을 통해 일제의 정책을 소개하거나 그 정당성 등을 주장하며 일제의 정책에 자발적으로 동참할 것을 소리 높여 외쳤다.

1) 동양문명의 재구성: 동아협동체론에서 대동아공영권으로

동아협동체론 주장은 1937년 중일전쟁 발발 이후에 나타났다. 이 논리를 고안한 것은 쇼와연구회[昭和硏究會]였다. 이 연구회는 1937년 6월 일본 총리대신에 취임한 고노에 후미마로[近衛文麿]의 사설자문기관이었다.

---

[7] 변은진(2011), 70-71.

당대최고의 일본 지식인들을 비롯해 정관계 및 군의 최고 엘리트들이 이 연구회에 참여하였으며 이후 일본 최고의 정책연구모임으로 발전하였다. 쇼와연구회에서는 1936년 가을부터 일본의 여러 국내 문제들이 국제문제에서 비롯되었다는 인식하에 국제문제 해결책을 모색하기 위해 매주 모임을 가졌다. 이 모임에서 일본이 아시아의 지도자로 부상하기 위해서는 동남아, 필리핀, 남경 정부의 민족주의 운동을 지원해야 한다는 주장이 나왔다. 이와 같은 주장이 나온 것은 중일전쟁의 전선이 교착상태에 빠지고 장기화의 조짐이 보이자 중국과의 새로운 관계를 모색하기 위해 나온 것이었다. 고노에의 1차, 2차, 3차 성명으로 나타났다. 1938년 1월에 발표한 1차 성명에서는 '장제스[蔣介石]의 국민정부와 상대하지 않겠다'는 성명을 발표하였다. 11월에는 1차 성명을 완전히 뒤 엎는 2차 성명을 발표하였다. 일본의 전쟁 목적이 동아신질서 건설이며 국민정부가 이에 참가한다면 환영하겠다는 내용이었다. 이어 12월에는 '선린우호', '공동방공', '경제제휴' 등을 주요 내용으로 하는 3차 성명을 발표하였다. 이러한 일본정부의 새로운 정책 발표는 왕자오밍[汪兆銘]의 남경 정부 수립을 가져왔다.[8]

이와 같이 고노에 2차 성명에서 동아협동체론이 등장하였는데 이는 쇼와연구회에서 제시한 논리였다. 쇼와연구회는 단기간에 중국을 무력으로 굴복시킬 전망이 불투명해지자 중국 민족의 협력을 얻고 일본 민족주의와 중국의 민족주의를 동시에 포용할 수 있는 방법을 모색하다 나왔다. 먼저

---

[8] 이준식. 2005. "파시즘기 국제 정세의 변화와 전쟁인식." 방기중. 『일제하 지식인의 파시즘체제 인식과 대응』. 서울: 혜안, 105; 손진. 2017. "지역질서로서 공동체 개념의 등장:동아협동체론의 성립, 전파와 식민지 유통." 『동아연구』 36:1, 4-10; 손애리. 2012. "동아를 호출하는 세 가지 경로 : 중·일전쟁기 쇼와연구회의 '동아협동체'론을 중심으로." 『동아시아문화연구』 52, 120.

서양문명 질서를 비판하는 것에서 중일전쟁의 의미를 새롭게 규정했다. 중일전쟁을 서양제국주의로부터 중국을 해방시켜 동양의 통일을 이루는 세계사적 의미를 갖는 사건으로 규정하였다. 서양의 휴머니즘은 개인주의에 기반한 이익사회적인 성격의 것이고, 동양적 휴머니즘은 공동사회의 인륜적 기반이 되는 것이라고 주장했다. 쇼와연구회에서는 중국의 민족주의로서 삼민주의와 일본의 민족주의로서 일본문화의 독자성과 우수성을 강조하는 일본주의를 동시에 비판하면서 이를 넘어서는 협동주의를 주장하였던 것이다. 협동주의는 중일 양국의 민족주의를 변증법적으로 종합하는 동시에 서양과 동양의 종합을 지도하는 이념으로 제시하였다.9)

일본에서 동아협동체가 공식 담론으로 등장하자 조선의 친일지식인들 사이에서도 이를 둘러싸고 논의가 즉시 이루어졌다. 당시 일제의 정책에 순응하던 잡지 『삼천리』는 동아협동체론이 등장하자 1939년 1월호 신년사에 「동아신협동체의 신건설」이라는 제목으로 동아협동체론을 소개하였다.10)

> 帝國이 東亞 영원의 평화를 위하야 皇師를 進한지 一年有半에 벌서 支那의 중심인 上海, 南京, 廣東과 武漢3鎭까지 점거하게 되여 이에 武力的 事變은 一步進하야 건설공작의 第2段階로 드러가게 되였다.
> 此 건설공작이라 함은 다시 換言하면 東亞新協同體의 新建設로써 日本帝國을 盟主로 하야 滿洲國과 支那의 3國이 一心協力 자주적인 新亞細亞의 建設을 목적함이니 그러기 위하야
> 1. 防共協定에의 支那의 참가

---

9) 손열. 2017. "지역질서로서 공동체개념의 성장: 동아협동체론의 성립, 전파와 식민지 유통." 『동아연구』 36:1, 10-17.
10) 삼천리사. 1939. "신년사." 『삼천리』 11:1, 32.

2. 英米의 半植民地的 狀態에 있는 支那의 완전한 해방
을 수성치 않이치 못할 바이다.

진실로 支那 400여 州를 바라볼 때에 蔣介石政權의 그 그릇된 抗日容共 정책때문에 국내의 利權은 擧하야 대부분이 英米의 수중에 歸하고 사상적으로는 共産主義의 迎入이 되야 支那의 주권과 4億萬 인민의 明日의 운명이 상상하기에도 한심한 바가 있게 되였다.

이제 我等은 一意帝國의 東亞新建設을 위한 此 聖戰目的 達成에 총력을 다하야 奉公할 것은 물론이어니와 특히 銃後에 있어 國家總動員의 발동을 至便케 할 바이다. 무릇 銃後의 국민은 모도다 經濟戰의 戰士이요 思想戰의 戰士이라 장기전을 수행함에 잇서 각 개인이 모도다 전사의 각오를 가지고 노력치 않으면 않될 바이다.

곳흐로 멀니 酷寒의 地에 활약하는 皇軍將士의 武運長久를 빌어마지 않노라.

즉 영미제국주의로부터 중국의 완전한 해방을 위하여 일만지(日滿支) 3국이 자주적인 동아협동체의 신건설을 이루어야 한다고 주장하였다. 같은 호에서 좌담 「시국원탁회의」와 특집 「동아협동체와 조선」을 실었다. 좌담에서는 내선일체론, 국내혁신문제, 조선인의 금후 진로, 동아협동체에 대한 우리들의 임무 등을 주제로 삼았다. 이 회의는 경성부민관 강당에서 1938년 12월 14일 오후 6시에 개최되었다. 참석자는 이광수(전 수양동우회원), 인정식(전 공산당원), 갈홍기(연희전문학교 교수), 주요한(전 수양동우회원), 이각종(대동민우회 고문), 안준(대동민우회 이사장), 권충일(사상보국연맹 간사), 차재정(대동민우회 이사), 조병옥(전 수양동우회원), 현영섭(국민정신총동원연맹 간사), 차상달(전 수양동우회원), 윤형식(전 공산당원), 조두원(공산대학출신), 유형기(조선감리교본부 총무), 하경덕(연희전문학교 교수), 주연(전 공산당원), 김동일(대동일진회 이사)

등이었다. 그런데 이 자리에서 시간 관계상 동아협동체에 대해서는 논의를 하지 못했다.[11]

같은 호 특집으로 실은 「동아협동체와 조선」에는 김명식, 인정식, 차재정 등의 글이 실려 있다. 이들은 쇼와연구회의 동아협동체론을 적극적으로 받아들였다. 김명식은 신건설의 본질은 동방도 아니고 서구도 아닌 이를 뛰어넘는 세계성을 가지는 것이라고 보았고, 인정식은 동아협동체를 다음과 같이 받아들였다.

> 첫째로 경제적 의미의 東亞再編成이란 것은 東亞 各 民族의 共存共榮을 基調로 하는 日滿支 『뿌럭』 경제의 확립을 내용으로 하는 것이며, 둘째로 정치적일 의미의 東亞再編成이란 것은 이러한 경제적 목표를 확보하기 위한 東亞協同體 혹은 東亞聯邦體의 결성을 말하는 것이다. 물론 이러한 東亞協同體란 것은 白人의 帝國主義에 의한 東亞의 침략을 근본적으로 배제한다. 그러나 그것은 白人의 帝國主義의 침략을 배제하는 것이며 白人 그 자체를 배제하는 것은 절대로 아닐 것이다. 또 東亞協同體의 사상은 抗日支那의 『내쇼날리즘을 超克하는 계기를 포함하는 동시에 추상적일 『터인*쇼날리즘』과도 대립된다. 그러나 그것은 그러타고 해서 全東亞를 들어 東亞孤立主義 東亞몬로-主義 지방적 閉鎖主義 지방적 便宜主義에 封鎖해 버리려는 것도 아니다. 全東亞를 들어 한 개의 경제적, 정치적 단위로 결성하려는 것은 한 개의 협동체로의 全東亞가 한 개의 단위로서 全世界史의 前進에 향하여 적극적으로 참가하고 기여한다는 것을 의미할 뿐이다.
>
> 다시 이를 문화적으로 고찰한다면 歐羅巴의 문명에 대해서 全傳統과 全成長을 달리하는 東亞民族共通의 문화를 확보하며 또 발전성장케 하려는데 있다. 東亞協同體에 賦與된 이러한 문화적 사명은 결코 歐羅巴文明의 도입을 無條件하고 배제하려는 것은 아니다. 東亞의 고유한

---

11) 삼천리사. 1939. "시국유지원탁회의." 『삼천리』 11:1, 36-46.

문화를 基抵로 해서만 歐羅巴의 文明을 선택하고 또 攝取하려는데 있을 뿐이다.

그러므로 그것은 歐羅巴文明의 無批判의 模倣을 배제할뿐 아니라 다시 歐羅巴문명에 대립하는 東亞的 封鎖主義에도 대립된다.

要컨대 경제적으로 정치적으로 또 문화적으로 이러한 空前의 위대한 사명을 수행하려는 것이 今後의 長期建設의 과제가 아니면 안된다. 또 今日의 支那事變이 帝國의 側으로 보아서 한 개의 역사적인 聖戰이라는 이유도 여기에 있는 것이다.

즉 인정식은 동아재편성이란 동아협동체 혹은 동아연방체 결성을 가리키는 것이고, 경제적으로는 일만지 블록 경제의 확립, 정치적으로는 경제적 목표를 달성하기 위한 동아협동체 결성을 의미하는 것으로 받아들였다. 동아협동체란 서구 제국주의 침략을 배제하는 것이지 서구인 자체를 배척하는 것은 아니라고 보았으며, 동아의 고유한 문화를 중심으로 해서 서구문명을 선택적으로 받아들여 동양문명을 발전시키는데 있다고 보았다. 차재정은 '동아신질서'는 분명하지 않는 개념이라면서 다음과 같이 해석했다.

事變 後의 東亞에는 如何한 樣相의 新秩序이건 從來의 그것과는 다른 것이 출현할 것은 어김없는 사실인 것이다. 그러나 그 新秩序에 관하는 한 지금으로서는 지극히 막연한 한 개의 개념이다. 支那에서 歐米의 帝國主義가 무력해가지고 더 나아가서는 완전히 驅逐될 수 있다는 것과 抗日政權이 소멸하고 新政權이 수립된다는 것 中國의 赤色勢力을 驅逐하고 동시에 콤민테룬의 赤色通路를 粉碎한다는 것 그리고 묵은 中國과 묵은 東洋을 結縛해논 一切의 外交關係가 예컨댄 9個國條約類의 新事態의 정세에 부합치 안는 것이 破棄되리라는 것 등등 이외 東亞

의 日滿支3國은 정치적 경제적 及 사회문화적인 各部面에 亘하야 완전한 協同體의 單位에 결합되리라는 것까지도 예상될 수 있는 諸點이나 다못 이러한 상식적 諸點의 이론만으로는 東亞新秩序의 진정한 姿態를 발견하기는 어려운 일이다.

吾人이 알고저 하고 또 장래의 이 新秩序에 포괄될 全東亞의 民衆의 알고저 하는 點은 그 新秩序의 思想的 及 文化史的 基調이다.

東亞의 新秩序는 端的으로 말하면 東亞諸民族의 新生活秩序이다. 우리는 바야흐로 新支那의 건설을 통하야 우리의 新生活秩序를 부여될 約束 下에 있는 것이다.

이것에 관한 認識에 도달하는 과정은 東亞新秩序樹立의 능동적 擔當者이며 그 主體인 日本의 內部認識을 통하지 않으면 아니된다.

차재정은 동아신질서는 동아제민족의 신생활질서이며, 동아신질서 수립의 담당자이자 주체인 일본의 내부인식을 통해서만 도달할 수 있을 것이라고 주장했다. 같은 호에 김동환, 박영희, 김기진이 참석한 「전쟁문학과 조선작가-전쟁과 문학과 그 작품을 말하는 좌담회」에서 김동환은 "결국 제반 문제가 동아신협동체의 건설에 있으니까 그 협동체의 정치적 윤곽이 좀 더 분명하여지지 않고는 문학자로서의 활동도 그렇게 적극적이 될 수 없지 않을까요"라며 더 이상 논의를 진전시키려 하지 않았다. 동아협동체론은 그 이후 더 이상 논의되지 않았다. 동아협동체론의 지지자였던 고노에가 1939년 1월 총사직하자 일본에서는 더 이상 논의되지 않았다. 오히려 많은 비판을 받았다. 조선에서도 더 이상 동아협동체론에 대한 언급이 없었다.[12] 그러다 1940년 7월 고노에가 다시 총리대신으로 취임한 이후 동아협동체론에서 더 확장된 개념인 대동아공영권이 공식적으로

---

12) 이준식(2005), 128-129.

등장하였다. 1940년 7월 26일 제2차 고노에 내각은 대동아공영권을 구상하는 「기본국책요강」을 발표하였다. 이 요강에서는 일만지(日滿支)의 강고한 결합을 축으로 한 "대동아 신질서를 건설"이라고만 표현하였으며 '대동아공영권'이라는 용어는 등장하지 않았다. 공식적인 용어로 '대동아공영권'이 등장한 것은 8월 초 이 요강을 설명한 외무대신 마쓰오카 요스케[松岡洋右]의 언론담화에서였다. 그는 세계평화의 수립에 공헌하기 위해 "황도의 대정신에 따라 우선 일만지를 일환으로 한 대동아공영권의 확립"이 필요하다는 것을 주장했다.13) 이로써 대동아공영권은 1940년대의 대표적인 이념으로 제창되었다.

대동아공영권의 지역적인 범위는 일본·중국·만주를 중축(中軸)으로 하여 인도·미얀마·타이·말레이시아·보르네오 등의 프랑스령 인도차이나, 동인도·오스트레일리아·뉴질랜드 등의 네덜란드령 등이었다.14) 1941년 12월 10일 일본은 진주만 습격으로 태평양전쟁을 일으킴으로써 이 전쟁을 대동아전쟁으로 부르기로 결정하고, 12일에는 '대동아 신질서 건설'이 전쟁의 목적이라고 주장하였다.

일본정부의 대동아공영권 건설 이론은 식민정책학자들에 의해서 수립되었다. 쇼와연구회 산하의 동아경제협동체 연구부회의 위원장 가다는 동아협동체에서 주장한 '일만지'에서 동남아시아 지역으로 확대시켰다. 그는 일, 만, 지 영역에 한정되어 있던 동아 건설의 범위를 세계정세의 변화와 그에 따른 자원 확보를 위해 동남아시아까지 확대해야 한다고 주장했다. 가다는 이를 '대동아정치경제협동권'으로 명명하였다. 이 지역권 안에

---

13) 임성모. 2005. "대동아공영권 구상에서의 '지역'과 '세계'." 『세계정치』 26:2, 107.
14) 최규진. 2014. "대동아공영권과 '협력적' 지식인의 인식지형." 『역사문화연구』 50, 40.

는 미국령 필리핀, 프랑스령 인도차이나, 영국령 말레이, 태국, 버마, 네덜란드령 동인도, 영국령 보루네오도 포함된다. 이 지역에서 석유, 고무, 주석, 보키사이드 등의 자원을 확보할 수 있다고 주장했다. 또한 이 정치경제협동권의 발전을 위해 협력적인 개발, 동아권 전반에 걸쳐 산업무역계획 수립, 안전보장을 위한 강력한 육해공군 보유 등을 제시하였다.[15] 게이오기주쿠대학에서 식민정책을 강의한 야마모토 노보루[山本登, 1912-1991]는 가다의 '경제협동체', '정치경제협동권'을 '광역경제권' 개념으로 발전시켰다. 야마모토는 일반적인 광역경제권 개념의 핵심은 "지도국을 중심으로 권내 각국의 유기적 발전을 목표로 하는 경제적 통일체의 결성"이라고 규정하였다. 즉 동아의 유일한 근대적 공업국인 일본이 지도적 입장에 서야 하며 여기에 농공자원이 풍부한 다른 국가들을 배치할 때 매우 유효한 호혜적 경제 관계가 이루어질 수 있다고 보았다. 도바타 세이이치는 여기서 더 나아가 대동아공영권의 경제구조를 야마모토가 제시한 권내 구성국의 농공자원에 중점을 둔 산업 배치가 아니라 농업경제에서 벗어나 소비재 생산-경공업-을 통해 국민경제를 수립할 수 있도록 원조해야 한다고 주장했다.[16]

    당시 일본 정부에서도 일, 만, 지를 제외한 동남아시아 지역은 자원공급지로 자리매김하는 경제계획을 구상하고 있었다. 본래 일본이 대동아공영을 내세우며 동남아시아로 세력을 확대해 가게 된 원인이 미국과의 통상 단절로 인한 자원 확보에 있었기 때문이었다.

    일본 식민정책학자들은 광역경제권론을 뒷받침하기 위해 호혜적 원칙

---

15) 박양신. 2017. "대동아공영권의 건설과 식민정책학." 『일본연구』 28, 153.
16) 박양신(2017), 154-156.

과 경제개발을 통한 공영을 이념으로 하는 '협동주의'를 내세웠다. 가다는 대동아공영권에 포함되어 있는 국가에서 전개되는 민족운동과 그 사상적 기반인 민족자결주의를 비판했다. 그는 민족이 자결하려면 4, 5천만 이상의 인구, 강력한 군대, 이를 양성할 수 있는 자본, 기술, 노동을 보유한 경제 등이 필요하다고 주장했다. 그는 후진적 상태에 있는 민족의 독립은 근접 강대 민족과의 협동에 의해서만 획득할 수 있다고 강조하였다.[17]

대동아공영권이 일본의 국책으로 설정되자 조선의 친일지식인들은 이와 같은 신체제를 예찬하고 그 정당성과 실천방안 선전을 위한 많은 활동을 전개하였다. 고승제의 「대동아건설의 윤리」, 김건의 「나의 연극론」, 김경승의 「미술계의 신체제」, 김관의 「국가의 신체제와 신음악의 건설」, 김동환의 「신윤리의 수립」, 박영희의 「반도신체제의 기치」, 「임전체제하의 문학과 문학의 임전체제」, 서춘의 「조선과 총력운동」, 유광열의 「결전국내태세의 강화」, 유치진의 「국민연극 수립에 대한 제언」, 이건혁의 「신체제와 투자」, 이광수의 「신시대의 윤리」, 「신체제하의 예술의 방향」, 이창수의 「국민징용과 성업익찬」, 전석범의 「대동아전쟁과 조선경제의 진로」, 정인과의 「일본적 기독교로서 익찬일로의 신출발」, 채만식의 「문학과 전체주의」, 최기석의 「대동아건설과 통제경제의 현단계」, 최린의 「대동아공영권과 고도국방」, 최재서의 「전환기의 문화이론」, 함상훈의 「근위내각의 신정책」 등을 대표적으로 들 수 있다.[18] 최린은 대동아공영권을 구상한 국책요강을 다음과 같이 세 가지로 정리하였다.[19]

---

17) 박양신(2017), 157-162.
18) 박수현(2006), 189.
19) 최린. 1940. "대동아공영권과 고도국방." 『삼천리』 12:8, 30.

첫째로 "皇國의 國是는 八紘一宇의 肇國精神에 基하여 세계평화의 확립을 초래하는 것으로써 근본을 삼고, 皇國을 핵심으로 한 日滿支의 鞏固한 결합을, 근간으로 하는 大東亞의 신질서를 건설함에 있으며, 이를 위하여 皇國 스스로가 新事態에 卽應하는 不拔의 국가태세를 확립하여 국가의 총력을 들어서 此國是의 구현에 매진할 것", 둘째로 "國防은 내외의 新情勢에 鑑하여 國家總力 발휘의 國防국가체제를 基底로 한 國是수행에 遺憾없는 軍備를 충실히 하는 동시에, 現下의 외교는 그 重心을 支那事變 완수에 두고 국제적 大變局을 達觀하여 건설적이오 또한 탄력성 있는 시책을 講究하여써 國運의 진전을 期할 것", 셋째로, 국내체제의 쇄신은 國體本義의 敎學쇄신과 국가봉사를 第一義로 하는 국민도덕의 확립 및 新국민조직, 議會翼贊體制의 확립, 국방 경제의 根本樹立, 중요식량품자급방책, 농가안정의 근본방침, 희생의 불균형을 是正"이라고 적극적인 입장을 표현하였다.

최린은 위와 같이 국책요강을 정리하면서 조선인이 취해야 하는 것은 일본 정부가 제시한 국가 대방침에 순응하고 기존의 개인주의·자유주의 정신을 버리고 국가주의·전체주의에 따를 것을 주장하였다. 서춘은 1941년 2월호 『신시대』에 「조선과 총력운동」을 통해 "신민이 각각 자기가 처해 있는 그 자리에서 사리사익보다 국가의 이익을 표준하여 국가에 유리하도록 하는" 직역봉공의 신윤리·신도덕을 강조하였다. 이를 통해 자유주의, 개인주의 토대에서 수립된 "제도, 기구, 윤리, 도덕" 등이 국민으로부터 일소된다고 주장했다.

1941년 12월에는 동양지광사(東洋之光社) 주최로 「미영타도좌담회」가 개최되었다. 이 좌담회에는 동양지광사의 사장 박희도의 개회사로 시작되었다. 참석자들은 모두 미국과 영국에서 교육을 받은 조선의 사상과 문화계에서 최고의 지식인들이었다. 동양지광사 이사인 장덕수는 「미·영 적성의 실체」, 백낙준은「미·영의 민정과 식민정책」, 신흥우와 전필순의 「영국인의 민족성」, 전필순과 이용설의「미국인의 민족성」, 정춘수와 정인과의「미·영인의 종교정책」, 김인영, 최동, 한석운 등의「앵글로 색슨이 유색인을 대하는 태도」, 양주삼과 윤치영의「아메리카는 왜 싸우는가」, 박희도「일본은 왜 싸우는가」, 윤일선과 이훈구의「루즈벨트와 미국의 금후」, 박인덕의「미국 부인의 전쟁관」, 최순주의「미국 자본가의 전쟁관」 등의 주제로 참여하였다. 박희도는 일본이 대동아전쟁을 하는 것은 동양평화의 공영권 건설의 기초 작업이며 미국을 죄악에서 구원해주는 길이라고 주장했다.[20]

동아공영권의 위대한 난(難) 사업이기는 합니다마는, 대(對) 미·영 적으로는 글자 그대로 단순한 동아의 원상회복이라는 정방방위선의 확보에 불과한 것입니다. 그리고 이 동아에서 미·영의 제국주의 침략을 완전히 방축(放逐)한 후에라야 동아공영권이 건설되는 것입니다. 동아의 각 민족은 인종적으로나 자연적으로나 당연히 운명적인 사상 감정을 공통적으로 하기 때문입니다 … 동아공영권의 확립에 관해서도 여러 가지 논의가 있는 것 같습니다는, 그것이 결국은 동아인의 동아로 하게 하는 신질서라, 말하자면 식구들끼리의 의논에 의한 건설적 사업인 것입니다. 우선은 그 침입자, 훼방꾼인 공동의 적을 내쫓는 일에서부터 시작하지 않으면 안되고, 그 때문에 대동아전쟁을 하고 있는 것입니다.

… 우리 일본이 왜 싸우는가, 그 목적이 무엇인가는 분명해지는 것입니다. 즉, 정의 인도를 위해서 그들의 포려(暴戾) 무도한 제국주의 침략과 싸우는 전쟁이며, 동아 및 동아인이 무참하게 약탈당했던 바 인격권과 생존권의 정당한 원상회복을 요구하는 전쟁입니다. 그것은 동

---

[20] 임종국 편. 1987.『친일논설선집』. 서울: 실천문학사, 158-231.

양평화의 공영권 건설의 기초공작일 뿐 아니라, 그네들 미국을 그 국가적 정책의 과오와 그 인간적 죄악의 심연에서 구원해주려는 성전인 셈입니다.

박희도도 일제가 국책으로 삼은 대동아공영권 건설 제창을 영미제국으로부터 짓밟힌 인격권과 생존권의 원상회복을 위한 전쟁으로 받아들이고 오히려 미국을 죄악에서 구원해주는 성전으로 여겼다. 이러한 인식하에서 친일지식인들은 일제가 주장하던 내선일체와 병참기지론을 적극 주장하며 모든 조선인들이 이에 적극적으로 앞장설 것을 요구했다.

2) 내선일체론

중일전쟁 이후 일제는 조선인들을 전쟁에 총동원시키기 위하여 동아협동체론과 대동아공영권 건설을 주장함과 동시에 조선인들에게는 내선일체를 강조하기 시작했다. 1936년 8월에 부임한 미나미 총독은 중일전쟁 발발 직후인 1938년 1월 도지사회의에서 조선통치의 목표는 "반도의 일본화, 즉 내선일체의 구현"에 있고 그 목표를 달성하기 위해 조선인 지원병제도 실시, 교학쇄신 및 확충을 하고 싶다고 천명하였다. 미나미 총독은 조선과 일본은 심신 모두가 일체가 되어야 한다는 내선일체를 강조하였다.[21]

> 나는 내선일체라는 것이 아주 어려운 것이라고는 생각하고 있지 않다. 왜냐하면 우리 나라와 같이 정의에 입각한 통치는 세계 각국에 유례가 없는 숭고한 도덕적 통치이기 때문이다 … 내가 역설하는 것은 '내선일체'는 상호간에 손을 잡는다던가 형이 융합한다던가 하는 그런

---

21) 최유리, 1997. 『일제말기 식민지 지배정책 연구』. 서울: 국학자료원, 28-29.

미지근한 것이 아니다. 손을 잡은 사람은 떨어지면 또 별개가 되고, 물도 무리하게 흔들어 섞으면 융합된 모습이 되지만 그것으로는 안된다. 형도 심도 혈도 육도 모두가 일체가 되지 않으면 안된다 … 내선은 융합이 아니며, 악수도 아니며, 심신 모두 정말 일체가 되지 않으면 안된다.

내선일체는 전쟁동원을 위해 두 민족의 혈연적 친연성을 강조하였다. 이를 주장한 일본인들은 미나미 총독과 그의 심복인 시오바라 학무국장, 그리고 미나미의 뒤를 이은 고이소 총독이었다. 시오바라 국장은 일본인과 조선인은 모두 퉁구스족이므로 완전히 같다고 주장했다. 그는 한일병합이란 것은 일본열도로 건너간 퉁구스와 조선반도에 남은 퉁구스의 환원이라고 말했다. 고이소 구니아키[小磯國昭] 총독은 『고사기(古事記)』에 근거해 일본인과 조선인이 한 조상에서 나왔으므로 일본과 조선은 같은 피를 나눈 민족이라고 주장했다.[22]

조선총독부에서는 내선일체를 역사적으로 증명하고 확산시키는 일에 전면적으로 나섰다. 1938년 9월 6일에 시작해서 9일에 끝난 시국대책조사회에서 이러한 운동을 시작하였다. 같은 해 8월 27일 시국대책조사회를 앞두고 미나미 총독이 18건의 자문사항을 제시하였다. 첫 번째로 제시된 것이 내선일체의 강화철저에 관한 것이었다. 시오바라는 이어 9월 7일에 열린 시국대책조사회 제1분과회의에서 내선일체를 확충강화하기 위한 12개의 방침을 제시했다. 그 중에서 세 번째가 "내선의 사적관계를 표명할 것"이었으며, "내선의 사적관계"에 대한 답신안의 시안(試案)으로 제시된 것이 "국사와 조선사를 통해 내선의 국교(國交), 문화 교류, 혈연의 교착관

---

22) 장신. 2014. "일제말기 동근동조론(同根同祖論)의 대두와 내선일체론의 균열." 『인문과학』 54, 98-104.

계를 밝힐 것, 백제, 신라, 고려, 임나 등 일본과 인연이 많은 지방에 박물관 설치 또는 향토사연구회 등을 조직하여 내선인의 교통과 혈연적 관계의 인식을 깊게 할 것, 학교교육과 사회교육을 통해 내선인에게 널리 내선동조(內鮮同祖)의 사실을 철저하게 할 것 등이었다. 12개 방침 중 네 번째인 "국민정신총동원운동의 철저를 기할 것"의 시안에도 "내선동근의 사상을 확립하여 내선일체 신념을 함양할 것"이 포함되어 있다.[23]

1940년 5월 국민정신총동원조선연맹은「내선일체정의(內鮮一體精義)」란 책자를 편찬했다. 1940년 10월에는 이 조직을 해체하고 국민총력조선연맹을 조직하였다. 이 조직에서는 내선일체를 적극적으로 홍보하였다. 실천요강에서 사상통일을 위해 일본정신을 앙양하고 내선일체 완성을 요구하고, 내선일체의 완성을 위해 1) 일시동인(一視同人)의 성지봉례(聖旨奉禮), 2) 내선일체 이념의 철저, 3) 내선사실(內鮮事實)의 재인식, 4) 신애협력(信愛協力)의 실천 등을 제시하였다.[24]

많은 친일지식인들은 조선총독부의 내선일체론 주장을 적극 수용하였다. 일본의 승전이 계속되는 한 일제 식민지 지배로부터의 독립은 어려울 것이라는 생각은 많은 지식인들에게 내선일체론자의 길을 선택하게 하였다.

일제의 승전 가능성은 조선 독립에 대한 절망으로 이어졌다. 일제의 힘에 비해 조선의 힘이 너무 약해서 조선 독립이 어렵다는 입장도 있었고, 중일전쟁 이후 국제정세가 조선에게 유리하게 진행되므로 오히려 독립하지 않는 것이 더 낫다고 생각하는 사람도 있었다. 전쟁이 계속될수록 후자의 인식이 더 강화되었으며 일제가 내선일체 정책을 추진하자 조선인도

---

23) 장신(2014), 105-106.
24) 장신(2014), 106-107.

천황의 적자가 되었다는 생각을 가졌다.[25]

그리하여 친일지식인의 글에는 내선일체의 의의, 정당성, 실천방향, 내선일체로 인한 조선인의 지위 역할 등에 관한 내용들로 채워졌다. 이에 대한 글로서는 김두정의 「아세아 부흥과 내선일체」, 김동인의 「반도민중의 황민화」, 김문집의 「조선민족의 발전적 해소론 서설」, 김용제의 「내선결혼 아관(內鮮結婚我觀)」, 「민족적 감정의 내적청산으로」, 박남규의 「내선일체 생활의 인식으로」, 서춘의 「조선과 총력운동」, 신갑범의 「세계사의 동양적 전회」, 윤치호의 「내선일체에 대한 소신」, 「내선일체에 대한 이념」, 이광수의 「황민화와 조선문학」, 「사변과 조선」, 인정식의 「내선일체의 필연성에 대하여」, 「내선일체와 언어」, 현영섭의 「내선일체의 세계사적 의의」, 「내선일체 완성으로 가는 길」 등을 예로 들 수 있다.[26]

이들이 강조한 내선일체는 지속적인 노력 속에서 완성된다는 입장을 가지고 있었으므로 이를 위한 노력과 과정에 중점을 두었다. 이광수는 재래의 조선적인 것을 버리고 일본적인 것을 배우는 것을 내선일체라고 규정하였다. 인정식은 내선일체의 길이 아무리 어렵더라도 황도정신 밑에서는 가능하다고 주장하였다.[27]

> 아무리 동조동근의 근원을 가졌다하더라도 이미 과거에 있어서 기천간의 서로 분리된 언어와 문화와 생활양식의 전통을 가지고 온 두 민중을 일체화한다는 것은 어떠한 인류사상에 예의가 그리 많지 못한 엄숙하고 지대하고도 곤란한 사실이 아닐 수 없다. 따라서 이러한 위업을 기도한다는 것만도 일본적인 위대한 황도정신이 밑에서만 가능

---

25) 이준식(2005), 111.
26) 박수현(2006), 181.
27) 박수현(2016), 181.

한 일이라 할 수 있다.

당시 동양지광사 고문이었던 윤치호는 내선일체를 통해 조선인도 일본인과 같은 동양의 지도자가 될 수 있다고 주장했다.

도대체 우리들 조선인이 내지인과 어깨를 나란히 해서 전동양을 지도할 수 있는 자격을 갖고 있을까? 여러 가지 점에서 우리는 내지인보다 아직도 열등한 것이 사실이다. 그리고 보면 우리가 내지인과 동등한 자격을 갖고서 동양인의 동양을 건설하는 지도자가 된다는 일이 과연 가능할까? 이러한 일을 저 자신 매우 의문으로 하고 있었던 것입니다.
그런데 그 후 저는 문제를 더욱 더 냉정하게 생각해 오면서, 이러한 의문을 전연 일소하기에 이르렀습니다. 제1로 지리적으로 보아서 우리 조선은 제국의 대륙정책상 실로 가볍게 볼 수 없는 요지로 되어 있는 것입니다. 이것은 극히 중대한 의의를 갖는 것이며, 신동아건설의 가능성 여하의 문제가 실로 내선일체의 완성 여하에 걸려 있다고 해도 과언이 아닌 것입니다. 주지하시는 바와 같이 우리 반도는 제국의 대륙정책상 소위 병참기지로서의 지위를 점하고 있는 것입니다마는 이러한 지리적 중요성으로 보아서, 내선의 일원화, 즉 우리 조선인으로 하여금 내지인과 마찬가지로 동양 건설을 위해서, 동등한 국민적 의무와 자격을 갖고서 매진하게 하는 일이 얼마나 긴요한가는, 제국의 대륙정책의 입장에서 극히 자명한 사실입니다.
… 저는 조선 민족의 우수한 소질을 항상 확신하고 있습니다. 여기에 근대적인 교육과 문화와 자격만 주어진다면 충분히 내지인과 어깨를 겨루며 동양 지도는 물론, 세계의 지도를 위해서도 공헌을 할 수 있는 우수성을 갖고 있다고 생각합니다.
어떠한 경우에 있어서도 우리들 조선인이 열등한 민족이라는 것은 증명되지 않았어요. 단지 근대문명을 도입하는데서 뒤처져 있었다는 것뿐입니다. 오히려 우리의 역사를 뒤돌아 볼 때, 조선인은 실로 세계에 자랑할 수 있는 허다한 문화재를 남기고 있지 않습니까? 또한 근년의 일을 보더라도, 세계를 제패한 손기정군이 우리와 똑같은 반도인이라는 것은 더 말할 필요도 없는 일이라, 극히 세세한 예들이긴 합니다마는, 역시 조선인이 민족적으로 결코 남에게 떨어지지 않는 체력과 의지력을 갖고 있다고 하는 가장 강력한 실례들입니다.

이리하여, 인적으로 볼 때 이처럼 우수한 소질을 갖고 있는 우리들 조선인이 내지인과 동등한 국민적 의무 및 자격을 부여받았을 경우에, 내지인과 동등하게 동양 건설의 지도자가 될 수 없다는 말을 어떻게 할 수 있겠습니까? 저는 이러한 이유에서, 아까도 말씀드린 것처럼 미나미 총독이 말씀하신 "동양인의 동양을 건설하는 핵심은 내선일체의 완벽에 있다"는 표어를, 극히 심각한 의의를 갖는 진리라고 확신하는 바입니다.

… 우리는 내선일체에서 우리가 나아가야 할 유일한 민족적 진로를 발견하는 것이며, 이 도로 위에서 행복이 있는 장래를 전폭적으로 기대할 수 있다고 생각합니다.

김용제와 박남규는 일본인과의 결혼을 적극적으로 추진할 것을 주장하였으며, 녹기 일본문화연구소원 현영섭은 조선어는 조선 문화를 저급하게 하고 조선의 발달을 가로 막은 원인이므로 즉각적인 폐지를 주장했다.[28]

조선인은 일본을 떠나서는 하루도 생활할 수 없다. 일본에서 나서 일본인으로서 죽을 뿐이다. 여러 가지 사회조직에 대해서 개선을 요구하고 싶은 마음을 갖더라도 이것은 자기의 집이라는 마음에서 출발해야 하는 것이며, 대립적인 마음에서 행해져서는 안 된다. 일체가 되어서 살겠다고 맹서했다면 우선 국민 사상통일에서-근본적 사상을 통일

---

28) 임종국(1987), 122; 박수현(2006), 181.

해야 하는 것이며, 양복을 전부 일본 옷으로 통일하는 식의 통일은 압제이다-반드시 필요한 언어의 통일을 촉진해야만 하는 것이다. 가정에서 조선어를 사용하는 한 조선인의 '고꾸고(국어: 일어)'는 '외국어'의 일종이 되고, 국민사상은 외형적 장식으로 그칠 우려가 있다. 조선인이 진정 일본인이 되고자 생각한다면 우선 조선어를 망각해버리는 일이 필요하다. 이 필요를 국민 지도의 당사자들조차도 철저하게 인식하고 있지 않은 것은 안타까운 일이다. 학교에서 조선어를 가르칠 필요는 조금도 없다. 조선인을 불행하게 하려거든 조선어를 오래도록 존재케 해서 조선적인 저급한 문화를 주고, 그 이상의 발달을 저지하는 것이다. 이것은 세계의 평화를 희망하는 일본이 단연코 바라지 않는 일이다. 내선일체라는 고원(高遠)한 이상은 내지인이나 조선인을 눈앞의 물질적 생활에서 정신적 생활로 꼭 끌어올려 놓고야 말 것이다. 참된 내선일체는 새로운 조선의 희망이요, 여명이라야 하는 것이다.

사상보국 연맹 간사 김두정은 조선과 일본의 역사적 연관성을 설파한 다음 조선의 부흥도 내선일체의 완성에 의해서 이루어진다고 주장하였다. 조선과 일본의 역사적 연관성을 다음과 같이 세 가지로 정리하였다.[29]

첫째로 내선 양민족은 조상을 같이 하고 있다. 신화적으로, 고고학적으로, 인종학적으로 고찰해서 내지와 조선의 기간 종족은 몽고리언 중의 최우수족인 퉁구스이며, 다시 내선이 동일하게 북방에서 들어온 아이누족과 남부에 표착한 말레이족의 피를 다소 포함하고 있다.
둘째로, 내선 양민족은 수천년간 동일한 문화를 통해서 키워져 왔다. 우선 언어가 유사한 조어법(造語法)과 연결법(連結法)으로 되어 있어서 현대에서조차 전연 공통된 단어를 갖는 것이다. '고지끼[古事記]' 나 '니혼쇼끼[日本書記]' 등의 고서(古書)를 통해서 우리는 고대의 내선

---

29) 임종국(1987), 128-130.

사이에서는 동일한 언어가 사용된 형적(形跡)을 발견하는 바이며, 진무(神武)천황의 어가(御歌) 중에서도 조선어가 발견된다. 문화에 있어서도 인도나 지나에서 일어난 정신문화는 삼한시대로부터 반도를 경유해서 일본열도(列島)로 전해졌으며(예를 들면 불교나 유교), 메이지 유신 이후에는 서양의 물질문명이 태평양을 건너와서 일본의 근세적 개화에 우선 성공하고, 따라서 새로운 문화는 일본을 징검다리로 해서 거꾸로 대륙에 전해지는 것인데, 일본열도에서 교착(交錯)된 동양의 도의적 정신문화와 서양의 과학적 물질문명은 일본 독특의 창조성을 기본으로 하고 합리적으로 통합되어서, 세계적으로 가장 완전성을 가지는 물심양전(物心兩全)의 일본문화를 완성하고 있다. 현재 1억 국민은 이러한 고도로 발달된 문화를 호흡하고 있는 것이다.

셋째로는 역사적으로 긴밀한 국교관계를 갖고 있다. 신라의 제1세 박혁거세왕(朴赫居世王)의 왕자 아메노히보꾀[天日槍]의 일본에의 귀화, 가라국(伽羅國) 김수로왕(金首露王)이나 신라의 석탈해왕(昔脫解王)이나 그 신하 표공(瓢公)의 도래, 임나(任那)에서의 일본부(日本府)의 설치, 백제 왕자 및 왕인(王仁) 박사의 귀화와 논의 천자문의 헌상, 삼한(三韓) 시대에서의 일본열도에의 집단적 이주 및 미술공예의 전수(傳授), 간무(桓武) 천황의 모왕(母王)이 조선에서 간 일, 일본과 백제의 동맹에 의한 나당(羅唐) 연합군과의 대전(對戰), 백제 멸망 후의 그 왕족의 우대 등 고대의 내선간의 우호관계는 실로 영구히 특기되어야 할 일들이다.

이와 같이 김두정은 '내선일체'의 역사적 근거를 들면서, 이를 완성하기 위해서는 민족적 편견을 완전히 없애야 하고 오로지 황민화만이 유일한 길이며 이는 아시아의 부흥을 이루는 길임을 주장하였다.[30]

---

30) 임종국 편(1987), 131.

3) 전쟁협력의 논리

박수현이 연구 조사한 바와 같이 친일지식인들의 전쟁협력 글은 대부분 일본 침략전쟁 찬양, 조선인의 전쟁협력 독려 등에 관한 것이다. 일본 침략전쟁을 찬양하는 글들은 침략전쟁의 정당성, 일본군 미화와 찬양, 그리고 전황분석과 필승 예견 등이다.[31]

침략전쟁의 정당성에 대한 글의 주요 내용은 중일전쟁과 태평양전쟁이 아시아 민족의 해방전쟁으로서 대동아 건설의 성전임을 강조하고 영·미 등 서양열강에 대해 비판하는 것이다. 예를 들어 전술한 바와 같이 박희도는 「일본은 왜 전쟁을 하는가」에서 일본의 침략전쟁이 아시아의 인격권과 생존권의 회복을 구하는 전쟁이라며 전쟁의 정당성을 강조하였다. 이 외에 이와 관련된 글들로는 백낙준의 「미·영의 민정과 식민경제」, 여운홍의 「동아공영권 건설의 성전」, 양주삼의 「아메리카는 왜 싸우는가」, 유광열의 「대동아전쟁의 성전의식」, 이돈화의 「동양평화의 근본책」, 장덕수의 「영미적성의 정체」, 최남선의 「동방민족의 중원진출과 아세아 제민족의 향방」, 현영섭의 「사변의 인류사적 의의」 등을 들 수 있다.

일본군의 승리를 미화하고 찬양하는 글은 주로 친일문인들이 자신들의 시로 표현하였다. 김기진은 『조광』 1942년 2월호에 「대동아전쟁송」과 『매일신보』 1944년 10월 19일자에 「의기충천」이라는 시를 실었다. 각각의 시는 다음과 같다.

「대동아전쟁송」
황군이 치는 곳에 난공불락 있을소냐.

---

31) 박수현(2006), 33.

백년을 이 깨물고 참아 오던 철퇴 아래
제 소위 대불열전(大不列顚) 산산파편 되누나.

3개월 버티겠다 장담하던 그 입으로
이 몸은 포로되려 황군 앞에 왔노라고
영(英) 총독 군인이라면 배 가르고 죽어야

긴 역사 비춰보면 백년도 잠시련만
세월을 헤이건대 지루한 압제였네.
다 같이 홍콩(香港) 함락의 만세 높이 부르세.

「의기충천」
1942년 2월 일찍이 우리가 바친 놋그릇들이 모조리 어뢰 되어
지금 서남태평양에서 악의 무리를 처부수는구나.
일찍이 공장에 들어간 아우가 누이가 정성을 다해서
못 한 개 나사 한 개 소홀히 하지 않은 우리의 비행기가
지금 미국의 태평양 함대를 놓치지 않고 뒤쫓아 가네.
아아, 주먹에 땀을 쥐고 이를 갈면서 우리도 따르자.

이외에 김동인의 「일장기의 물결」, 김해강의 「돌아오지 않는 아홉장사」, 모윤숙의 「어린날개」, 박희도의 「싱가포르 함락과 팔굉일우」, 서정주의 「오장 마쓰이 송가」, 윤치영의 「싱가포르 함락을 경축함」, 이광수의 「싱가포르 함락되다」, 주요한의 「팔굉일우」, 「마음속의 싱가폴」, 현제명의 「싱가포르 함락 감상」 등을 들 수 있다. 국제정세와 전황 분석 등을 통해 일본의 필승을 예견하는 글로는 다음과 같다. 구자옥의 「필승은 신의 명령」, 노천명의 「승전의 날」, 서강백의 「세계신질서 건설의 장래」, 성인기의 「수혈로 잃은 장정권」, 신흥우의 「태평양 풍운의 전망」, 유광열의 「쫓겨가는 미영

세력」, 「영미소 진영의 내홍」, 유진오의 「우리는 반드시 승리한다」, 이용설의 「대동아전쟁 소감」, 이창수의 「지나사전 6주년과 대동아전」, 주요한의 「동양해방」, 함상훈의 「구주대전의 신단계」 등이다.[32]

　친일 전쟁 글에서 가장 많은 것이 전쟁협력 독려 글로서 지원병제, 국민징용령, 징병제, 학병제 등 일제의 전시강화 정책이 발표될 때마다 그 의의를 미화하고 조선인의 자세와 역할을 강조하는데 중점을 두었다. 이와 관련해서는 계광순의 「징병제와 조선」, 고승제의 「신청년의 방향·입대」, 김기진의 「신전의 맹서」, 김동인의 「감격과 긴장」, 김두정의 「징병제 실시와 반도청년의 연성」, 김문집의 「님의 부르심을 받고서」, 김성수의 「징병이 닥쳐온다」, 김활란의 「감격과 가중한 책임」, 모윤숙의 「지원병에게」, 박종화의 「입영의 아침」, 박희도의 「일사보국의 생각」, 서정주의 「스무살 된 벗에게」, 「최체부의 군속지망」, 서춘의 「조선과 총력운동」, 신흥우의 「전통의 용맹을 보아라」, 양주삼의 「적국의 학생병을 치자」, 유광열의 「징병제 감사문세와 그 의의」, 「결전 국내태세의 강화」, 유진오의 「병역은 곧 힘이다」, 윤치호의 「조선인의 갈 길을 알라」와 「총 출진하라」, 이광수의 「지원병 장행가」, 「앞으로 2년」, 이성환의 「지원병 제도에 관하여」, 이원영의 「전국의 긴박과 청년에게 바람」, 이탄의 「송출진학도」, 이창수의 「국민징용과 성업익찬」, 장덕수의 「빛나는 장도를 축복」, 주요한의 「임전조선」, 「나서라 지상명령이다」, 최남선의 「가라! 청년학도여」, 최정희의 「징용열차」, 함대훈의 「장정의 각오」, 현영섭의 「내선일체와 총후 청년의 임무」, 오긍선의 「주저 말고 곧 진하라」, 김성수의 「황민됨의 책무는 크다」, 장덕수의 「대용단을 내라」, 신흥우의 「전통의 용맹 보이라」, 이

---

32) 박수현(2006), 184; 임종국(1987), 274-306.

종린의「부형과 학생들에게 고함」, 정구충의「학병이여 잘 싸워라」등을 들 수 있다.33)

1940년 6월 1일『삼천리』는 조선군보도부 육군소좌 포훈(蒲勳)의「지원병제도와 반도인에 희망함」이라는 글을 싣고 지원병제도가 조선인들이 비로소 황국신민이 될 수 있는 길이라는 것을 강조하였다.

> 무릇 생을 我皇國에 享한 것은 四民 평등으로 국방에 임하는 것임으로 兵役은 국민에 대하여 의무인 동시에 귀중하고도 명예스러운 권리이다. 그리하여 我軍隊는 천황의 御統率하옵시는 황군으로써 동시에 국군인 점에서 더욱 광휘를 발하는 것이다 …
> 陸軍特別志願兵令이 朝鮮에도 시행되어 반도 동포들도 국방의 任에 當할 途를 개척하게 된 일은 실로 경축하여 마지않는다.
> 이 광휘있는 지원병제도의 御採用이 明治천황을 비롯하와 역대 천황이 御敎示하옵신 一視 同仁의 聖慮에 기하는 것임은 말하기도 황송하옵거니와 반도 동포가 적어도 황국 신민으로서 至高至大한 국방의 임무를 負荷하게 된 것에 대해서는 깊이 그 의의를 三省하여 참으로 각오를 새로이 하지 않으면 안 될 줄로 생각한다.
> 나는 本 제도에 의해서 內鮮 一體의 구현에 가장 힘찬 일보를 내여드디게 된 일을 衷心으로 기뻐하는 동시에 특히 제군에게 강조하고 싶은 점을 열거하여 편히 일단의 반성을 원하며 本 제도 御制定의 聖慮에 응하여 받들기를 빌어 마지 않는다.
> 1. 本 제도는 완전한 병역법의 적용은 아니나 지원에 의하여 일단 병역의 榮譽를 질머진 후에는 그 신분의 취급 及 복역에 관해서 일반 징병에 의한 兵員과 동일 무차별한 것이며 또 하사관 혹은 장교에 진급하는 길도 열려 단연 저 歐洲 諸國의 식민지 군대와 같은 것과는 전혀 그 撰을 달리하고 있는 것이다.

---

33) 박수현(2006), 184-185.

2. 일부 人士간에는 今回의 本 제도를 가지고 直時 심하게 말하는 자는 참정권을 云謂하는 자가 있으나 그러한 것은 황군의 본질을 유린하고 또 지원병령의 제정의 취지를 몰각할 뿐만 아니라 한 걸음 나아가서 국방의 任에 當하려는 반도 청년 동포의 숭고한 정신과 순결한 심정을 汚毒하는 바 크다고 생각한다.

3. 반도 동포는 全能을 本 제도를 통하여 최고도에 발휘하여 우으로 폐하의 聖慮에 仰奉하는 동시에 아래로 內鮮 1억 동포의 기대에 어그러지지 않도록 기할 것이다. 그리하여 本 제도의 실시의 성과는 이를 확대하는 바 타당한 기운을 개척하는 楔도 되고 또 나아가서 我 반도 동포가 황국 신민으로서 여하한 임무에도 服할 수 있는 자질의 把持者인 것을 천하에 明證하는 바 鏈鑰이 되게 할 각오가 필요하다고 생각한다.

4. 過般 2회의 지원자의 상황을 종합하여 보면 중류 이상의 가정으로부터는 지원자가 없다고 해도 관계가 없다고 까지 僅少한 것은 실로 유감이라고 생각한다.

적어도 我國의 兵役은 빈부귀천의 차별이 없이 황국에 생을 받은 남자의 本職으로 자랑을 삼을 바이다.

이를 생각할 때 반도의 중견 계급으로 자인하고 스스로 지도적 지위에 서 있는 중류 이상의 가정에서 지원자를 내지 않고 어찌 대중에게 임할 수 있을가. 솔선수범 없이는 민중은 쫓아오지 않을 뿐 아니라 장래 병역에 服하여 심신을 단련하고 훌륭한 良兵 良民이 되어서 고향에 돌아온 청년 동포에게 대하여 과연 면목이 설 수 있을가. 심히 危懼의 念을 금할 수 없다. 이 점을 깊이 숙고해 주기를 원하는 바이다.

지원병제도는 내선일체를 구현할 수 있는 기회이므로 조선의 청년들에게 더 없이 경사스러운 제도라며 지원을 독려하는 글이었다. 이에 친일지식인들은 앞을 다투어 지원병제도를 찬양하고 전쟁협력을 독려하였다.

박수현의 주장처럼 조선 지식인들이 이러한 글을 통해 강조하고 있는 내용은 내선일체와 황민화를 위해서는 실천적 노력이 우선되어야 하고 그 실천이 바로 전쟁협력이라는 것이다. 지식인들은 지원병제, 징병제, 학병제 등 전시동원을 위한 각종 정책이 나올 때마다 이를 내선일체로 나가는 한 과정임을 강조하였다. 이종린은 "육군지원병제는 우리 반도인에게 완전한 국민자격이 부여되려는 첫 시험"이라고 했고, 임효숙은 진정한 내선일체와 황국의 신민이 되기 위해서는 그만한 대가를 치러야 한다고 강조하였다. 진정한 내선일체와 황민화는 전쟁협력과 그 희생을 통해 완수될 수 있다는 것이다. 정비석은 내선일체를 위해서는 일본정신을 배워야 하고 그러기 위해서는 일본정신이 가장 잘 나타나 있는 군대를 가야한다고 주장하였다.

나아가 이들은 조선인이 병역의 의무를 지는 것은 황국신민이 될 수 있는 특권이라며 병역 그 자체를 큰 영광으로 생각하였다. 유진오는 "특별지원병제도는 조선 사람에게 힘을 주는 것"이며 병역은 "단순한 의무가 아니라 특전"이라고 했고, 최재서는 조선인의 병역 의무는 천황이 조선인을 적자로서 신뢰하는 것이라며 감격해 하는 글을 썼다.

친일지식인들은 조선인의 병역 의무를 이광수의 표현대로 "조선사람을 황국신민으로 믿어주신 것"으로 받아들였다. 국민정신총동원 조선연맹 주사로 있던 현영섭은 1940년 7월 『삼천리』에 「우리나라 지원병 제도」라는 글에서 다음과 같이 지원병 지원을 독려하였다.

> 지금 조선은 外地의 취급을 받고 있으나, 영원히 外地가 되는 것이 아니오 어느 시기에는 내지와 동등한 지위를 가지게 될 것을 우리는 예상하고 있다. 지원병제도가 징병제도로, 소학교가 의무교육으로 발전하고, 참정권이 확대(보통 참정권을 代議士제도로만 생각하지만, 朝

鮮人이 知事가 된다든지 中樞院의 參議가 된다든지, 道나 府의 協議員이 된다는 것도 광의의 參政이다)되는 날에는 內地와 조선이 지리적으로 相異할 뿐이오, 절대로 內地 外地의 區別이 없게 되고, 만일 內鮮人이 滿洲에 가서 생활한다 假想하면 朝鮮, 內地, 北海島를 통합하여 內地라고 칭할 수 밖에는 없다. 그런 까닭에 나는 조선이 제2의 內地가 된다고 생각하고 조선이 제2의 內地가 되여야만 內鮮이 合體融和하여 渾然一體로 新日本을 건설하리라고 믿는다 …

外地인 까닭에 지원병제도가 있는 것이오, 內地라면 당연히 의무병제도가 될 것이다. 우리들은 조선통치의 최고목표인 內鮮一體를 우리 민중의 최고 이상이라고 자신하여 자발적으로 內鮮一體운동에 총동원하여 참가하고 있다. 완전한 일본국민이 되리라는 이 신성한 사명을 수행하는 곳에 조선인이(조선민족이) 白耳義人, 和蘭人, 책코人, 波蘭人, 愛蘭人보다도 더 훌륭하고 더 光榮있는 인류평화 달성의 중대사명을 다하고 있고, 금일로부터 우리가 內鮮一體에 매진하는 곳에 신라의 예술과 같은 역할을 정신적으로 표현하게 된다. 즉 약소민족에는 아무도 하지 못하던 용감한 행동을 敢爲하므로써 조선인의 역사적 개성을 창조하는 것이다.

현영섭은 지원병제도는 조선인이 일본인과 동등한 지위를 얻을 수 있는 기회의 첫걸음이라며 많은 조선청년들이 지원병에 지원할 것을 독려하였다. 1944년에는 모든 조선인들을 전쟁에 동원하기 위해 징병제를 실시했을 때 전술한 바와 같이 친일지식인들은 다시 이 정책을 선전선동하기 위해 많은 글을 썼다. 예를 들어 1942년 5월 10일자 『매일신보』는 징병제를 독려하기 위해 이헌구와 최린의 글을 실었다. 당시 보성중학교장 이헌구는 「적성을 보일 기회가 왔다」는 다음과 같은 글을 실었다.

징병제도 실시는 국민으로서 당연한 일일 줄로 안다. 이제껏 조선은 지원병제도가 실시는 되어 있었지만 병역 한 가지만은 완전히 문이 열려 있지 않았었는데 이제야 우리가 얼마든지 적성(赤城)을 다할 기회는 온 것이다. 다 함께 기뻐할 것은 물론 삼가 황은의 홍대무변(鴻大無邊)하옵심에 감격하여 마지않는 바이다.

우리 학교로서 소화 14년(1939년)에 사립 중등학교로서 처음으로 교련을 실시하여 15년부터는 군사교련을 실시하여 오는 중인데 이제는 정식으로 배속장교의 배치가 있기를 바라고 있다. 우리 학교 졸업생 중에는 이미 이응준(李應俊) 대좌를 비롯하여 이강우(李絳宇) 소좌가 현역으로 있으며, 최근은 학생 중에도 사관학교 지원이 많은 것도 지금의 징병제도 실시와 함께 모두 반가운 현상일 줄로 안다.

당시 조선임전보국단장 최린은 「있는 힘을 다 바치자」라는 제목으로 다음과 같이 징병제 독려의 글을 실었다.

우리들 동포들은 벌써부터 이 일생을 두고 잊지 못할 이 날 오기를 얼마나 기다리고 있었느냐. 이것이야말로 미나미[南次郞] 총독을 비롯하여 중앙요로에서 이 우리들의 기대를 이루어준 것으로 여러분의 노력에 대하여는 진심으로 감사를 올리는 바이다.

우리들 반도 민중은 창씨도 하였고 기쁜 낯으로 제국군인이 되어 무엇으로보나 황국신민이 된 것이다. 이제부터는 있는 힘을 다하여 연성을 쌓아서 군국(君國)의 방패로서 부끄럽지 않은 심신을 만들어두지 않으면 안된다.

1943년 10월 일제는 「조선인학도육군특별지원병제도」를 발표하고 학교에 대하여 지원특례를 주는 방법으로 이를 강요하였다. 친일지식인들은 『매일신보』를 통하여 학병을 권유하는 글들을 게재했다.[34] 전술한 바와

---

34) 국사편찬위원회. 2001. 『신편 한국사: 전시체제와 민족운동』 50, 261.

같이 당시 세브란스의전 명예교수였던 오긍선은 『매일신보』 1943년 11월 5일자에 「주저말고 곧 돌진하라」는 글을 실었다. 학도병 지원병 제도는 이제 일본인과 동등한 지위인 황국신민으로 인정해준 것이니 감사의 마음을 가지고 출전하길 바란다는 내용이었다. 보성전문학교장이었던 김성수는 「황민됨의 책무는 크다」는 글을 『매일신보』 1943년 11월 6일자에 게재하였다. 그는 대동아전쟁에 참전하는 것은 조선의 미래를 위해서도 절대적인 일임을 강조하였다.

> 만일 제군이 금차(今次) 대동아 성전에 치참(馳參)치 못하고 대동아 신질서 건설이 우리의 참가 없이 완수된 날을 상상하여 보라. 우리는 대동아에서 생을 받았으면서 썩은 존재로서 이 역사적 시대에 영원히 그 존명을 찾을 수 없게 될 것이다. 제군은 비록 이 성전의 전열로부터 빠져 나와 개인의 조그마한 생명을 보전하고 있을는지 모르겠으나, 제군의 뒤를 이어 이 땅에 생을 받은 제군의 동생과 누이들은 어떻게 될 것인가. 제군은 실로 반도의 미래에 대한 절대(絶大) 한 의무를 지고 있다 …
> 이 매진 앞에 제군이 천재일우의 호기를 잃어버리고 그로 말미암아 반도가 이에 뒤떨어질 때 우리는 대동아 건설의 1분자는 그만두고 황민으로서 훌륭히 제국의 1분자가 될 수도 없을 것이다. 제군이 위에 말한 의무를 다할 때에 비로소 제군은 제군이 이 땅에 살아 있을 것이고 제국의 1분자로서 내지와 조금도 다름없는 빛나는 대우 즉 권리를 얻을 수 있는 것이다.

즉 김성수는 출전을 하는 길만이 유일한 황국신민이 되는 길이며, 조선의 미래를 보장받는 길이라고 주장하였다. 양주삼은 『매일신보』 1943년 11월 8일자에 「적국의 학생병을 치자」라는 글에서 "반도의 과거의 문약을 일소하고 무의 전통을 이곳에 창조하게 되는 것"이 곧 학도병 출전이라고 주장하였다. 윤치호는『매일신보』1943년 11월 17일자에「총 출진하라」는 글을 통해 "대동아 신질서 건설을 위하여 다시 말하자면 세계의 유신을 위하여 궐기하지 않으면 아니된다는 것을 몇 번이고 강조하고 싶다"고 하면서 학도병으로 출전하는 것은 세계를 새로운 사회로 바꾸는 혁명적인 일에 참여하는 길이라고 주장하였다.

일제의 정책, 친일지식인들의 학도병 독려 등에 의하여 많은 학생들이 학도병으로 출전하였다. 일제는 1943년 11월 20일까지 조선인 학도지원병의 지원마감에 따라 학병적격자 7,200명의 명단을 작성하였는데, 이중에서 1944년 1월 20일 4,385명이 일본군에 입대하였다.[35]

3. 단체를 통한 친일활동

친일지식인들은 친일단체를 조직하여 강연회를 개최하고 연설, 가두행진 등을 통해서 일제의 전시정책에 적극적으로 참여하는 길만이 조선, 아시아, 전세계를 위한 중요한 일이라는 것을 선전 선동하였다.

송건호가 조사한 단체를 나열해보면 다음과 같다. 1937년에 조직된 단체로는 1월 31일에 방송선전협의회, 조선부인연구회, 5월에는 조선문예회와 조선군사후원연맹, 8월에는 애국금차회 등을 들 수 있다.[36]

방송선전협의회는 조선총독부 사회교육과가 주동해서 발족시킨 기구이며, 당시 제2부 방송인 조선어방송을 통해 조선민중에게 황민화를 위한

---

35) 국사편찬위원회(2001), 261.
36) 송건호. 2002.『송건호전집4: 한국현대사 2』. 서울: 한길사, 134-135.

일종의 교육강좌를 실시했다. 이 교육강좌에 참여한 대표적인 친일인물들로는 수양강좌에 권상로, 부인강좌반에는 고황경, 김활란, 서은숙, 송금선, 손정규, 이숙종, 상식강좌에는 서춘, 송문헌, 안동혁, 이응준 등이었다.

조선부인연구회는 조선총독부 학무국 알선으로 생긴 단체였다. 이 연구회의 목적은 신진여성을 위한 동원, 생활개선, 부인수양 등을 연구, 토의, 실천, 계몽 등이었으며, 상무이사는 김활란이었다. 마찬가지로 조선총독부 학무국 알선으로 조선문예회가 조직되었다. 주도한 인물은 이광수, 최남선 등이었다. 이 조직은 레코드, 연극, 영화, 라디오 등 문예 각 방면으로 교화, 선도하여 총독정치의 목적을 달성하기 위한 것이었다. 회원은 일본인 17명, 조선인 14명으로 박영철, 방응모, 양주동, 이상협, 현제명, 홍난파 등이 참여하였다.

애국금차회는 귀족칭호를 받은 자 즉 조선사회의 유명인 부인들 중심으로 결성되었으며, 금비녀 등을 헌납하자는 여성단체였다. 회장에는 윤덕영의 부인 김복수, 간사로는 고황경, 송금선, 김활란 등이 담당했다. 조선군사후원연맹은 일본군 후원을 위한 단체로서 회원단체 23개 중 한국인으로는 정구충, 방응모, 백관수, 오긍선, 이상협, 한상룡 등이 포함되어 있다. 국민정신동원조선연맹은 조선 사회 각 단체의 대표자들이 총독부의 알선으로 몇 차례 회합을 가진 후 자발적으로 후방 봉사활동을 목적으로 결성되었다. 1938년 6월 22일 59개 56명 단체의 대표들이 부민관에 모여 임원을 결정했는데 다음과 같다.

　　　이사장: 겐바라 토키사부로(총독부 학무국장)

이사: 김대익, 김성수, 김활란, 민규식, 박영철, 박흥식, 윤치호, 조병상, 최린, 최창학, 한상룡 등 조선인 17명, 일인 21명

1938년에는 시국대응전선(全鮮) 사상보국연맹이 권충일, 박영희의 주도로 결성되었다. 이 두 사람은 1938년 6월 20일 일본 동경에서 전향자대회에 참석했다. 이들은 돌아와 1938년 7월 24일 부민관 중앙당에서 연맹 결성식을 거행하고, 연맹 위원으로 권충일 등 9명, 경성지부 임원으로 권충일, 고경흠, 박영희, 유영기, 윤기정, 현제명 등 조선인 19명, 일본인 12명, 대전지부 이봉수, 인천지부 갈홍기 등을 선임하였다. 이 연맹은 비전향자를 전향시키기 위해 생업문제 등을 알선해주었다. 그 결과 11월에 23명, 12월에 198명을 전향시킬 수 있었다. 이 조직은 비전향자의 포섭과 함께 군인원호행사, 신사참배 등 사상보국에도 많은 노력을 기울였다. 1940년 12월 28일에는 재단법인 '대화숙'으로 조직을 통합 변경했다.[37]

종교계의 친일활동을 살펴보면 다음과 같다. 불교계에서는 1937년 2월 26일에서 27일에 개최된 조선불교 31본산주지회에서 조선불교를 대동단결시켜 국민정신진흥운동에 앞장설 것을 결의했다. 그 후에는 북중국의 일군을 위문하는 등 시국행사에 참여했다. 천도교에서는 1937년 7월부터 천도교청년단이 시국행사에 적극 참여하였다. 유교에서도 1937년 9월 조선유림연합회를 결성하여 황도천명, 황군후원, 국위선양 등에 앞장섰으며, 1939년 10월 16일 부민관에서 전조선 유림대회를 개최하여 유도황민화체제를 갖출 것을 선언하였다. 이 대회에 미나미가 참석하였으며, 윤덕영이 회장으로 취임했다.[38]

---

37) 송건호(2002), 136-137.
38) 송건호(2002), 137-138.

1940년 10월 16일에는 국민총력조선연맹이 발족되었다. 1941년 12월 10일에 이 조직 주최로 '결전보국 대강연회'가 개최되었다. 신흥우는 「세계의 교란자는 누구냐」, 장덕수는 「적성국가의 정체」, 조병상은 「아등(我等) 궐기(蹶起)의 추(秋)」, 이성근은 「신동아건설과 조선」, 윤치호는 「결전체제와 국민의 시련」 등의 주제로 강연에 나섰다. 신흥우는 "제군들은 모든 것을 다 바쳐 이 성전을 완수하지 않으면 오직 멸망이 있을 뿐"이라고 열변을 토했다.39)

1941년 8월 24일에는 흥아보국단이 조직되었으며, 다음날인 25일에는 임전대책협의회가 발족하였다. 흥아보국단의 강령은 황국정신의 앙양, 강력한 실천력의 발휘, 시국인식의 철저와 이의 대책결의, 근로보국의 실행 등이었다. 위원장은 윤치호, 상무위원으로는 윤치호, 한상룡, 고원훈, 민규식, 김연수, 박흥식, 조병상, 이성근, 원덕상, 정교원, 김사연, 이승우, 양주삼, 이병길, 서광설, 현준호, 이기찬, 방의석, 김명준 등이었다. 경기, 충북, 충남, 전북, 전남, 경북, 경남, 강원도, 황해도, 평남, 평북, 함남, 함북 등에도 도의원이 선임되었다.

임전대책협의회는 신흥우의 사회로 개최되었다. 최린, 이성근, 이진호, 한상룡, 신흥우, 장덕수, 조병상, 이광수, 박흥식, 한규복, 김성식, 이종린, 이승우, 주요한 등 4백여 명의 조선 명사들이 부민관에 모였다. 윤치호는 이날 "우리는 황국신민으로서 일사보국(一死報國)의 성(誠)을 맹세하여 임전국책(臨戰國策)에 전력을 다하여 협력할 것을 결의함"이라는 결의문을 낭독하였다. 이어 장덕수의 발의로 황군감사전보문 채택, 다시 주요한의 동의로 임전대책협의회를 상설기관으로 할 것을 가결한 후 실전위원 35명

---

39) 김학민, 정운현 엮음. 1993. 『친일파 죄상기』. 서울: 학민사, 51-56.

을 선출하였다. 강령은 물질 노무 공출의 철저화, 국민생활을 최저표준에
인하, 전시봉공의 의용화 등이었다. 1941년 9월 4일에는 부민관에서 임전
대책 대연설회를 개최하였다. 윤치호는 「극동의 결전과 오인(吾人)의 각
오」, 최린은 「읍소(泣訴)」, 이성환은 「애국의 지성과 그 기회」, 박인덕은
「승전의 길은 여기에 있다」, 신태악은 「동경·대판은 이렇다」, 신흥우는
「태평양 풍운의 전망」, 이종린은 「30년전의 회고」, 김동환은 「송화강수
여 말하라」 등의 주제로 연설하였다. 최린이 그 날 했던 「읍소」 내용은 다
음과 같았다.[40]

> 우리 조선사람은 시국인식이 아직도 부족하다. 또한 말보다 실천이
> 급무이다. 지금 당면한 시국은 동아공영권 확립과 신동아 건설에 있는
> 바 우리 민중은 이 목적을 위하여 최선을 다하지 않으면 아니되겠다.
> 지금 미국이 상투적으로 말하는 민족자결주의에 속아 넘어가서는 아
> 니되겠다. 미영지도하에 세계평화는 영구히 바랄 수는 없다. 지난번
> 근위(近衛) 수상의 메시지 내용이 어떠한지 알 수 없는 바이지만, 내가
> 만일 메시지를 보낸다면 '일본의 실력과 국책과 대화(大和) 정신을 미
> 국 대통령이여! 다시 인식하라'고 보내고 싶다. 조선 사람은 내지인에
> 비하여 '희생심'이 부족하다. 이 비상시국에 반도 민중의 희생적 각오
> 를 한 번 더 강조한다.

윤치호는 조선인들은 광영의 적자로서 일본 천황에게 몸을 바쳐야 한
다고 소리 높여 외쳤다. 연설이 끝난 후에 '이로써 실천으로'라는 슬로건
을 내세우고 회원 70여명과 함께 채권 거리행진에 나섰다. 70여 명을 시
내 11개 장소로 배치시켜 각 채권을 들고 나서서 "총후봉공은 채권으로부

---

40) 김학민, 정운현(1993), 31-34.

터"라고 외치며 거리행진을 진행했다. 종로대, 광화문대, 서대문대, 황금정대, 남대문대, 본정대, 명치정대, 경성역대, 종로 4대, 동대문대, 청량리대, 연락본부 등으로 구분하였다.[41]

1941년 12월 22일에 위의 흥아보국단과 임전대책협의회를 합병하여 임전보국단을 조직하였다. 임전보국단 준비위원회는 결성식을 앞두고 각도에 유세대를 파견하였다. 각도 유세대는 춘천읍, 대전부, 청주읍, 해주부, 평양부, 신의주부, 함흥부, 청진부, 대구부, 부산부, 진주부, 광주부 등이었다. 결성대회 개최 시 고원훈이 좌장을 맡았으며, 이성환이 경과를 보고하였고 이어 임전보국단의 취지, 강령, 규약 등이 결정되었으며 임원이 선정되었다. 단장에는 최린이 추대되었다. 각도 지부로는 평북지부, 경북지부, 함북지부 등이 결성되었다.[42] 이외에도 친일지식인들은 1945년 8월 해방될 때까지 많은 친일단체를 조직하여 활동하였다.

---

41) 김학민, 정운현(1993), 35-36.
42) 김학민, 정운현(1993), 37-41.

제 6 장

결론

　망국 이후 민족의 독립과 해방이 최대의 과제가 되었다. 이 장에서는 사대와 자주의 관점에서 기존 질서의 유지자였던 유교지식인의 자주독립노선, 근대 민족 지식인들의 자주독립노선, 그리고 친일지식인들의 친일사대주의노선을 살펴보았다.

　유교지식인들의 자주독립노선은 다음과 같았다. 1910년 대한제국이 멸망하자 유교 지식인들은 큰 충격을 받았고 자존감 상실로 이어졌다. 국권을 상실한 다음날부터 전국 유림들이 자정순국으로 생을 마감했다. 그 해에 이 길을 선택한 유림들은 38명에 이르렀다. 이외에 상소, 망명, 투서, 서원, 항일사적에의 정기 향사 등 다양한 방법으로 항일운동을 전개하였다. 이중에서 가장 강력한 항일의 양상은 의병투쟁이었다. 유림들은 복벽론을 제기하면서 독립의군부를 결성하였으나 1914년 일제에 의해 그 조직이 파괴당하고 말았다.

　국내에서 항일유림세력 조직이 거의 궤멸되었기 때문에 1919년 3·1운동이 일어났을 때 유림세력은 민족 대표 33인에 포함되지 못했다. 김창숙은 유림이 국가적 사명을 다하지 못해서 나라가 망했는데 다시 광복운동에서도 유림이 빠진 것은 정말 부끄러운 일이라며 개탄했다. 이에 그는 유림이 파리강화회의에 대표를 파견하여 국제여론의 환기로 독립을 인정받을 수 있다면 유림도 광복운동의 선구가 될 수 있다고 동지들에게 제안했다. 그리하여 김창숙은 1919년 3월 파리강화회의에 '儒敎徒呈巴黎和會書'로 명명된 '한국독립청원장서'를 가지고 조선의 독립 문제가 의제에 상정되도록 추진하는 역할을 맡았다.

김창숙은 1차 유림단 의거 이후 식민당국에 의해 국내 유림들의 구속과 체포가 이루어지자 상해로 망명하여 손문(孫文)을 만나 조선독립을 위한 중국의 협력과 지원을 얻어내고 상해의 대한민국임시정부를 지원하기 위해 모금운동을 전개했다. 이후 김창숙은 대한민국임시정부 수립과 활동에 참여하여 외교활동을 전개했지만 국내 유림세력의 지원미비로 인해 중국 혁명인사들에게 지원을 요구할 수 없었다. 중국 혁명인사와 군벌에 대해 직접 현장에서 경험한 김창숙의 입장과 국내 유림의 기대와는 괴리를 갖는 것이었고 2차 유림단 의거에 가서야 중국에 대한 기대감에서 탈피하게 된다. 이로 인해 중국현실을 체험한 김창숙뿐만 아니라 국내 유림세력 역시 중국에 대한 전통적인 동질성과 지원 기대에서 독립에 강조점을 둔 자조의 방향으로 전환하였다. 그 결과 2차 유림단 의거로 이어졌다.

2차 유림단 사건은 1925년 김창숙이 국내로 복귀하여 영남유림을 중심으로 의병양성의 군비모금을 진행했던 일이다. 2차 유림단 의거도 내부의 비협조와 실망감, 식민당국의 검거로 인해 좌절되었다. 이후 김창숙은 의열투쟁을 더 강조하게 되었다. 김창숙은 의열투쟁을 위해 나석주에게 무기와 행동 자금을 제공하였다. 김창숙은 14년형을 선고받았으나 1934년 9월 병의 악화로 풀려났다. 이후 그는 일제의 정책에 끝까지 저항하였다.

근대민족지식인들의 저항논리는 대동단결선언에 잘 나타나 있었다. 이 선언에서 보면 순종이 삼보(토지·인민·주권)를 포기한 8월 29일은 민족 전체에게 삼보를 계승한 8월 29일이므로 대한제국의 완전한 상속자라고 선언하였다. 황제가 한민족 전체에게 주권을 상속한 것이므로 일제가 주권을 양도받았다는 것은 근본적으로 무효라고 주장하였다. 그러므로 민족 전체가 당연히 이 삼보를 계승하여 통치할 특권이 있고 또 대통을 상속할 의무가 있다고 선언하였다. 삼보는 민족 고유의 것임을 천명한 것이었다. 그러므로 이들의 자주독립노선은 황제가 국민에게 주권을 양도한 것이므로 국민 스스로 나라를 이끌어가고 성취를 이룩해야 한다는 것이었다. 이에 전 조선인은 1919년 3·1운동을 일으켜 주권은 국민에게 있음을 천명하였다. 만주 길림에서는「대한독립선언서」를 발표하였다. 이 선언에서 '대한은 완전한 독립'이고 '민주의 자립국'이며 '융희황제'가 주권을 포기한 것은 곧 국민에게 주권을 넘긴 것이라고 선언하였다. 4월 15일 평북과 선천 일대에「임시정부선포문」과「임시정부령」1, 2호가 뿌려졌으며, 23일 종로 일대에서도「임시정부 선포문」과「국민대회취지서」가 뿌려졌다. 이 외에도 공화정 국가의 수립을 알리는 전단들이 산포되었다. 이에 근대민족지식인들은 전 민족의 동의를 얻어 1919년 상해에서 통합 대한민국임시정부를 수립하였다. 1931년 만주사변, 1937년 중일전쟁 등으로 일본이 중국 대륙을 침략하자 임시정부는 여러 곳을 옮겨 다녔으며 1940년 중경에 안착하고 한국광복군을 창설하였다. 일본이 태평양전쟁을 일으키자 한국광복군도 선전포고를 하고 전쟁에 참전하였다. 민족주의 지식인들은 1910년 8월 29일은 망국의 날이 아니라 국민에게 주권을 상속한 날이라고 생각했기 때문에 36년간 좌절하지 않고 독립운동을 지속할 수 있었던 것이다.

이에 반해 사대주의 친일지식인들은 1919년 3·1운동 이후 일제가 무단통치에서 문화통치를 표방하자 일본 문화주의를 수용했다. 이 시기부터 본격적으로 선실력 후독립을 요구하는 실력양성론이 제기되었다. 최남선, 김성수, 이광수 등은 식민당국과 정치적으로 타협하고 협력하여 민족이 독립할 수 있는 실력부터 길러야 한다고 주장하였다. 그래서 민족성을 개조하고 조선인 각자가 근대 서구적 시민으로 다시 태어나야 할 것과 조선총독부의 정책에 더 적극적으로 참여할 것을 주장하는 민족개조론과 자치론을 전개했다.

그러다 1937년 중일전쟁을 기점으로 일본이 계속 승전하리라고 내다본 친일지식인들은 조선의 독립이 이제는 불가능하다고 생각하였다. 일제는 1929년 세계적인 대공황으로 경제적인 타격을 받자 이를 위한 타개책으로 1931년 만주사변을 도발하였다. 이후 일제는 중일전쟁, 태평양전쟁으로 전쟁을 확대시켜가는 과정에서 조선을 병참기지로 만들기 위해 노력하였고, 조선인을 전쟁에 총동원시키기 위하여 '내선일체'를 표방하면서 황국신민화 정책을 추진하였다.

1936년 12월 12일에는 「조선사상범보호관찰령」을 공포하여 조선인들의 사상을 통제하기 시작했다. 당시 조선인들 중 일부 지식인들을 제외하고 대부분의 조선인들은 유언비어를 통해 자신의 정치적, 사회적 입장을 표현했다. 일제는 조선인들의 전시협력을 위한 사상적 결속을 저하시킨다는 이유로 전시 유언비어를 강력하게 단속하였다. 1939년 4월 24일 조선총독부는 각도경찰부장회의에서 실행사항 중 첫 번째로 조선인들의 사상을 철저히 단속하는 것이 중요한 일임을 강조하였다.

일제의 전시통제하에서 대부분 조선인들은 유언비어를 통해 일제의 정책에 균열을 내고 있었다. 일제는 일반 조선인들을 통제하기 위하여 친일지식인들을 이용하였다. 친일지식인들을 동원하여 일제의 전시정책을 선전 선동하였다. 일제는 일반 조선인들을 전시체제에 총동원하기 위하여 명망있는 친일 조선지식인들을 이용하였던 것이다. 친일 조선지식인들은 순회강연, 잡지나 신문 등을 통해 일제의 정책을 소개하거나 그 정당성 등을 주장하며 일제의 정책에 자발적으로 동참할 것을 소리 높여 외쳤다.

　첫째로 대동아공영권을 주장하였다. 대동아공영권은 동아협동체론에서 보다 더 발전한 개념이었다. 동아협동체론 주장은 1937년 중일전쟁 발발 이후에 나타났다. 이와 같은 주장이 나온 것은 중일전쟁의 전선이 교착상태에 빠지고 장기화의 조짐이 보이자 중국과의 새로운 관계를 모색하기 위해 나온 것이었다. 고노에의 1차, 2차, 3차 성명으로 나타났다. 1938년 1월에 발표한 1차 성명에서는 '장제스[蔣介石]의 국민정부와 상대하지 않겠다'는 성명을 발표하였다. 11월에는 1차 성명을 완전히 뒤엎는 2차 성명을 발표하였다. 일본의 전쟁 목적이 동아신질서 건설이며 국민정부가 이에 참가한다면 환영하겠다는 내용이었다. 이어 12월에는 '선린우호', '공동방공', '경제제휴' 등을 주요 내용으로 하는 3차 성명을 발표하였다. 이러한 일본정부의 새로운 정책 발표는 왕자오밍[汪兆銘]의 남경정부 수립을 가져왔다. 이와 같이 고노에 2차 성명에서 동아협동체론이 등장하였다.

　일본에서 동아협동체가 공식 담론으로 등장하자 조선의 친일지식인들 사이에서도 이를 둘러싸고 논의가 즉시 이루어졌다. 당시 일제의 정책에 순응하던 잡지『삼천리』는 동아협동체론이 등장하자 1939년 1월호 신년사에 「동아신협동체의 신건설」이라는 제목으로 동아협동체론을 소개하였다. 영미제국주의로부터 중국의 완전한 해방을 위하여 일만지(日滿支) 3국이 자주적인 동아협동체의 신건설을 이루어야 한다고 주장하였다. 같은 호에서 좌담 「시국원탁회의」와 특집 「동아협동체와 조선」을 실었다. 좌담에서는 내선일체론, 국내혁신문제, 조선인의 금후 진로, 동아협동체에 대한 우리들의 임무 등을 주제로 삼았다. 같은 호 특집으로 실은 「동아협동체와 조선」에는 김명식, 인정식, 차재정 등의 글이 실려 있다. 이들은 쇼와연구회의 동아협동체론을 적극적으로 받아들였다. 김명식은 신건설의 본질은 동방도 아니고 서구도 아닌 이를 뛰어넘는 세계성을 가지는 것이라고 보았다. 인정식은 동아재편성이란 동아협동체 혹은 동아연방체 결성을 가리키는 것이고, 경제적으로는 일만지 블록 경제의 확립, 정치적으로는 경제적 목표를 달성하기 위한 동아협동체 결성을 의미하는 것으로 받아들였다. 동아협동체란 서구 제국주의 침략을 배제하는 것이지 서구인 자체를 배척하는 것은 아니라고 보았으며, 동아의 고유한 문화를 중심으로 해서 서구문명을 선택적으로 받아들여 동양문명을 발전시키는데 있다고 보았다. 차재정은 동아신질서는 동아제민족의 신생활질서이며, 동아신질서 수립의 담당자이자 주체인 일본의 내부인식을 통해서만 도달할 수 있을 것이라고 주장했다. 같은 호에 김동환, 박영희, 김기진이 참석한 「전쟁문학과 조선작가-전쟁과 문학과 그 작품을 말하는 좌담회」에서 김동환은 "결국 제반 문제가 동아신협동체의 건설에 있으니까 그 협동체의 정치적 윤곽이 좀 더 분명하여지지 않고는 문학자로서의 활동도 그렇게 적극적이 될 수 없지 않을까요"라며 더 이상 논의를 진전시키려 하지 않았다. 동아협동체론은 그 이후 더 이상 논의되지 않았다. 동아협동체론의 지지자였던 고노에가 1939년 1월 총사직하자 일본에서는 더 이상 논의되지 않았다. 오히려 많은 비판을 받았다. 조선에서도 더 이상 동아협동체론에 대한 언급이 없었다. 그러다 1940년 7월 고노에가 다시 총리대신으로 취임한 이후 동아협동체론에서 더 확장된 개념인 대동아공영권이 공식적으로 등장하였다. 1940년 7월 26일 제2차 고노에 내각은 대동아공영권을 구상하는「기본국책요강」을 발표하였다. 이 요강에서는 일만지(日滿支)의 강고한 결합을 축으로 한 "대동아 신질서를 건설"이라고만 표현하였으며 '대동아공영권'이라는 용어는 등장하지 않았다. 공식적인 용어로 '대동아공영권'이 등장한 것은 8월 초 이 요강을 설명한 외무대신 마쓰오카 요스케[松岡洋右]의 언론담화에서였다. 그는 세계평화의 수립에 공헌하기 위해 "황도의 대정신에 따라 우선 일만지를 일환으로 한 대동아공영권의 확립"이 필요하다는 것을 주장했다. 이로써 대동아공영권은 1940년대의 대표적인 이념으로 제창되었다.

대동아공영권의 지역적인 범위는 일본·중국·만주를 중축(中軸)으로 하여 인도·미얀마·타이·말레이시아·보르네오 등의 프랑스령 인도차이나, 동인도·오스트레일리아·뉴질랜드 등의 네덜란드령 등이었다. 1941년 12월 10일 일본은 진주만 습격으로 태평양전쟁을 일으킴으로써 이 전쟁을 대동아전쟁으로 부르기로 결정하고, 12일에는 '대동아 신질서 건설'이 전쟁의 목적이라고 주장하였다.

대동아공영권이 일본의 국책으로 설정되자 조선의 친일지식인들은 이와 같은 신체제를 예찬하고 그 정당성과 실천방안 선전을 위한 많은 활동을 전개하였다. 예를 들어 최린은 국책요강을 정리하면서 조선인이 취해야 하는 것은 일본 정부가 제시한 국가 대방침에 순응하고 기존의 개인주의·자유주의 정신을 버리고 국가주의·전체주의에 따를 것을 주장하였다. 서춘은 1941년 2월호『신시대』에「조선과 총력운동」을 통해 "신민이 각각 자기가 처해 있는 그 자리에서 사리사익보다 국가의 이익을 표준하여 국가에 유리하도록 하는" 직역봉공의 신윤리·신도덕을 강조하였다. 이를 통해 자유주의, 개인주의 토대에서 수립된 "제도, 기구, 윤리, 도덕" 등이 국민으로부터 일소된다고 주장했다. 1941년 12월에는 동양지광사(東洋之光社) 주최로 「미영타도좌담회」가 개최되었다. 이 좌담회에 참석한 박희도는 일제가 국책으로 삼은 대동아공영권 건설 제창을 영미제국으로부터 짓밟힌 인격권과 생존권의 원상회복을 위한 전쟁으로 받아들이고 오히려 미국을 죄악에서 구원해주는 성전으로 여겼다. 이러한 인식하에서 친일지식인들은 일제가 주장하던 내선일체와 병참기지론을 적극 주장하며 모든 조선인들이 이에 적극적으로 앞장설 것을 요구했다.

일제는 동아협동론과 대동아공영권 건설을 주장함과 동시에 조선인들에게는 내선일체를 강조하기 시작했다. 1936년 8월에 부임한 미나미 총독은 중일전쟁 발발 직후인 1938년 1월 도지사회의에서 조선통치의 목표는 "반도의 일본화, 즉 내선일체의 구현"에 있고 그 목표를 달성하기 위해 조선인 지원병제도 실시, 교학쇄신 및 확충을 하고 싶다고 천명하였다. 미나미 총독은 조선과 일본은 심신 모두가 일체가 되어야 한다는 내선일체를 강조하였다. 내선일체는 전쟁동원을 위해 두 민족의 혈연적 친연성을 강조하였다. 이를 주장한 일본인들은 미나미 총독과 그의 심복인 시오바라 학무국장, 그리고 미나미의 뒤를 이은 고이소 총독이었다. 시오바라 국장은 일본인과 조선인은 모두 퉁구스족이므로 완전히 같다고 주장했다. 그는 한일병합이란 것은 일본열도로 건너간 퉁구스와 조선반도에 남은 퉁구스의 환원이라고 말했다. 고이소 구니아키[小磯國昭] 총독은 『고사기(古事記)』에 근거해 일본인과 조선인이 한 조상에서 나왔으므로 일본과 조선은 같은 피를 나눈 민족이라고 주장했다. 조선총독부에서는 내선일체를 역사적으로 증명하고 확산시키는 일에 전면적으로 나섰다. 1938년 9월 6일에 시작해서 9일에 끝난 시국대책조사회에서 이러한 운동을 시작하였다. 1940년 5월 국민정신총동원조선연맹은 「내선일체정의(內鮮一體精義)」란 책자를 편찬했다. 1940년 10월에는 이 조직을 해체하고 국민총력조선연맹을 조직하였다. 이 조직에서는 내선일체를 적극적으로 홍보하였다. 많은 친일지식인들은 조선총독부의 내선일체론 주장을 적극 수용하였다. 일본의 승전이 계속되는 한 일제 식민지 지배로부터의 독립은 어려울 것이라는 생각은 많은 지식인들에게 내선일체론자의 길을 선택하게 하였다.

일제의 승전 가능성은 조선 독립에 대한 절망으로 이어졌다. 일제의 힘에 비해 조선의 힘이 너무 약해서 조선 독립이 어렵다는 입장도 있었고, 중일전쟁 이후 국제정세가 조선에게 유리하게 진행되므로 오히려 독립하지 않는 것이 더 낫다고 생각하는 사람도 있었다. 전쟁이 계속될수록 후자의 인식이 더 강화되었으며 일제가 내선일체 정책을 추진하자 조선인도 천황의 적자가 되었다는 생각을 가졌다. 그리하여 친일지식인의 글에는 내선일체의 의의, 정당성, 실천방향, 내선일체로 인한 조선인의 지위 역할 등에 관한 내용들로 채워졌다. 김용제와 박남규는 일본인과의 결혼을 적극적으로 추진할 것을 주장하였으며, 녹기 일본문화연구소원 현영섭은 조선어는 조선 문화를 저급하게 하고 조선의 발달을 가로 막은 원인이므로 즉각적인 폐지를 주장했다. 사상보국 연맹 간사 김두정은 조선과 일본의 역사적 연관성을 설파한 다음 조선의 부흥도 내선일체의 완성에 의해서 이루어진다고 주장하였다. 김두정은 '내선일체'의 역사적 근거를 들면서, 이를 완성하기 위해서는 민족적 편견을 완전히 없애야 하고 오로지 황민화만이 유일한 길이며 이는 아시아의 부흥을 이루는 길임을 주장하였다.

친일지식인들의 전쟁협력 글은 대부분 일본 침략전쟁 찬양, 조선인의 전쟁협력 독려 등에 관한 것이다. 일본 침략전쟁을 찬양하는 글들은 침략전쟁의 정당성, 일본군 미화와 찬양, 그리고 전황분석과 필승 예견 등이었다. 침략전쟁의 정당성에 대한 글의 주요 내용은 중일전쟁과 태평양전쟁이 아시아 민족의 해방전쟁으로서 대동아 건설의 성전임을 강조하고 영·미 등 서양열강에 대해 비판하는 것이다. 예를 들어 전술한 바와 같이 박희도는 「일본은 왜 전쟁을 하는가」에서 일본의 침략전쟁이 아시아의 인격권과 생존권의 회복을 구하는 전쟁이라며 전쟁의 정당성을 강조하였다. 일본군의 승리를 미화하고 찬양하는 글은 주로 친일문인들이 자신들의 시로 표현하였다. 국제정세와 전황 분석 등을 통해 일본의 필승을 예견하는 글로는 다음과 같다. 구자옥의 「필승은 신의 명령」, 노천명의 「승전의 날」, 서강백의 「세계신질서 건설의 장래」, 성인기의 「수혈로 잃은 장정권」, 신흥우의 「태평양 풍운의 전망」, 유광열의 「쫓겨가는 미영세력」, 「영미소진영의 내홍」, 유진오의 「우리는 반드시 승리한다」, 이용설의 「대동아전쟁 소감」, 이창수의 「지나사전 6주년과 대동아전」, 주요한의 「동양해방」, 함상훈의 「구주대전의 신단계」 등이다. 친일 전쟁 글에서 가장 많은 것이 전쟁협력 독려 글로서 지원병제, 국민징용령, 징병제, 학병제 등 일제의 전시강화 정책이 발표될 때마다 그 의의를 미화하고 조선인의 자세와 역할을 강조하는데 중점을 두었다. 1940년 6월 1일 『삼천리』는 조선군보도부 육군소좌 포훈(蒲勳)의 「지원병제도와 반도인에 희망함」이라는 글을 싣고 지원병제도가 조선인들이 비로소 황국신민이 될 수 있는 길이라는 것을 강조하였다. 지원병제도는 내선일체를 구현할 수 있는 기회이므로 조선의 청년들에게 더 없이 경사스러운 제도라며 지원을 독려하는 글이었다. 이에 친일지식인들은 앞을 다투어 지원병제도를 찬양하고 전쟁협력을 독려하였다. 조선 지식인들이 이러한 글을 통해 강조하고 있는 내용은 내선일체와 황민화를 위해서는 실천적 노력이 우선되어야 하고 그 실천이 바로 전쟁협력이라는 것이다. 지식인들은 지원병제, 징병제, 학병제 등 전시동원을 위한 각종 정책이 나올 때마다 이를 내선일체로 나가는 한 과정임을 강조하였다. 이들은 조선인이 병역의 의무를 지는 것은 황국신민 될 수 있는 특권이라며 병역 그 자체를 큰 영광으로 생각하였다. 유진오는 "특별지원병제도는 조선 사람에게 힘을 주는 것"이며 병역은 "단순한 의무가 아니라 특전"이라고 했고, 최재서는 조선인의 병역 의무는 천황이 조선인을 적자로서 신뢰하는 것이라며 감격해 하는 글을 썼다. 친일지식인들은 조선인의 병역 의무를 이광수의 표현대로 "조선사람을 황국신민으로 믿어주신 것"으로 받아들였다. 국민정신총동원 조선연맹 주사로 있던 현영섭은 지원병제도는 조선인이 일본인과 동등한 지위를 얻을 수 있는 기회의 첫걸음이라며 많은 조선청년들이 지원병에 지원할 것을 독려하였다. 1944년에는 모든 조선인들을 전쟁에 동원하기 위해 징병제를 실시했을 때 친일지식인들은 이 정책을 선전선동하기 위해 많은 글을 썼다.

 1943년 10월 일제는 「조선인학도육군특별지원병제도」를 발표하고 학교에 대하여 지원특례를 주는 방법으로 이를 강요하였다. 친일지식인들은 『매일신보』를 통하여 학병을 권유하는 글들을 게재했다. 당시 세브란스의전 명예교수였던 오긍선은 『매일신보』 1943년 11월 5일자에 「주저말고 곧 돌진하라」는 글을 실었다. 학도병 지원병 제도는 이제 일본인과 동등한 지위인 황국신민으로 인정해준 것이니 감사의 마음을 가지고 출전하길 바란다는 내용이었다. 보성전문학교장이었던 김성수는 「황민됨의 책무는 크다」는 글을 『매일신보』 1943년 11월 6일자에 게재하였다. 그는 대동아전쟁에 참전하는 것은 조선의 미래를 위해서도 절대적인 일임을 강조하였다. 김성수는 출전을 하는 길만이 유일한 황국신민이 되는 길이며, 조선의 미래를 보장받는 길이라고 주장하였다. 양주삼은 『매일신보』 1943년 11월 8일자에 「적국의 학생병을 치자」라는 글에서 "반도의 과거의 문약을 일소하고 무의 전통을 이곳에 창조하게 되는 것"이 곧 학도병 출전이라고 주장하였다. 윤치호는 『매일신보』 1943년 11월 17일자에 「총출진하라」는 글을 통해 "대동아 신질서 건설을 위하여 다시 말하자면 세계의 유신을 위하여 궐기하지 않으면 아니된다는 것을 몇 번이고 강조하고 싶다"고 하면서 학도병으로 출전하는 것은 세계를 새로운 사회로 바꾸는 혁명적인 일에 참여하는 길이라고 주장하였다.

친일지식인들은 친일단체를 조직하여 강연회를 개최하고 연설, 가두행진 등을 통해서 일제의 전시정책에 적극적으로 참여하는 길만이 조선, 아시아, 전세계를 위한 중요한 일이라는 것을 선전 선동하였다. 1937년에 조직된 단체로는 1월 31일에 방송선전협의회, 조선부인연구회, 5월에는 조선문예회와 조선군사후원연맹, 8월에는 애국금차회 등을 들 수 있다. 방송선전협의회는 조선총독부 사회교육과가 주동해서 발족시킨 기구이며, 당시 제2부 방송인 조선어방송을 통해 조선민중에게 황민화를 위한 일종의 교육강좌를 실시했다. 조선부인연구회는 조선총독부 학무국 알선으로 생긴 단체였다. 이 연구회의 목적은 신진여성을 위한 동원, 생활개선, 부인수양 등의 연구, 토의, 실천, 계몽 등이었으며, 상무이사는 김활란이었다. 마찬가지로 조선총독부 학무국 알선으로 조선문예회가 조직되었다. 주도한 인물은 이광수, 최남선 등이었다. 이 조직은 레코드, 연극, 영화, 라디오 등 문예 각 방면으로 교화, 선도하여 총독정치의 목적을 달성하기 위한 것이었다. 애국금차회는 귀족칭호를 받은 자 즉 조선사회의 유명인 부인들 중심으로 결성되었으며, 금비녀 등을 헌납하자는 여성단체였다. 회장에는 윤덕영의 부인 김복수, 간사로는 고황경, 송금선, 김활란 등이 담당했다. 조선군사후원연맹은 일본군 후원을 위한 단체로서 회원단체 23개 중 한국인으로는 정구충, 방응모, 백관수, 오긍선, 이상협, 한상룡 등이 포함되어 있다. 국민정신동원조선연맹은 조선 사회 각 단체의 대표자들이 총독부의 알선으로 몇 차례 회합을 가진 후 자발적으로 후방 봉사활동을 목적으로 결성되었다. 1938년에는 시국대응전선 사상보국연맹이 권충일, 박영희의 주도로 결성되었다.

종교계에서 불교계는 1937년 2월 26일에서 27일에 개최된 조선불교 31본산주지회에서 조선불교를 대동단결시켜 국민정신진흥운동에 앞장설 것을 결의했다. 천도교에서는 1937년 7월부터 천도교청년단이 시국행사에 적극 참여하였다. 유교에서도 1937년 9월 조선유림연합회를 결성하여 황도천명, 황군후원, 국위선양 등에 앞장섰으며, 1939년 10월 16일 부민관에서 전조선 유림대회를 개최하여 유도황민화체제를 갖출 것을 선언하였다.

1940년 10월 16일에는 국민총력조선연맹이 발족되었다. 1941년 8월 24일에는 흥아보국단이 조직되었으며, 다음날인 25일에는 임전대책협의회가 발족하였다. 흥아보국단의 강령은 황국정신의 앙양, 강력한 실천력의 발휘, 시국인식의 철저와 이의 대책결의, 근로보국의 실행 등이었다. 1941년 12월 22일에 위의 흥아보국단과 임전대책협의회를 합병하여 임전보국단을 조직하였다. 이외에도 친일지식인들은 1945년 8월 해방될 때까지 많은 친일단체를 조직하여 활동하였다. 친일지식인들은 힘이 강한 일제에 어떤 의문도 가지지 못하고 무조건 순종하는 것이 조선을 위해서도, 자신을 위해서도 행복한 미래를 가져다준다고 생각했다. 이와 같이 일제 식민지 통치기 조선 지식인들이 조선 독립에 대한 희망을 가지느냐 아니면 좌절하느냐에 따라 자주독립노선과 친일사대노선으로 구분되었던 것이다.

제 3 부

대한민국 정부 수립과 이승만의 대미관

近現代韓國知性史大系叢書 7

제 1 장
서론

  1945년 8월 15일 일제로부터 해방된 이후 한국은 일본이 아닌 미국과 긴밀한 관계를 유지하면서 오늘날까지 그 관계가 지속되고 있다. 오늘날까지 한국과 미국은 동맹관계라고 하지만 사실상 한국은 미국에게 많은 것을 의존하고 있다. 일부에서는 자주와 독립을 강조하면서 미국에 전적으로 의존하는 것을 친미사대주의라며 비난한다. 그러나 한국인들 대다수는 미국을 세계 최강대국으로서 우방이자 보호자로서 여기고 있다.

  한국과 미국은 1882년 조미수호통상조약으로 공식적인 외교관계를 맺었다. 미국과의 공식 관계는 조선이 일본의 식민지로 전락하면서 단절되었다. 그러다 1945년 8월 15일 해방이 미국을 비롯한 연합국이 일본을 항복시킴으로써 이루어졌다. 그랬기 때문에 한국인들은 일제의 식민지로부터 벗어나게 해 준 연합국, 특히 미국에 대해 해방의 은인으로 인식하게 되었다.

  한반도에 진주한 소련군과 미군은 미소공동위원회를 개최하여 한국 문제에 대해 협의했으나 합의에 이르지 못하였다. 당시 국제질서가 냉전세계체제로 전환되면서 한국은 단일정부가 아닌 남북한에 각각 이념이 다른 정부가 들어서게 되었다. 그리고 소련과 미국은 각각 남북한 정부의 후견자가 되었다. 1947년 트루먼 독트린 선언 이후 미국과 소련의 관계는 악화되었다. 이후 미국의 외교정책은 미군정이 점령하고 있던 남한에 크게 영향을 미쳤다. 자주 독립을 강조하던 민족주의세력, 남북협상파, 중도파 등은 더 이상 정치 무대에 나설 수 없었다. 대신에 친미성향이 강한 정치인들이 정치의 중심에 서게 되었고 그 중심에는 이승만이 있었다. 국제질서가 냉전체제로 재편된 상황에서 미국은 남한을 대표하는 지도자로 친미적이고 강력한 반공주의자인 이승만을 지목하고 지원하였다. 이승만이 친미적인 대미관을 가지게 된 것은 19세기말 이후였다. 1899년 고종황제의 폐위음모에 가담하였다는 혐의로 체포된 이승만은 한성감옥에서 옥중생활을 하면서 기독교로 개종하고 친미적인 대미관을 가지게 되었다. 그는 한국의 이상적인 미래를 기독교국가인 미국과 같은 나라로 생각하였다. 이후 그의 친미주의적 대미관은 1948년 대한민국정부 수립 이후 한미관계에 큰 영향을 미쳤다. 여기서 더 나아가 한국전쟁의 경험으로 한국인들의 친미주의적 성향은 더욱 강화되었다. 1980년 광주민주화항쟁 이후 반미운동이 출현할 때까지 대다수의 한국인은 미국을 영원한 우방이자 혈맹국가로 믿었다. 오늘날 친미주의적 대미관을 친미사대주의로 비판하는 일부 한국인들도 있지만 여전히 대다수는 한미동맹의 강화에 더 많은 지지를 보내고 있다. 남한의 친미적 성향은 거의 종교적 수준으로 나타나기도 한다. 오늘날 남한사회가 이렇게 강고한 친미적 경향이 형성되고 강화된 것은 이승만의 대미인식과 한국전쟁 경험과 매우 깊은 관련이 있다고 할 수 있다.

    이 장에서는 사대와 자주의 관점에서 한국 친미주의 형성과 강화의 역사적 과정에 대해서 살펴볼 것이다. 대한민국 정부가 수립된 이후 한미관계는 이승만에 의해 전적으로 운영되었기 때문에 오늘날 한미관계는 이승만의 외교관계에 의해 크게 영향을 받고 있다. 따라서 이승만을 중심으로 이에 대해서 살펴볼 것이다. 이 글에서는 이승만의 친미주의적 대미관 형성 및 강화, 대한민국 정부 수립, 유엔의 정부 승인, 한미상호방위조약으로 이어지는 역사적 과정을 살펴본 후 자주와 사대의 관점에서 이에 대해 논해보고자 한다.

제 2 장

친미적 대미관 형성

이승만은 1895년 배재학당을 다니면서 점차 미국에 대해 호의적인 생각을 가지기 시작했다. 1899년 옥중에서 기독교로 개종하면서 기독교를 전적으로 신뢰한 것과 마찬가지로 미국도 전적으로 신뢰하는 친미적 대미관을 가지게 되었다.

황해도 평산 출생의 이승만이 미국인을 처음 직접 대면한 것은 9세 때였다. 그 때 그는 가족과 함께 서울 도동에서 살고 있었다. 이승만이 가족과 함께 서울로 이주하게 된 것은 1877년이었다. 그는 황해도 평산군 마산면 대경리 능내동에서 부친 이경선과 모친 김해 김씨 사이에서 1875년 3월 26일(음력 2월 19일)에 양녕대군의 16대 손인 5대 독자로 출생했다. 아호는 이승룡이었다. 이승만의 집안은 거의 몰락한 양반 가문이었다. 부친 이경선은 벼슬길을 일찍 포기한 후 가문을 살리기 위해 풍수지리설에 따라 조상의 묘를 이장했다. 그러면서 남아 있는 재산을 거의 탕진해 버렸다. 생계는 모친의 삯바느질과 친척들의 도움으로 유지하였다.[1]

이승만은 가족과 함께 1877년 서울 남대문 밖 염동으로 이사하였다. 1881

---

1) 정병준. 2005.『우남 이승만 연구』. 서울: 역사비평사, 51-57.

년에 낙동으로, 1884년에는 남산 서남쪽 도동으로 옮겼다. 그곳에서 그는 처음으로 미국인과 대면하였다. 이승만은 도동으로 이사한 후인 9세 때 천연두로 시력을 상실하게 되었다. 몇 달 동안 한의사로부터 치료를 받았으나 차도가 없자 이승만의 부모는 주위의 권고로 미국 선교사인 호레이스 알렌(Horce N. Allen)을 찾아 갔다. 치료 3일 만에 시력을 되찾게 되었다. 그로 인해 미국인에 대해 좋은 감정을 가지게 되었지만[2] 기독교와 미국이라는 나라에 대한 호감으로 이어지지 않았다.

『신한민보』1919년 9월 20일자 「이승만 박사의 경력담」에 따르면 당시 한국인들은 길가에서 복음을 전하는 미국 선교사들에 대해 무시하고 경멸하였는데 이승만은 기독교에 대해 "다만 무식하고 빈한한 사람들만 저 선교사들의 말을 들으러 다니고 나는 공자와 석가여래의 일과 이 세상 여러 종교를 다 알지라"라고 생각했다는 것이다. 그 때 한국인들은 선교사들을 '양고자'라고 불렀으며 한국인들이 오래전부터 믿어 오던 신들에게 기독교가 한국에 해를 가하기 전에 망하게 하여 달라고 지성으로 기도했다고 한다. 어린 시절의 이승만은 부모의 영향으로 유교와 불교를 받아들였기 때문에 서양 종교인 기독교에 대해 배타적이었다.

1895년 배재학당에 입학할 당시에도 이승만은 기독교와 미국에 대해서 부정적이었다. 그는 모친에게서 천자문을 배운 후 7세 때부터 낙동서당에서 정식으로 한학을 공부하기 시작했다. 1884년부터는 도동서당을 다니며 과거시험을 준비했다. 그는 13세 되던 해 처음 과거에 응시한 후 1894년 갑오개혁으로 과거제도가 폐지될 때까지 매년 응시했지만 급제하지 못

---

[2] 로버트 올리버(Robert T. Oliver). 1979. "내가 아는 이승만박사." 『신동아』. 서울: 동아일보사, 464.

했다. 1894년에 발발한 청일전쟁으로 일본이 승리하자 이승만은 세상이 바뀐 것을 크게 깨닫고 영어와 신학문을 배우기 위해 1895년 배재학당에 입학하였다. 일본의 승리는 동아시아 질서의 혁명적 변화를 초래했다. 경제사학자 이영훈의 주장과 같이 조선이 서유럽문명, 기독교문명, 해양상업문명으로 편입되는 출발점이었다고 할 수 있을 것이다.3)

이승만은 이와 같은 동아시아 질서의 변화를 크게 자각하고 배재학당에 입학했던 것이다. 1958년 11월 16일 이승만은 우남학관 낙성식에서 자신이 왜 배재학당에 입학했는지에 대해 다음과 같이 설명했다.

> 70년전 이 학교에 들어와서 영어를 배우고자 했는데 그 때는 일청전쟁이 끝난 뒤로서 정부에서는 이 학교를 반공립으로 해서 한문과 영어와 각국 어학을 가르쳤던 것이오 그 당시 형편으로서는 외국 사람들이 들어와서 상업을 한다 종교를 선포한다 하면서 대포와 기타 군기를 가지고 들어와서 땅을 점령하여서 아세아 사람들은 세계 사정이 어둡고 아세아는 주인없는 딴 세상이 되었으므로 영어를 공부해서 세계사정을 알 필요가 있었던 것이오.

위 글에서 나타난 바와 같이 이승만은 미국 선교사들이 아시아에서 종교를 전한다고 하면서 제국주의 열강의 첨병 역할을 하고 있다고 생각했던 것이다. 이와 같이 배재학당에 입학할 당시에 이승만은 기독교와 미국에 대해서 부정적인 입장을 가지고 있었다. 그가 배재학당에 입학한 이유는 앞 인용문에서 살펴본 바와 같이 청일전쟁 이후 바뀐 동아시아 정세를 비롯하여 세계정세를 파악하기 위해 영어를 배우고자 한 것이었다.

---

3) 이영훈. 2007. 『대한민국이야기』. 서울: 기파랑, 64.

이승만이 배재학당에 입학한 것은 1897년 7월이었다. 배재학당은 1895년 4월 미국 감리교 선교사 아펜젤러(Henry G. Appenzeller)에 의해 설립되었다. 이승만은 배재학당 영어과에 다니면서 의무적으로 출석해야 하는 아침예배도 참석하였다. 미국선교사들로부터 미국독립전쟁사 혹은 건국사, 남북전쟁사, 노예해방, 그리고 법치주의 원칙 등을 배웠다. 이승만은 배재학당에 입학할 당시만 해도 영어 한가지만을 배우는 것을 최고의 목적으로 생각하였으나 그곳에서 교육을 받으면서 정치적 자유의 개념을 배웠다. 이승만은 입학한지 6개월 만에 뛰어난 실력을 발휘하여 배재학당 영어 조교사로 발탁되었다. 미국 장로교 여성 의료 선교사 화이팅(Georgiana E. Whiting)과 재콥슨(Anna P. Jacobson)에게 월 20달러를 받으며 한국어를 가르쳤다.[4]

이승만은 졸업식에서 졸업생 대표 연사로 뽑혔다. 졸업식에는 미국선교사와 교사들, 미국공사관 대표들, 영국총영사, 궁내부대신, 내부대신, 탁지부대신, 법부대신, 학부대신, 농상공부대신, 군부대신, 학부협판, 한성부협판, 전 일본공사 등을 포함한 1천여 명의 사람들이 참석하였다. 그 날 이승만은 「한국의 독립(Independence of Korea)」이라는 제목으로 영어로 연설하고 독립가를 불렀다. 이 연설로 그는 미래가 기대되는 청년으로 알려지게 되었다.[5] 이승만은 배재학당에서 예배 참석, 성경 공부, 미국선교사들로부터 자유민주주의 정치제도를 갖추고 있는 미국의 역사를 배우고 미국선교사들로부터 많은 도움과 인정을 받았음에도 불구하고 기독교와 미국에 대해서 여전히 호감을 갖지 못하였다. 그는 1898년 미국이

---

4) 유영익. 2002. 『젊은 날의 이승만』. 서울: 연세대출판부. 6-7.
5) 유영익(2002), 8-9.

하와이 왕국을 불법적으로 점령한 것을 두고 다음과 같이 미국을 제국주의 국가로, 기독교를 미 제국주의 앞잡이로 생각하였다.6)

> 우리는 미국선교사들이 한국에 오기 조금 전에 미국정부가 이 섬들을 모두 병합하여 그 영토의 일부로 만들었으며 이 과정에서 하와이인들의 여왕이 폐위되었음을 알았다. 따라서 우리 한국인은 당연히 우리나라에 대해서도 똑같이 운명이 계획된 것으로 생각했다. 미국인들이 일본과 중국 그리고 한국으로 하여금 문호를 개방하고 통상하도록 강요한 다음 선교사들이 왔기 때문에 우리로서는 그렇게 생각하지 않을 수 없었다.

1897년 여름 배재학당을 졸업하고 1898년 언론인, 독립협회 회원으로 활동할 때까지도 위 인용문에서 나타난 바와 같이 그는 미국과 기독교에 대해 전적인 신뢰를 보내지 않았다. 그러나 그는 배재학당에서 배운 미국의 민주주의 제도에 대해서는 수용할만한 것이라고 판단하였다. 그것이 곧 조선이 나아가야 할 길이라고 믿었다.7)

> 그 학교에 입학할 당시 나의 큰 욕심은 거기서 영어 한가지만을 잘 배우는 것이었다. 그러나 나는 그곳에서 영어보다 더 중요한 것을 배웠음을 깨달았다. 그것은 정치적 자유의 개념이었다. 한국의 일반 백성이 무자비하게 당하는 정치적 억압에 대하여 조금이라도 아는 사람이라면 한 젊은이가 평생 처음으로 기독교 국가에서는 국민들이 법률에 의해 지배자의 횡포로부터 보호받는다는 얘기를 들었을 때 그의 마음속에 어떠한 혁명이 일어났을 지를 쉽게 상상할 수 있을 것이다. 나

---

6) 최종원. 2014. 『이승만의 기독교수용과 기독교국가건설론 연구』. 서울: 북랩, 112.
7) 유영익(2002), 7.

는 속으로 "우리가 그와 같은 정치적 원칙을 채택한다면 나라의 핍박 받는 동포들에게 커다란 축복일 것이다"라고 다짐하였다.

그래서 이승만은 배재학당 졸업 후 미국식 민주주의 제도를 갖춘 근대국가로 전환시키기 위한 정치개혁운동의 일환으로 언론인, 독립협회 회원으로 활동하였다. 1898년 1월 1일 유영익, 최정익과 함께 『협성회 회보』, 같은 해 4월 8일 그 후신인 일간지 『미일신문』을 창간하여 주필, 같은 해 8월 10일에는 이종일과 함께 『데국신문』을 창간하여 논설위원으로 활동하였다.[8]

동시에 이승만은 독립협회 회원으로서 활동하였다. 독립협회가 추진한 제1차 만민공동회에서 이승만은 가두연설을 통해 러시아의 부산 절영도 조차 요구에 반대한다고 주장하였다. 이를 계기로 그는 전도유망한 청년 지도자로 부상하였다. 1898년 8월 개최된 관민공동회에서 수구파 대신 7인의 퇴각과 헌의 6조 실천을 고종으로부터 확약을 받아냈다. 이 일로 독립협회 간부 17명은 미국식 공화제를 도입하려 했다는 혐의로 체포되었다. 당시 이승만은 17명의 석방과 고종이 약속한 개혁 실천 요구를 내걸며 경무청과 평리원 건물 앞에서 철야 농성을 주도하여 전원을 석방시켰다. 그 후에도 이승만은 개혁 실현을 위한 활동을 전개하였다. 이로써 이승만은 더욱 명성을 얻어 고종은 그를 중추원의 50명 의관 중 한사람으로 임명하였다.[9]

이승만은 이러한 고종의 회유에도 불구하고 그가 지향하는 국가로 나아가기 위해 계속 정치 운동을 전개하였다. 이로 인해 그는 체포되었고 옥

---

[8] 정병준(2005), 72.
[9] 정병준(2005), 73-74.

중에서 그의 대미관은 완전히 바뀌었다. 즉 기독교로 개종하고 친미적 대미관을 갖게 되었다. 그가 쿠데타 계획에 가담한 것은 박영효 때문이었다. 제1차 중추원회의에서 이승만은 최정덕과 함께 일본에 망명 중인 박영효 서용을 주장했다. 박영효는 갑신정변(1884년)과 갑오개혁(1894년)의 주도 인물로 고종 폐위와 민비 제거 음모를 꾀했다는 혐의를 받아 일본으로 망명하였다. 그런데 이승만은 고종에게는 역적인 박영효를 서용하자고 했던 것이다. 이승만은 이로 인해 고종의 분노를 사서 관직을 빼앗기고 독립협회 해산의 빌미를 주었다. 1898년 12월 25일 고종은 민회 금압령을 내려 독립협회와 만민공동회를 강제 해산시켰다. 이승만은 오히려 박영효 지지자들과 함께 고종을 폐위시키고 일본에 피신 중인 의화군 이강을 새 황제로 옹립하려고 했던 쿠데타를 도모했다. 박영효 지지자들이 일본에서 비밀리에 귀국 후 쿠데타를 추진할 때 이승만은 전덕기, 박용만, 정순만 등과 함께 상동청년회 명의로 황제는 나이가 너무 많기 때문에 황태자에게 양위를 해야 한다는 격문을 장안에 뿌렸다. 그러나 이 쿠데타는 사전에 발각되어 이승만에게 체포령이 내려졌다. 그는 미국인 의료선교사 애비슨 (O.R.Avison)의 상동 집에 숨어 지냈다. 1899년 1월 9일 미국인 의료선교사 셔만(Harry C. Sherman)의 통역 부탁으로 집을 나섰다가 체포되었다. 이승만은 체포된 지 20일 만인 1월 30일 탈옥을 감행했으나 실패하였다.[10] 그와 함께 탈옥을 계획했던 최정식은 사형선고를 받고 그날로 처형되었다. 사형 집행을 기다리던 절망적인 상황에서 이승만은 기독교를 받아들였다. 그는 혼자 있는 시간이면 성경을 읽었다고 한다. 배재학당에 다닐 때는 성경이 아무런 의미가 없었으나 옥중에서는 깊은 관심거리가 되

---

10) 유영익(2002), 12-17.

었다는 것이다. 어느 날 배재학당의 선교사가 신에게 간구하던 말이 생각나 그는 '오 하나님, 나의 영혼을 구해주시옵소서. 오 하나님. 우리나라를 구해주시옵소서!'라고 기도했다고 한다. 그러자 감방이 빛으로 가득 채워지는 것 같았고 마음에 기쁨이 넘치는 평안을 느끼는 체험을 했다. 그 후 선교사들과 기독교에 대한 반감, 불신 등이 모두 사라졌으며, 선교사들에 대한 깊은 신뢰로 바뀌었다는 것이다.[11]

이후 이승만은 조선의 전통종교와 민간 신앙을 비판하고 조선을 구할 수 있는 유일한 길은 기독교 개종과 친미적 대미관을 가지는 것이라고 믿었다. 즉 기독교라는 세계 종교에는 가톨릭교와 희랍정교 등 다양한 종파가 있는데 그 중에서 가장 우수한 종파는 루터의 종교개혁을 거쳐 발흥한 개신교라고 주장하였다. 현재 진보발전하고 있고 힘 있는 나라들은 모두 자유와 해방을 추구하는 개신교를 믿는 나라라고 강조하였다.[12] 그는 출옥 후 1904년 『신학월보』에 「상동청년회에 학교를 설치함」이라는 제목으로 글을 썼는데, 여기에서도 미국과 영국이 문명부강국가가 된 것은 기독교를 신봉하기 때문이라고 주장하였다.

> 우리가 우리 힘과 우리 손으로 이 기회를 타서 이 나라를 예수 그리스도의 나라를 만들기로 힘써 일들 하십시다. 영국이 예수의 나라 아닙니까. 미국이 예수의 나라 아닙니까. 세계 문명한다는 나라들이 다 예수의 나라 아닙니까. 세계 문명한다는 나라들이 다 예수의 나라 아닙니까.[13]

---

11) 최종원(2014), 67-68.
12) 유영익(2002), 119-120.
13) 이승만. 1904. "상동청년회에 학교를 설치함." 『신학월보』 11월호.

그리고 미국은 영국의 지배에서 독립을 쟁취한 역사적 경험이 있으며, 남의 권리를 침해하기 보다는 보호해주는 것처럼 보이기 때문에 제국주의 국가가 아니라고 보았다. 그러므로 미국은 조선의 권리도 반드시 지켜줄 것이라고 기대했다. 미국이 신미양요에 대한 구원(舊怨)에서 벗어나 1883년 7월 15일 조선 보빙사를 환대하는 것을 보았을 때 조선의 문명개화와 통상교류정책을 지지하고 있으므로 조선의 동반자라고 여겼다.14)

이승만은 옥중에서 이와 같이 기독교로 개종하고 미국을 조선의 동반자라고 여기면서 북미선교사의 도움과 지지를 받으며 영어공부, 글쓰기, 독서 등에 매진하였다. 이에 대해서는 역사학자 유영익이 『젊은 날의 이승만』에서 자세하게 정리 및 설명하고 있다. 이 책에 따르면 이승만의 옥중생활은 다음과 같았다. 이승만은 옥중에서 지내는 동안 북미선교사들의 많은 도움과 지지를 받았다. 이승만은 옥중에서 10여명의 북미선교사들의 도움을 받았다. 즉 아펜젤러, 언더우드(Horace G. Underwood), 헐벗(Homer B. Hulbert), 존스(George H. Jones), 스크랜튼(William B. Scranton), 질렛(Philip L. Gillet), 프레스톤(John F. Preston), 애비슨(Oliver R. Avison), 게일(James S. Gale) 등을 들 수 있다. 북미에서 온 선교사들은 이승만에 대해 큰 기대를 가지고 있었기 때문에 많은 도움을 주었다. 이에 대해서는 게일의 다음 글을 통해서 잘 알 수 있다.15)

> 그는 투옥되기 전 복음에 대해 들었으나 고통스럽고 외로운 처지에서 믿게 되었습니다. 그는 인간에게 가장 어려운 일을 해냈습니다. 즉, 자기 자신을 버리고 온 정성을 하나님께 바친 뒤에 동료 죄수들이 구

---

14) 최종원(2014), 114.
15) 이광린. 1993. 『올리버 알 애비슨의 생애』. 서울: 연세대출판부, 131-133.

원받는 것을 보았습니다. 그는 상해에서 간행된 중국 책들로써 감옥 안에 도서실을 꾸몄습니다. 그의 노력으로 개종된 사람 중에는 워싱턴 주재 한국공사관의 초대 서기관을 지낸 이상재씨, 한국에서 저술된 것을 특별히 소개하였던 이원긍씨, 1895년에서 1896년까지 경무관을 지낸 바 있는 김정식씨가 있습니다. 그 밖에도 많은 사람들이 있었고 모두 40여 명에 달하였습니다. 이들은 모두 이승만의 끈질긴 노력에 감명을 받은 사람들이었습니다.

북미선교사들의 기대에 부응하여 이승만은 영어와 기독교 관련 공부에 매진함과 동시에 옥중학당도 운영하였다. 그와 함께 옥중에 있었던 신흥우 회고에 의하면 이승만은 일영사전을 참고하여 미국 잡지로 영어공부에 매진했다고 한다. 이승만은 비밀리에 들여온 붉은 물감으로 잉크를 만들어 낡은 잡지에 글쓰기 연습을 했으며, 나중에는 잡지에서 읽은 문장들과 사전의 영어단어들을 모두 암기했다는 것이다. 이승만은 아펜젤러와 벙커가 옥중에 넣어준 『뉴욕아웃룩(New York Outlook)』과 『독립신문(The Independent)』 등으로 공부했다.

그가 읽은 기독교 서적들은 주로 아펜젤러, 벙커, 존스, 애비슨 등 미국 선교사들이 중국과 일본에 있는 선교사들을 통해 구해주었다. 이승만이 옥중에서 가장 열심히 읽은 기독교 서적은 『신약성서』와 존 번연(John Bunyan)의 『천로역정』이었다. 이외에 서구선교사들이 중국인들에게 기독교를 전파하기 위해 상해에 설립한 광학회(廣學會)에서 출판한 한역(漢譯) 기독교 교리서들도 함께 읽었다.[16]

이외에 많은 동서양 서적을 읽고 공부했다. 예를 들어 그가 평리원에서 재판을 받은 이후부터 1900년 2월까지 21권의 동양서적과 38권의 서

---

16) 유영익(2002), 70.

양서적을 읽었다. 이승만이 탐독한 역사관련 서적들 중 가장 애독했던 것은 『태서신사람요(泰西新史攬要)』와 『중동전기본말(中東戰紀本末)』, 『만국사략(萬國史略)』, 『조선사기(朝鮮史記)』 등이었다고 유영익은 추정하였다. 『태서신사람요』는 19세기 서양사 개설서로 맥켄지(Robert Mckenzie)의 『The Ninetenth Century: A History』를 리차드(Timothy Richard)가 중국인 채이강(蔡爾康)의 도움을 받아 한역(韓譯)한 것이다. 리차드는 광학회의 서기 일을 담당했다. 『중동전기본말』은 청일전쟁사로서 미국선교사 알렌(Young J. Allen)이 채이강과 함께 편술한 것이었다. 법률과 관련된 서적으로는 국제법을 다룬 것으로 『공법회통(公法會通)』과 『약장합편(約章合編)』 등이었다.

이승만은 번역, 저술, 신문논설 집필 등도 했다. 그가 옥중에서 가장 공들여 저술한 것은 『청일전긔』, 「신(新)영한사전」, 『독립정신』 등이었다. 『청일전긔』는 『중동전기본말을』을 현채가 국한문으로 초역한 『중동전기(中東戰紀)』를 참고하면서 한글로 역술한 것이다. 「신영한사전」은 1903년부터 쓰기 시작했으나 미완성으로 끝났다. 이승만이 옥중에서 완성한 『독립정신』은 박용만에 의해 미국으로 반출되어 여러 후원자들의 도움으로 미국 로스엔젤레스에서 1910년 출판되었다.

그의 옥중생활은 독서, 집필에 한정되지 않았으며, 옥중학당을 개설해서 옥중에 있는 아이들 수십 명을 대상으로 근대교육을 시켰다. 한성감옥 한 칸에 옥중학당을 개설해서 『동국역사』, 『명심보감』 뿐만 아니라 성경과 찬미가, 신학문 즉 영어, 일어, 문법, 산수, 세계지리 등도 가르쳤다. 처음에는 어린이 대상이었으나 성인반도 운영하였다. 북미선교사들의 협조로 서적실을 개설하여 운영하였다.

이승만은 독립협회 활동을 함께 했던 옥중동지들과 함께 석방된 후 연동교회에서 세례를 받고 황성기독교청년회(YMCA)에서 활동하였다. 그의 옥중동지들, 즉 독립협회 활동을 함께 했던 이상재, 홍재기, 김정식, 이원긍, 유성준, 안국선 등은 1904년 3월 12일에 석방되었다. 이승만은 8월 7일 120명의 죄수들과 함께 석방되었고, 1903년 늦은 봄에 신흥우를 비롯한 학생들이 출옥하였다.[17]

이승만과 함께 독립협회에서 함께 활동했던 옥중동지들은 모두 기독교 신자가 되어 있었다. 게일이 담당하던 연못골교회(연동교회)는 새로 기독교에 입교한 12명의 독립협회의 회원들의 집합처가 되었다. 이승만과 함께 석방된 후 연동교회에서 세례를 받은 옥중동지들은 황성기독교청년회에 함께 가입하여 활동하기 시작했다. 전택부는 황성기독교청년회운동을 독립협회운동의 계승자 및 그 후신으로 평가하였다. 전택부가 이와 같이 평가한 이유는 독립협회의 3거두 중 서재필을 제외한 윤치호와 이상재 등이 황성기독교청년회의 후신인 한국 YMCA의 지도자가 되었기 때문이라는 것이다.[18]

1904년 11월 4일 러일 전쟁이 한창일 때 미국을 전적으로 신뢰하게 된 이승만은 미국이 조선을 도와줄 것이라 믿고 조미수호통상조약의 상호 방위 조문을 청원하기 위해 도미했다. 그가 도미하게 된 과정을 이승만은 자신의 저서 『독립정신』에서 다음과 같이 설명하였다. 당시 러일평화회의를 대비하여 민영환, 한규설, 김종한, 김가진 등은 자신들 중의 한사람이 주미공사로 도미할 것을 계획하였지만 일본의 간섭으로 불발되었다. 그래서 이승만 자신이 대표로 도미했다.[19]

---

17) 전택부. 1994. 『한국기독교청년회운동사』. 서울: 범우사, 78-79.
18) 전택부(1994), 78-82.
19) 이승만. 1993. 『독립정신』. 서울: 정동출판사, 298.

이승만은 1904년 12월 31일 워싱턴에 도착하였으며, 러일평화회의를 대비해 미국인들과 접촉했다. 먼저 전 주한미국 공사 딘스모어(Hugh A. Dinsmore) 상원의원의 소개를 통해 1905년 2월 미 국무장관 헤이(John Hay)를 만났다. 이승만은 그와 만난 자리에서 미국이 일본의 중국진출을 저지하기 위해 중국의 문호개방정책을 허용한 것과 같이 열강의 조선 진출을 저지하기 위해 한국에게도 똑같은 정책을 시행해 줄 것을 요구하였다. 1905년 8월 4일에는 오이스터 베이(Oyster Bay)에서 한국인을 비롯한 하와이 8천 한인들의 대표로 이승만은 루즈벨트(Theodore Roosevelt)와 만났다. 그 자리에서 루즈벨트에게 조미수호통상조약에 의거해서 한국의 독립 수호를 요청했다. 이미 일본과 가쓰라-태프트 밀약을 체결하였던 루즈벨트는 이승만에게 정식 외교 경로를 통해 청원서를 제출할 것을 요구했다. 이와 같은 국제정세의 변화에 이승만의 노력은 모두 실패로 돌아갔다. 하지만 대신에 그는 일약 한국을 대표하는 유명인사가 되어 있었다. 미국『뉴욕타임스』,『워싱턴포스트지』에서 이승만을 소개했을 뿐만 아니라, 국내『황성신문』에서도 이승만을 한국인의 대표자이며 독립 주권의 보존자, 애국열이 높은 의로운 남자, 청년지사로 소개하였다.[20]

대미외교를 끝낸 이승만은 1905년 2월 조지워싱턴대학에 입학하였다. 2년간의 학업을 마치고 하버드대학에서 석사, 프린스턴대학에서 박사학위를 취득했다. 이승만은 일반적으로 최소 12년간이 걸리는 과정을 5년 반 만에 취득할 수 있었다. 이는 미국 선교사를 비롯한 미국기독교계의 전폭적인 지지에 의한 것이었다.[21] 서울에 있던 게일을 비롯한 선교사들은

---

20) 정병준(2005), 84-86.
21) 정병준(2005), 87.

이승만이 장차 목회자가 되길 기대하며 미국교회의 지도자들에게 이승만을 소개하는 19통의 추천서를 써 주었다. 이승만은 게일의 추천서로 미국 커버넌트 장로교회(The Presbyterian Church of Covenant)의 목사 햄린(Lewis T. Hamlin)의 소개로 조지워싱턴대학 콜롬비아 문리대학 특별생으로 편입하였다. 이승만은 장차 목회자가 될 것을 서약하여 등록금 전액에 해당하는 목회 장학금을 받았다. 1907년 6월 학사학위를 받은 이승만은 1907년 가을부터 1908년 여름까지 1년간 하버드대를 다녔다. 그러나 학위를 받지 못했다. 1908년 9월 미국선교사 홀(Ernest F. Hall)의 도움으로 프린스턴 대학원에 입학하였다. 이와 같이 미국선교사와 미국기독교계의 도움으로 이승만은 1776년에서 1872년까지 국제법상에서의 전시중립을 다룬 "Neutrality as Influenced by the United States"라는 주제로 1910년 7월 철학박사학위를 취득하였다.[22]

학위를 받은 후 1910년 10월 10일 이승만은 한국으로 돌아왔다. 귀국 후에는 황성기독교청년회에서 한국인 총무로 일했으며, YMCA 학교에서 학생들을 지도하고, 전국 순회전도여행 등을 통해 학생 YMCA를 조직하는 등 종교, 교육활동에 종사했다. 1912년 '105인 사건'이 발생하자 미국 미네아폴리스에서 개최하는 국제감리교대회에 한국의 평신도 대표로 참가한다는 이유로 한국을 떠났다. 이승만은 국제감리교대회에 참석한 후 바로 미국으로 망명했다.[23]

---

22) 정병준(2005), 87-89.
23) 정병준(2005), 92-93.

제 3 장
일제강점기 친미적 대미관과 대미외교

1. 위임청원운동과 구미위원부를 통한 대미외교

이승만은 1912년 미국으로 망명한 후 1945년 10월 귀국할 때까지 30여 년간 미국에서 생활하였다. 오랫동안의 미국생활은 그의 정치적, 사회적 가치관을 완전히 미국화하게 만들었으며 한국의 독립문제도 친미적 대미관에 입각하여 전개되었다.

이승만은 1913년부터 1919년 1월 소약국동맹회(小弱國同盟會) 파견 국민회 대표로 샌프란시스코로 옮길 때까지 하와이에 머물렀다. 그의 활동은 교육면에서는 한인중앙학원과 한인기독학원의 운영, 종교적으로는 한인기독교회의 대표, 언론면으로는 『포와(布哇)한인교회보』, 『한인교회보』, 『태평양잡지』, 『태평양주보』 등의 발간, 정치적으로는 한인교민단체인 대한인국민회를 통한 단체 활동 등이었다.[1]

이승만은 망명 후 6월에 뉴저지주에서 대학시절 은사인 윌슨(Woodrow Wilson) 주지사를 만났으며, 8월 중순에 네브라스카주 헤스팅스에서 박용

---

1) 오영섭. 2012a. "1910-1920년대 『태평양잡지』에 나타난 이승만의 정치사상." 『한국민족운동사연구』 70, 42; 정병준. 2005. 『우남 이승만 연구』. 서울: 역사비평사, 146.

만을 찾았다. 이들과 만남을 통해 장차 어떤 활동을 해야 할지를 고민했다. 그러는 중에 하와이교민들이 이승만에게 하와이로 와 달라는 요청을 했다. 그래서 1913년 2월 하와이로 갔다.[2] 이후 하와이는 그의 주요활동 근거지가 되었다.

하와이는 한국인들이 대한제국의 공식적인 승인을 얻어 처음으로 이민한 곳이었고 다른 지역에 비해 한국인들이 가장 많은 곳이었다. 1910년 당시 20세에서 49세까지의 한인남자는 3,378명이었고, 여성은 261명이었다. 즉 여자 1명에 남자 13명이었던 것이다. 대부분의 남성은 독신이었으므로 이들의 결혼 문제를 해결하기 위해 '사진신부' 제도가 도입되었다. 1910년 첫 사진신부가 하와이에 도착하였다. 사진신부에 의해 많은 가정이 꾸려지면서 한인사회가 안정되기 시작했다. 사진신부들은 도착 후 세탁, 재봉, 여관, 농장노동 등 여러 분야에서 일을 했기 때문에 한인들의 전반적인 경제사정이 향상되었다. 그리고 한인가정이 많이 꾸려짐으로써 미래 세대도 가능하여 한인사회가 지속될 수 있는 여건이 마련되었다.[3] 이승만의 입장에서 미국망명생활을 하는 동안 이와 같은 조건을 가진 하와이는 한인들을 대상으로 정치·사회활동을 할 수 있는 최적의 장소였다.

이승만이 하와이에 도착하여 가장 먼저 한 일은 교포자녀들의 교육이었다. 교육은 감리교선교부 산하에서 시작하였다. 이 선교부는 하와이에 있는 한인들의 교육을 위해 한인기숙학교라는 한인교육시설을 운영하였다. 이승만이 도착했을 때 이 선교부는 1910년 일제가 한국을 강제로 점령했을 때 일부 감리교단 간부들의 친일적인 발언과 행동 때문에 하와이

---

[2] 유영익. 1996. 『이승만의 삶과 꿈』. 서울: 중앙일보사, 94-102.
[3] 최영호. 2000. "이승만의 하와이에서의 초기 활동." 유영익. 『이승만 연구』. 서울: 연세대출판부, 64-66.

교민들로부터 크게 비난받고 있었다. 당시 감리교 감독 해리스(Bishop Merriman C.V. Harris)는 일본인 교회에서 "한국이 일본에 합병당한 것은 하나님의 뜻"이라고 했다. 감리사 와드만(Superintendent John W. Wadman)도 친일적 발언을 했기 때문에 한인들은 그에게 하와이를 떠나라고 요구했다. 와드만은 이러한 상황에서 이승만이 오자 한인기숙학교를 맡겼다.[4]

이승만은 한인기숙학교를 한인중앙학원(Korean Central School)으로 바꾸고 교장으로 취임하였다. 한인중앙학원은 남녀공학 실시, 기숙사 신축, 고등학교 교과과정의 설치 등으로 질적, 양적으로 발전하였다. 그러나 3년 후 이승만은 교장에서 물러났다. 교육철학과 재정문제로 감리교선교부와 갈등이 있었기 때문이었다. 감리교선교부는 한인학생들이 미국화할 수 있는 교육을 원했으나, 이승만은 한국역사, 한국어, 한국관습 등을 가르쳐 한인으로서의 정체성을 가질 수 있도록 했다. 동시에 감리교선교부에서는 한인중앙학원 재정을 정확하게 보고하도록 요구하자 이승만은 학문의 자유에 대한 간섭이므로 이에 반대하였다. 사실 한인중앙학원의 재정은 거의 한인들로부터 지원을 받아 운영되었으므로 감리교선교부의 간섭은 부당하다는 것이었다. 이승만은 한인중앙학원 교장 사임 후 한인들의 도움으로 한인여자학원과 한인기독학원을 설립하였다. 한인기독학원은 이승만의 노력으로 당시 대단한 재정과 시설을 갖추게 되어 하와이 한인들이 자부심을 가질 정도의 한인 교육기관이 되었다.[5]

이승만은 감리교 선교부와의 갈등이 있은 후 1918년 12월 23일 한인기

---

4) 최영호(2000), 72-73.
5) 최영호(2000), 73-85.

독교회(The Korean Christian Church)를 창립했다. 한인기독교회는 독립교파였으며 교회제도는 미국감리교제도를 본 땄다. 한인선교부(Korean Mission)를 만들어 여기에 속한 모든 교회가 선교부하에 운영되었다. 예배모임은 한인기독교학원을 이용하였다. 이승만이 한인기독교회를 설립하자 많은 감리교회 교인들이 이곳을 다니기 시작했다. 1918년 당시 하와이 전체에 14개의 한인기독교회가 존재하였다. 오아후 섬의 호놀룰루, 와히아와, 와이알루아, 모쿨레이아(Mokuleia), 마우이섬의 파이아(Paia)와 하나(Hana), 그리고 하와이섬의 힐로(Hilo), 하칼라우(Hakalau), 와이나쿠(Wainaku), 카포호(Kapoho), 파파알로아(Papaaloa), 북코나(North Kona), 코할라(Kohala) 등에 있었다. 1919년에는 초대목사로 민찬호를 초빙하고 그를 편집장으로 하여 「한인기독교보(The Christian Avocate)」를 발행하기 시작했다. 1926년에는 하와이 전체에 13개의 교회와 9개의 기도처가 있었는데, 오아후 섬에 4개와 기도처 1개, 하와이 섬에는 7개의 교회와 8개의 기도처, 마우이 섬에는 2개 등이었다. 이와 같이 이승만은 한인기독교교회의 대표로서 하와이 한인사회에 큰 영향력을 가지고 있었다.[6]

또한 이승만은 하와이에서 『태평양잡지(The Korea Pacific Magazine)』, 『태평양주보(Korean Pacific Weekly)』, 『포와(布哇)한인교보(Hawaiian Korean Advocate)』, 『한인교회보(Hawaiian Korean Christian Advocate)』 등을 발간하고 『국민보』 등을 비롯한 국문 신문과 잡지 및 영자신문에 기고 등을 통해 언론활동을 벌였다.[7]

한인감리교회는 1905년 11월부터 『포와한인교보』를 등사판 인쇄로

---

[6] 이덕희. 2004. "이승만과 하와이 감리교회, 그리고 갈등: 1913-1918." 『한국기독교와 역사』 21, 118-120.
[7] 오영섭(2012a), 42-43.

매달 발행하였으나, 1911년과 1912년에 구독료를 제대로 받지 못해서 재정적으로 어려움에 처했다. 그러다 이승만이 하와이에 도착한 후 교회 일을 하게 되면서 『포와한인교보』를 오로지 주일(성경) 공과를 위한 교회보로 발간하였다. 그리고 하와이 교회소식, 감리교 청년회소식, 독자 기고문, 논설 등을 중심으로 하는 『태평양잡지』를 출판했다. 『태평양잡지』는 1913년 9월 1일부터 1930년 12월 13일까지 순한글로 간행되었으며, 이승만의 독립사상을 가장 잘 드러낸 잡지였다. 이승만은 이 잡지에서 독립전쟁보다는 외교독립론이 가장 현실적인 독립방법론임을 주장하였다. 이에 대해 오영섭은 『태평양 잡지』에 나타난 이승만의 외교독립론을 다음과 같이 분석·정리한 바가 있다. 즉 1910년대 현실적으로 즉각적인 독립이 어려운 상황에서 내부적으로는 내치의 자주권을 바탕으로 독립을 위한 실력을 양성하기 위해 내정의 자치권을 일제에게 요구하고, 외부적으로는 미국을 비롯한 강대국의 지원을 받아 일본의 한국 탄압을 저지하면서 영세중립국의 자격을 획득해 나가고 장차 미일전쟁이 일어날 경우 국제정세를 활용하여 완전 독립을 달성하자는 단계적이고 장기적인 독립방법론이었다. 『포와한인교보』는 1914년 4월부터 『한인교회보』로 제호를 바꾸어 1945년 1월까지 발간하였다. 『태평양잡지』는 1930년대 말 『태평양주보』로 제호를 바꾸어 1970년까지 출판하였다.[8] 이승만은 이와 같은 잡지를 통해서 자신의 정치·사회적인 의견을 제시하였다.

 이승만의 정치활동은 대한인국민회를 중심으로 전개되었다. 1908년 10월 하와이 합성협회와 본토의 공립협회가 단체 통합을 결의하여 1909년 2

---

[8] 이덕희(2004), 114-116; 오영섭. 2012b. "대한민국임시정부 초기 위임통치 청원논쟁."『한국독립운동사연구』41, 72.

월 1일 국민회가 창립되었다. 국민회는 총회와 지방회로 구성되었는데, 미국 본토에는 북미지방총회, 하와이에는 하와이 지방총회를 두었다. 북미지방총회에서는 공립협회의 기관지『공립신보』를『신한민보』로 개칭하고, 하와이 지방총회에서는 합성협회 기관지『합성신문』을『국민보』로 고쳐 지방총회의 기관지로 삼았다. 1910년 2월에는 다시 대동보국회와 합동하여 대한인국민회로 조직을 변경하였다. 1911년 대한인국민회는 샌프란시스코에 중앙총회를 설치하고, 북미·하와이·시베리아·만주 등 4개 지역에 지방총회를 설치하였다. 각 지방총회 하에는 각각 10여 개의 지방회를 두었다. 멕시코·쿠바에도 지방회를 설치하였다. 1910년대 대한인국민회는 해외 민족 운동을 대표하는 기관으로서 독립운동과 관련된 다양한 활동을 전개하였다. 이승만은 1915년 하와이에서 활동한 지 1년이 지난 무렵 대한인국민회 주도권을 둘러싸고 박용만과 서로 대립하였다. 이승만은 재미동포의 가장 큰 조직이었던 대한인국민회 회장 선출과 자금 사용에 대해 문제를 제기하였다. 이후 이승만은 대한인국민회 하와이지방총회를 장악하고 이를 통해 정치 활동을 전개하였다.[9] 이승만은 하와이에서 정치, 종교, 언론, 교육 등에서 주요한 활동을 담당하면서 하와이에서 한인을 대표하는 지도자로서의 입지를 강화하였다.

  그러한 가운데 이승만은 제1차 세계대전이 끝나자 한국의 문제를 해결하기 위한 대미외교에 나섰다. 그것은 미국을 절대적으로 신뢰한 바탕 위에서 전개된 위임청원운동이었다. 이 운동은 제1차 세계대전이 1918년 11

---

9) 강영심 외. 2013.『한국독립운동의 역사: 1910년대 국외항일운동II- 중국, 미주, 일본』17, 159-226; 홍선표. 2016. "1910-1930년대 하와이 한인사회의 선전·외교 활동."『한국민족운동사연구』89, 13; 김도형. 2010. "하와이 대조선독립단의 조직과 활동."『한국독립운동사연구』37, 211-212.

월 11일 독일의 항복으로 끝나면서 시작되었다. 1918년 1월 8일 미국 대통령 윌슨은 미국의회에 보낸 연두교서에서 최초로 민족자결주의를 제창하였고 전승국들은 종전 처리를 위하여 파리에서 강화회의를 개최하기로 계획하였다.

재미한인들은 윌슨의 민족자결주의 주창과 파리강화회의 개최 소식을 듣고 이를 독립의 기회로 판단하였다. 대한인국민회 북미총회는 1918년 11월 14일 특별임원회를 열고 윌슨에게 승리의 축하 서신 송부와 대한인국민회 중앙총회에 시국 문제 건의서 제출 등을 결정하였다. 북미총회의 건의서를 받은 안창호는 25일 샌프란시스코에서 중앙총회 임원을 비롯한 유지인사 20여명이 참석한 가운데 임시평의회를 개최했다. 이 자리에서 평화회의와 소약국동맹회에 한인 대표 3명을 파견할 것을 결정하였는데, 그 대표로 이승만, 민찬호, 정한경 등을 선정하였다.[10]

이승만은 안창호의 초청을 받고 1919년 1월 15일에 샌프란시스코에 도착했다. 제1차 소약국동맹회는 1917년 10월 29일부터 31일까지 뉴욕 맥알핀(McAlphin) 호텔에서 개최되었으며, 제2차 회의도 같은 호텔에서 1918년 12월 14일에서 15일까지 열렸다. 이 회의에는 한국, 리투아니아, 폴란드, 알바니아, 그리스, 인도, 아일랜드, 페르시아, 스코틀랜드, 우크라이나, 유대계 러시아인 레토니아, 트란스발, 체코 등의 대표들이 참가했다. 한국 대표 참석자는 대한인국민회의 민찬호와 정한경, 신한협회의 김헌식이었다. 1918년 12월 미상일 정한경은 이승만, 정한경, 민찬호 등의 명의로 윌슨에게 위임청원서를 보냈다.[11]

---

10) 정병준(2005), 150.

11) 정병준(2005), 152-153.

이승만은 파리강화회의에 크게 기대하지 않았다. 대신에 그는 윌슨과 면담하는 것이 더 현실적이라고 생각했다. 안창호도 윌슨과의 면담이 당시의 상황에서 가장 현실적이라고 결론내리고 이를 승인했다. 정한경은 워싱턴에 있던 이승만을 찾아가 1918년 윌슨에게 제출했던 청원서 중 일부를 수정하고 위임통치 청원을 삽입해서 윌슨에게 다시 제출할 것을 상의했다. 1919년 3월 3일 완성된 위임통치 청원서를 윌슨에게 제출한 후 3월 7일 미 국무장관 대리 포크에게도 청원서를 주면서 파리에 가 있는 랜싱 미 국무장관에게 전달해 줄 것을 부탁했다.12) 국제연맹의 위임통치하에 두어달라는 위임청원서의 핵심 내용은 다음과 같다.13)

> 저희들은 자유를 사랑하는 1,500만 한국인의 이름으로 각하께서 여기에 동봉한 청원서를 평화회의에 제출하여 주시옵고, 또 이 회의에 모인 연합국 열강이 장래에 한국의 완전한 독립을 보장한다는 조건 하에 (in the future with the definite guarantee of complete independence in the future) 현재와 같은 일본의 통치로부터 한국을 해방시켜 국제연맹의 위임통치(under the mandatory of the League of Nations) 아래에 두는 조치를 취할 수 있도록 하는 저희들의 자유 염원을 평화회의의 석상에서 지지하여 주시기를 간절히 청하는 바입니다. 이것이 이루어질 수 있다면 한반도는 모든 나라에 이익을 제공할 중립적 통상지역(a zone of neutral commerce)으로 변할 것입니다. 아울러 이러한 조치는 극동에 하나의 완충국(a butter state)을 탄생시킴으로써 동양에 있어서 어떤 특정 국가의 확장을 방지하고 평화를 유지하는데 도움이 될 것입니다.

---

12) 정병준(2005), 154-157.
13) 오영섭(2012b), 99, 106-107.

위 내용은 장차 한국의 완전 독립을 보장한다는 전제하에 한국을 일본의 통치로부터 해방시켜 국제연맹의 위임통치하에 두어달라는 것이며, 이때 미국 통치하에서 국제연맹의 감독을 받게 해 달라는 것이었다. 만약 이러한 청원이 이루어진다면 한국은 극동에서 새로운 완충국이 되어 세계 각국의 자유통상에 크게 기여하고 동양에서 특정 국가의 제국주의적 팽창을 저지하여 평화를 유지하는데 중요한 역할을 하는 나라가 될 것이라는 주장이었다.[14]

이승만은 1919년 3월 16일 기자회견을 통해 한국 위임통치청원서를 공개했다. 정한경은 3월 20일 『뉴욕타임즈』에 국제연맹의 위임통치안을 기고하였으며, 『아시아(Asia)』 5월호에 일본은 완전독립, 자치, 최소한의 참정권 등 3가지 중 하나를 허용해야한다는 글을 발표하였다.[15] 이승만은 한국이 독립하기 위해서는 자력으로 불가능하며 강한 미국의 힘을 빌려야 한다고 판단했던 것이다.

이승만이 위임통치청원운동을 하는 가운데 1919년 3·1운동을 계기로 국내외각지에서 여러 임시정부가 수립되었다. 그 과정에서 이승만은 한민족을 대표하는 지도자로 부각되었다. 3월과 4월 사이에 국내외 각지에 모두 8개의 임시정부가 수립되었는데, 이중에서 6개가 정부 조직 및 각원 명단을 발표하였다. 이승만은 이 6개 정부의 주요 직책에 모두 추대·선출되었다. 대한국민의회(노령, 3월 21일)에서 국무총리, 조선민국임시정부(평안도, 4월 10일)에서 부도령, 대한민국임시정부(상해, 4월 13일)에서 국무총리, 고려임시정부(평안도, 4월 17일)에서 국무총리, 한성정부(4월 23일)

---

14) 오영섭(2012b), 107.
15) 오영섭(2012b), 89-90.

에서 집정관총재, 신한민국임시정부(평안도, 4월 17일)에서 국무총리 등으로 선정되었다. 3·1운동을 계기로 이승만, 안창호, 이동휘 등 세 사람이 민족의 주요지도자로 부상되었는데, 이중에서 이승만은 국무총리, 부도령, 그리고 집정관총재 등의 수반급 지도자로 추대·선출되었다. 이승만은 이와 같이 국내외 각지에서 임시정부가 수립되는 과정에서 한민족의 대표적 지도자로서의 위상을 갖게 되었다. 이승만은 자신이 각각의 임시정부에서 수반급 지도자로 선출된 사실을 사후에 인편, 전보, 신문 등을 통해 알게 되었다.[16] 그런데 이승만은 자신이 각 임시정부의 수반에 선출되기 이전부터 수반급으로서 활동하기 시작했다.

이승만은 필라델피아 한인자유대회를 준비하던 중에 만주에 있는 각 단체 대표자들에 의해 임시공화정부가 조직되었다는 것을 현순으로부터 전해 들었다. 대통령에는 손병희, 부통령에 박영효, 국무경에 이승만이 선출되었다는 것이다. 그 소식을 들은 이승만은 1919년 4월 5일 이후부터 대한공화국 임시정부 국무경 자격으로 공식적인 활동에 돌입하였다.[17] 4월 7일 이승만은 대한공화국 임시정부 국무경으로 미 연합통신과의 기자회견을 가지고 동양에서 처음으로 기독교 국가를 수립할 것이라고 주장했다. 4월 12일에는 윌슨과 프랑스 수상에게 '대한공화국 임시정부 국무경' 자격으로 파리강화회의에서 한국독립의 인정과 강화회의 4대 강국(영국, 미국, 프랑스, 이탈리아) 행정위원회가 파리에 파견된 임시정부 강화대사들의 발언권 허용을 요청하는 공문서를 보냈다. 4월 14일에는 임시 국무경의 자격으로 필라델피아 국민대회를 공고했다. 이 회의는 4월 14일~16

---

16) 한시준. 2000. "이승만과 대한민국임시정부." 『이승만연구: 독립운동과 대한민국 건국』. 서울: 연세대학교출판부, 165-166.
17) 정병준(2005), 162-170.

일간 필라델피아에서 개최되었다. 이 자리에 참석한 미국인들은 대부분 선교 사업에 종사하는 종교인들이었다. 당시 이승만은 참석자들과 함께 필라델피아 독립관까지 행진한 후 초대 미 대통령 워싱턴이 앉았던 의자에 앉았고 참석자들은 만세를 불렀다. 이 회의에서 이승만과 참석자들은 미 대통령과 파리강화회의에 대한공화국 임시정부(the Provisional Government of the Korean Republic)의 승인을 요구하는 청원문을 채택했다. 4월 25일에는 워싱턴에 '대한공화국 임시사무소'·'한국공화정부공관(韓國共和政府公館) 등의 이름으로 불리는 정부대표사무소를 설치하였다. 이 사무소는 8월 25일에 구미위원부로 바뀌었다. 4월 30일 이승만은 대한공화국 임시정부 국무경의 명의로 윌슨에게 다시 한 번 청원서를 제출했다.[18)]

이승만은 6월부터 여러 임시정부 중에서 한성정부의 집정관총재 자격으로 활동하기 시작했다. 6월 12일 파리강화회의에 파견되어 있던 김규식을 '대한민주국 대통령 겸 집정관총재'라는 명의를 사용하여 '대한민주국 대표 겸 전권대사'로 임명하고 임시정부의 명칭을 'Republic of Korea'로, '집정관총재'를 'President'로 호칭하였다. 이어 6월 14일에는 구한국과 조약을 체결하였던 미국, 영국, 프랑스, 이태리 등 각국 정부에 임시정부 수립과 자신이 대통령으로 선출되었다는 사실을 통보하였다. 6월 27일에는 파리강화회의 의장에게도 같은 내용을 알렸다. 일본천황에게도 한성정부의 수립과 자신이 대통령으로 선출된 사실을 강조하면서 일본의 철수를 촉구하고 7월 4일에는 국내외동포들에게 대한민국 임시대통령 명의로 그가 작성한 「선언서」, 한성정부에서 만든 「국민대회취지서」, 「선포문」 등을 공개하였다.[19)]

---

18) 정병준(2005), 198-200.

이승만은 7월 17일 워싱턴의 메사추세츠가에 사무실을 마련하고 본격적인 활동에 돌입하였다. 재무위원부 설치, 독자적인 활동기구인 한국위원회 등을 설립하였다. 한국위원회의 정식 명칭은 구미주차한국위원부(歐美駐箚韓國委員部, The Korea Commission to America and Europe)였다. 약칭은 구미위원부였으며, 미주와 유럽지역에서 임시정부의 사무를 대표하였다. 구미위원부의 주요 활동은 청재권(請財權) 또는 징세권(徵稅權)의 독점을 통한 재정출납과 외교 및 선전 등이었다. 위원회의 주요 외교 선전 활동은 첫째 한국친우회(League of the Friends of Korea) 조직, 운영, 선전활동, 둘째 미의회청원운동, 셋째 워싱턴 군축회의 참가 노력 등을 들 수 있다.[20]

이승만이 독자적인 조직을 설치하고 한민족의 대표로서 활동하고 있을 때, 노령과 상해에서는 임시정부를 통합하기 위한 논의를 진행하고 있었다. 그리하여 1919년 9월 노령, 상해, 한성정부가 통합하여 통합정부가 탄생되었고, 이승만은 대통령으로 선출되었다.

이승만은 구미위원부를 중심으로 대미외교를 전개하기 시작했다. 1921년 7월 미국 21개 도시와 런던·파리 등 유럽 주요도시에 한국친우회를 조직하였다. 회원이 2만 5천 명에 이르렀다. 위원부는 구한국 고문 헐버트(Homer B. Hulbert)와 선교사 벡(S.A. Beck) 등을 선전부 위원으로 고용하여 미국 여러 도시에서 순회강연을 하도록 했다. 그리고 미국 여론에 영향을 미칠 수 있도록 다양한 선전책자와 팸플릿 등을 간행하여 배포하였다. 미국인을 상대로 한 강연회 개최, 출판물을 통한 선전활동 등으로

---

19) 정병준(2005), 183; 한시준(2000), 168.
20) 정병준(2005), 202; 한시준(2000), 169.

1919년 3월부터 1920년 9월까지 미국 언론에 9천여회의 한국문제에 대한 동정적인 기사가 실렸다. 미 의회 청원운동은 한국친우회나 구미위원부 중심으로 1919년에서 1920년까지 한국 독립 문제를 의회에 상정하기 위해 미 상·하원의 한국문제 동정자 혹은 유력자 등을 통해 전개되었다. 상원에서는 3차에 걸쳐 18명의 의원이, 하원에서는 1차에 3명의 의원이 한국 독립문제와 관련된 발언을 해서 미 국회의사록에 기록되었다. 이러한 노력의 최대 성과는 1920년 3월 17일 아일랜드 독립안과 함께 한국 독립 동정안의 상정이었다. 아일랜드 독립안은 38대 36으로 가결되었으나, 한국독립안은 34대 46으로 부결되었다. 1921년 5월 이승만은 워싱턴 군축회의를 계기로 조성된 미일개전에 대비하는 외교의 준비를 명분으로 상해에 머물렀다가 필리핀 루손을 거쳐 하와이로 돌아왔다. 이승만과 구미위원부는 1921년 11월부터 개최된 워싱턴군축회의에 한국문제를 상정시키기 위해 전력을 기울였다. 상해 임시정부는 외교후원회를 조직했고 국내의 이상재 등은 한국인민치태평양회의서(韓國人民致太平洋會議書)를 발송하였다. 동시에 미주 교포들은 재정적인 지원에 적극 가담했다. 그러나 한국문제의 상정과 한국대표의 출석·발언권 신청 등이 모두 묵살 당했다. 이것 때문에 서재필은 한국친우회 해체를 공개적으로 발표했다.[21]

1924년 6월 16일 상해 임시정부 의정원은 대통령 부재를 이유로 대통령을 유고로 처리하고 국무총리로 하여금 대통령 직무를 대리케 하자는 결의안을 통과시켰다. 1925년 3월 10일 임시정부는 구미위원부를 불법 기관으로 규정하고 해체를 지시함과 동시에 구미위원부의 문권은 임정 외교부로, 인구세 수봉권은 북미대한국민회로 넘기라고 명령하였다. 이어 임시

---

21) 정병준(2005), 202-205.

정부는 헌법 개정을 통해 1925년 3월 23일 이승만 면직안을 의정원 결의로 통과시켰다.[22] 이승만은 임시정부의 결정에 크게 반발했다. 그는 구미위원부, 교민단과 함께 구미위원부가 한성정부 집정관 총재의 명령으로 조직되었다는 한성정부 법통론을 주장하며 임시정부의 명령에 정면으로 맞섰다. 나아가 임시정부를 상해에서 하와이로 이전할 계획까지 수립했다. 그러나 이승만은 더 이상 구미위원부를 유지하기 어려웠다. 1928년부터 구미위원부는 거의 폐쇄 상태에 이르렀다. 이후 이승만은 임시정부와 단절되었다. 임시정부와 다시 관계가 회복된 것은 1933년에 이르러서였다. 1932년 윤봉길 사건 이후 상해를 떠난 임시정부가 중국 강소성(江蘇省) 가흥(嘉興)에서 제25회 임시의정원을 개최한 후 이승만을 국무위원 9명 중의 한명으로 선출했던 것이다.[23]

2. 태평양전쟁기 대미외교:
   임시정부 승인, 군사적 지원, 얄타밀약설

이승만은 임시정부와 단절된 후 하와이 한인사회에서 교회와 학교 사업에만 주력하고 있었다. 1941년 6월 중경 임시정부는 이승만을 주미외교위원장으로 임명하고 대미외교의 전권을 위임하였다. 주요 대미외교 과제는 임시정부 승인 획득과 군사적 지원의 확보였다. 이승만은 미국의 정계, 언론계, 학계, 종교계 등의 인사들로 구성된 한미협회와 기독교인친한회의 지원을 받으며 미 국무부, 군부, 그리고 정보기관들과 접촉했다. 이승

---

[22] 한시준(2000), 206-211.
[23] 정병준(2005), 206-207.

만은 미일전쟁이 벌어지면 미국은 당연히 한국을 도울 것이라고 믿었지만 미국은 그렇지 않았다.24) 이외에 얄타밀약설을 제기하여 소련 팽창 저지와 미국의 팽창을 적극적으로 주장하였다.

이승만은 주미외교위원장으로 임명되기 전까지는 독자적으로 대미외교를 전개하였다. 1939년 3월 이승만은 하와이를 떠나 4월 워싱턴에 도착했다. 당시 명맥만 유지하고 있던 구미위원부의 복설을 1939년 중반 이승만은 임시정부 인사부에 요청했다. 그 해 10월 15일 임시의정원 제31회 정기회의에서 그 문제를 의결한 결과 이승만의 요청을 승인하지 않기로 결정하였다. 이미 의정원에서 구미위원부 폐지를 결정했기 때문에 부활시킬 수 없다는 것이었다. 그래서 이승만은 이후로 개인 자격으로 외교 활동을 전개하였다. 1939년 4월부터 미국 언론과 여론에 대해 선전 활동을 벌이는 한편 한미협회(Korean-American Council)를 조직하였다.25)

이승만은 1941년 6월 중경 임시정부로부터 '대한민국임시정부 주미외교위원부 위원장 겸 주워싱턴전권대표[駐華盛頓全權代表]'로 임명되었다. 1941년 4월 해외한족대회가 개최된 이후 조직된 재미한족연합위원회에서 이승만을 대미외교위원으로 선정하고 임시정부에 주미외교부위원장으로 추천하였다. 당시 재미한족연합위원회가 조직되자 임시정부 주석 김구는 해외한족대회에 훈사를 보내 외교기관의 명칭을 임정 주미외교위원회로 하고 책임자 5인을 선정하자는 의견을 제시하였다. 이에 재미한족연합위원회는 이승만을 대미외교위원으로 선정하고 주미외교부 위원장으로 그를 임시정부에 추천하였다. 임시정부에서도 이 추천을 받아들였다.26)

---

24) 고정휴. 2005. 『이승만과 한국독립운동』. 서울: 연세대출판부, 425.
25) 정병준(2005), 218-219.
26) 유영익. 2013. 『건국대통령 이승만: 생애, 사상, 업적의 새로운 조명』. 서울: 일조각,

진주만사건 발발 직후인 1941년 12월 9일 이승만은 주미외교위원부 위원장(Chairman of the Korean Commission) 자격으로 미국무부를 방문하였다. 특별고문인 혼벡에게 임시정부의 신임장을 제출하고 임시정부의 승인을 요청하였으나 어렵다는 답변을 들었다. 그러자 다시 이승만은 1942년 2월 7일 미 국무장관 헐에게 신임장과 함께 임정 승인 요청서를 보냈으나 거절당했다. 이후에도 임정승인 요청 서한을 보냈으나 어떤 대답도 듣지 못했다. 다시 이승만은 미 대통령 루즈벨트에게 1943년 5월 15일 태평양 전쟁이 끝난 후 소련이 한반도에 소비에트공화국을 수립할 수도 있다는 경고성 내용이 포함된 임정승인요청서를 보냈다. 루즈벨트는 답신을 주기는 했으나 임정 승인에 대해서는 어떤 언급도 없었다. 1945년 7월 21일 이승만은 루즈벨트 사망 후 취임한 미 대통령 트루먼에게 포츠담회담에서 한국문제를 논의해줄 것을 요청했다. 그러나 이것도 실패하였다.

이승만은 이와 같이 직접 미 고위 정치인들에게 서한을 보내 임정 승인을 요청하는 한편 로비단체인 한미협회와 기독교인친한회를 조직하여 임정승인을 위한 로비활동을 벌였다. 한미협회(The Korean-American Council)는 1942년 1월 워싱턴에서, 기독교인친한회는 그 해 12월에 조직했다. 한미협회의 이사장은 워싱턴 파운드감리교회(The Foundry Methodist Church)의 담임목사이자 미 연방 상원의 원목인 프레더릭 해리스(Frederick B. Harris) 목사였고 회장은 전 주 캐나다 특명전권공사였던 제임스 크롬웰(James H.R. Cromwell)이 맡았다. 이사에는 프란체스카, 존 스태커(John W. Staggers)변호사, 제이 윌리암스(Jay Jerome Williams, International News Service 기자), 로버트 올리버(Robert T. Oliver, 시러큐스대학교 언론학) 교수 등이 맡

53; 정병준(2005), 227.

았다. 기독교인친한회는 올리버 에빈스와 워싱턴 아메리칸대학교 총장 폴 더글러스(Palul Douglass)가 발족시킨 로비단체였다. 실무는 상해 YMCA 총무 피치 목사의 부인 제럴딘 피치(Geraldine T. Fitch)가 담당했다. 두 로비단체는 임정승인 촉구대회 참가, 백악관, 국무부 그리고 의회 지도자들에게 한국독립의 실상과 임정 승인을 요구하는 편지쓰기, 개인면담, 잡지 기고 등의 활동을 전개하였다. 또한 1942년 2월말에 3·1운동 기념으로 한인자유대회를 공동주최하고 미 하원의 존 커피(John M. Coffee), 더글러스, 헐버트, 서재필, 한미협회 이사 등 10여명의 저명인사를 연사로 초빙하였다. 초빙연사들은 미국 행정부에게 임정의 즉각 승인을 촉구했다. 워싱턴의 WINX 방송망은 이 날 강연을 미국 전역에 실황 중계하였다. 이 날 이승만과 초빙연사들은 1882년 체결된 조미수호통상조약에 따라 미국 정부가 중경 임시정부를 즉각 승인해야 한다고 목소리를 높였다. 그리고 5개항의 결의문을 채택했다.27) 그러나 이와 같이 많은 노력을 기울였음에도 불구하고 임정 승인 요구는 성사되지 않았다.

　이승만은 임정승인요구와 함께 한인게릴라부대 창설도 요구하였다. 그는 미일 개전이 있어야만 한국이 독립된다고 생각했기 때문에 개전이 일어나면 대일무장투쟁을 해야 한다고 판단했다. 진주만 사건으로 미국이 대일선전포고를 하자 이승만은 전면적인 대일 무장투쟁을 주장했다. 이승만은 미국의 정보조정국(1941년 7월 창설, Coordinator of Information,

---

27) 5개항의 결의문은 다음과 같다. (1) 한국의 자유와 해방을 성취할 때까지 계속해 투쟁할 것. (2) 중경에 있는 임정을 온 정성을 다해 지원하고 유지해 나갈 것. (3) 미 국무부에 이미 제기한 임정 승인 요청을 지지하며 국무부가 중경 임정을 '국제연합창립선언(Declaration of the United Nations)'의 일원이 되도록 허용하도록 요구할 것. (4) 미 대통령에게 임정을 승인하고 임정에 국제연합 선언의 공식 회원 자격을 부여할 것을 건의할 것. (5) 미 의회에 임정 승인을 청원할 것. 유영익(2013), 53-56.

COI)과 COI의 재조직인 전략첩보국(1942년 6월 창설, Office of Strategic Services, OSS)에 접근해 한국청년들의 참전을 요구하였다. 그는 COI가 창설될 때부터 친하게 지낸 OSS의 부국장 프레스턴 굿펠로(M. Preston Goodfellow)대령을 만나 미국의 임정승인과 광복군 지원 방안에 대해 논의했다.28)

1942년 6월 이승만은 미 전쟁부로부터 한인입대지원자 50명을 요청받고 10월에 60명 명단을 제공했다. 이승만은 500명의 추가 지원자를 더 추천할 수 있으며 중국-버마-인도전구 미군사령관인 스틸웰(Joseph Stilwell) 장군의 지휘 하에 2만 5천 명의 한인 게릴라 부대와 예비 병력 5천 명을 합쳐 총 3만 명의 병력을 창설할 수 있을 것이라고 주장했다. 미국이 '무기 대여법(Lend-Lease Act)'에 따라 자신의 제안을 수용한다면 한미협회의 크롬웰(James H. R. Cromwell)과 함께 캘커타·중경으로 가서 임시정부의 김구와 이청천 등과 함께 활동할 것이라고 하면서 필요한 무기 목록과 예산 명세서를 제출했다. 아울러 한국 군사 사절단 조직도 제안했다. 이 조직은 미군 당국과 한인 게릴라 부대와의 연락을 담당하기 위해 재미 한인 출신들로 구성한다고 밝혔다. 임시정부도 이승만의 이와 같은 제안에 적극 동의했다. 김구는 1942년 8월 아이플러(Carl Eifler)를 통해 한미간에 게릴라 부대를 창설하자고 스틸웰에게 제안했다. 그러나 미국에서는 한인부대 창설에 대해 부정적이었다. 미국 COI가 필요한 것은 대규모 부대가 아닌 소수 정예의 특수 공작원이었다.29) 이와 같이 이승만은 태평양전쟁기 중경

---

28) 유영익(2013), 56-57; 고정휴(2005), 444-445.
29) COI의 한인 특수공작원에는 이승만 정권에서 주요 관직에 있었던 장기영(체신장관), 이순용(내무장관), 장석윤(내무장관), 김길준(미군정장관 공보고문), 정운수(대한정치공작대), 김세선(뉴욕영사), 한표욱(주미공사), 이문상, 한승엽, 황득일 등이 포함되어

임시정부의 주미외교위원부 위원장으로서 미국을 대상으로 임시정부 승인 요청과 한인게릴라부대 창설을 요구했지만 그의 계획대로 이루어지지 못했다.

이승만은 이와 같이 미국을 상대로 임시정부 승인 요청과 군사적 지원을 요구하는 등의 전시외교를 하면서 얄타밀약설을 제기하였다. 이로 인해 이승만은 미국 언론의 조명을 받기 시작했다. 1945년 샌프란시스코 회담(1945년 4월 25일-6월 26일)이 개최되자 이승만은 『로스앤젤리스 익재미너(Los Angeles Examiner)』에 미국과 영국이 얄타회담에서 한국을 소련의 세력권에 양도했다는 내용의 글을 실었다. 이승만의 이 주장은 『시카고 트리뷴(Chicago Tribuen)』, 『샌프란시스코 익재미너』 등에서도 대서특필하였다. 그는 미 대통령 트루먼과 국무장관에게도 항의 서한을 보냈다. 즉 얄타밀약설을 인정하고 이에 대해 사과할 것을 요구했다. 이러한 주장에 대해 미 국무부 극동국장 발렌타인(Joshph Ballantine)은 얄타밀약이란 것은 존재하지 않으며, 미국이 한국을 소련에게 팔아넘기지도 않았다고 반박했다. 중경 임시정부에서도 이 주장에 대해 중경 주재 소련과 미국 대사관에 문의했으나 비밀협정은 없었다고 확답을 들었다. 이승만은 미국과 소련뿐만 아니라 중국 국민당정부 외교부장 겸 수상으로 모스크바를 방문하고 있던 송자문(宋子文)도 공격했다. 송자문이 한국과 만주를 소련에 팔아 넘겼다는 것이었다. 6월 5일 이승만은 미 국무장관 대리인 그류(Joseph C. Grew)에게 송자문을 비난하는 편지와 함께 『워싱턴 타임즈헤럴드(Washington Times Herald)』에 실린 기사 "Hard task for Soong in Moscow: Delicate Mission' Involves U.S. Policy"를 동봉해서 보냈다.[30]

있었다. 정병준(2005), 251.

미국, 중국, 소련 등은 이승만의 얄타밀약설에 대해 분노했다. 그런데 이승만은 이에 그치지 않고 한국인 공산주의자들이 블라디보스톡에 한국해방위원회를 조직했으며, 소련이 약 8천 명의 한국인들을 적기군(Korean Red Banner Army)에서 제대시켜 한국을 공산화시키려 하고 있으므로 즉각적으로 임시정부를 승인할 것을 요구했다. 이승만의 대미외교는 성과를 거두지 못하였으나 대미외교 과정에서 미 군부 및 정보 관계자들과 밀접한 관계를 구축할 수 있었다. 그가 구축한 미국 측 인사들은 광복 이후 대미외교 과정에서 중요한 역할을 담당하게 된다.[31]

---

30) 정병준(2005), 261-270.
31) 정병준(2005), 270-271.

제 4 장

대한민국 정부수립과 한미상호방위조약

1. 미국과 대한민국 정부수립

1945년 8월 15일 연합국이 일본의 무조건적인 항복을 받아냄으로써 한국은 해방을 맞이하였다. 일제강점기 독립운동가들은 국내외에서 독립운동을 끊임없이 전개하며 준비하였으나 연합국의 승리로 해방은 갑자기 찾아와 버렸다. 해방이 되었기 때문에 한국인들은 자주적이고 독립적인 정부수립의 희망으로 가득 차 있었으나 연합국의 승리로 이루어진 해방이었으므로 한국인의 희망대로 할 수 없었다. 한반도는 38도선을 경계로 분단되었고 남북한에 각각 미군과 소련군에 의해 군정이 실시되었다.[1]

이승만이 일본의 항복 소식을 들은 것은 1945년 8월 14일 밤 11시 워싱턴 자택에서였다. 그는 곧 굿펠로의 도움으로 귀국 절차를 밟았으나 미 국무부의 부정적인 인식 때문에 여권이 발급되지 않았다. 이승만은 트루먼에게 직접 전보를 보내 귀국을 할 수 있도록 도와달라고 했으나 답변을 받지 못했다. 그러다 미 군정청의 최고 책임자 하지(John R. Hodge)가 남한

---

1) 차상철. 2013. "이승만과 한미합의의사록의 체결."『군사연구』135, 41.

의 정치 안정을 위해 일본 도쿄에 있는 미군 최고사령관 맥아더에게 이승만의 귀국을 요청하였다. 미 국무부도 그때서야 이승만의 귀국을 허락하였지만 임시정부의 대표가 아닌 개인 자격으로 귀국해야 한다고 못 박았다. 이승만은 10월 16일 김포비행장에 도착하였다.[2] 그는 미·소 양 대국의 한반도 정책에 따라 한반도의 운명이 결정될 것이라고 판단했다. 그래서 그는 미국이 소련과 어떤 합의하에 한반도의 문제를 어떻게 처리하는가를 예의주시하면서 미군정과 협력하거나 혹은 방미외교를 통해 대미외교를 전개하였다.

이승만은 귀국 후 국내정치 세력의 통합 기구로 조선독립촉성중앙협의회(이하 독촉중협) 조직을 주도하고 회장으로 취임하였다. 11월 2일 천도교 강당에서 독촉중협 제1차 회의가 개최되었다. 이 자리에서 조선의 즉각 독립과 38선 폐지, 신탁통치 절대 반대, 국민선거에 의한 완전한 독립과 통일된 민주 정부 수립 등의 메시지를 결정하고 11월 4일 4대 연합국(미국, 영국, 중국, 소련) 중 미국에게 먼저 이 메시지를 전달하였다. 그런데 국내정치세력간에 정치적 갈등이 생겨 여러 정당들(공산당, 인민당, 국민당)이 독촉중협을 탈퇴함으로써 모든 정치세력을 대표하는 정당이 되지 못하였다. 이러한 가운데 1945년 12월 16일부터 전후 처리와 한국에 대한 연합국의 신탁통치에 대한 구체적인 사항을 논의하기 위해 모스크바에서 미국, 영국, 소련 등의 삼국 외상 회담이 개최되었다. 이 회담에서 한반도에 대한 문제가 다음과 같이 합의되었다.[3]

---

2) 유영익. 2013. 『건국대통령 이승만: 생애·사상·업적의 새로운 조명』. 서울: 일조각, 68-69.
3) 국사편찬위원회. 2002. 『한국사: 대한민국의 성립』 52, 41.

① 조선을 독립국으로 부흥시키고 조선이 민주주의 원칙 위에서 발전하게 하며 장기간에 걸친 일본통치의 악독한 결과를 신속히 청산할 조건들을 창조할 목적으로 '조선민주주의임시정부'를 창설한다. 임시정부는 조선의 산업·운수·농촌경제 및 조선인민의 민족문화의 발전을 위하여 모든 필요한 방책을 강구할 것이다.
② 조선임시정부 조직에 협력하며 이에 적응한 방책들을 예비 작성하기 위하여 남조선 미군사령부 대표들과 북조선 소련군사령부 대표로 공동위원회를 조직한다. 위원회는 자기의 제안을 작성할 때에 조선의 민주주의 정당들, 사회단체들과 반드시 협의할 것이다. 위원회가 작성한 건의문은 공동위원회 대표로 되어 있는 양국 정부의 최종적 결정이 있기 전에 미·소·영·중 각국 정부의 심의를 받아야 한다.
③ 공동위원회는 조선민주주의임시정부를 참가시키고 조선민주주의 단체들을 끌어들여 조선인민의 정치적·경제적·사회적 진보와 민주주의적 자치발전과 또는 조선국가 독립의 확립을 원조 협력하는 방책들도 작성할 것이다. 공동위원회의 제안은 조선임시정부와 협의 후 5년 이내를 기한으로 하는 조선에 대한 4개국 신탁통치(후견)의 협정을 작성하기 위하여 미·소·영·중 각국 정부의 공동심의를 받아야 한다.
④ 남·북 조선과 관련된 긴급한 제문제를 심의하기 위하여 또는 남조선 미군사령부와 북조선 소련군사령부간의 행정·경제 부문에 있어서의 일상적 조정을 확립하는 제방안을 작성하기 위하여 2주일 이내에 조선에 주둔하는 미·소 양국 사령부 대표로서 회의를 소집할 것이다

1945년 12월 27일자 『동아일보』에서는 모스크바 삼상회의에서 신탁통치안을 소련이 주장했다고 왜곡 보도를 했다. 1945년 12월 29일에 서울 시민들은 시내에 부착된 벽보를 통해서도 이러한 사실을 접했다. 12월 28일 김구와 중경 임시정부 측에서는 비상대책회의를 개최하여 신탁통치를

반대한 정당과 사회단체를 중심으로 신탁통치반대국민총동원위원회를 설치하였다. 29일부터 본격적으로 반탁운동에 돌입했다. 이승만도 29일 기자회견을 통해 38선 철폐와 신탁통치를 반대한다는 의견을 피력하고 3천만 민족의 총궐기를 주장했다. 이 내용은 『대동신문』 1945년 12월 30일자에 실려 있다.[4]

> 至今 또 다시 우리가 左翼 右翼을 論할 때인가. 우리는 다만 信託統治制度에 對하여 三十八道以北 以南을 莫論하고 生命을 내어놓고 싸워야 할 것이다.
> 自主獨立 이것이 三千萬民衆의 要求이다. 나는 信託制度가 朝鮮에 波及함을 極度로 防禦하려고 모든 手段과 힘을 썼던 것이다. 그러나 이것은 水泡로 되고 말았다. 그러나 이 問題의 解決은 三千萬民族의 總力量을 集中한 中協의 活動이 있어야 한다. 그리고 우리는 正正堂堂한 鬪爭의 義務로 秩序 있는 行動으로 나아가야 한다.

동시에 송진우의 한국민주당, 안재홍의 국민당, 조선인민당, 그리고 조선공산당 정태식 등이 일제히 신탁통치에 반대한다는 성명을 발표하였다. 이승만은 반탁운동이 거세어지자 12월 31일 돈암장 기자회견에서 이 운동이 반미운동으로 이어질 것을 우려하여 미군정은 한국을 해방시킨 은인인데 원수로 여긴다면 오히려 독립을 저해하는 것이라고 강조했다.[5]

> 美國정부에 대하여 決코 誤解가 없어야 할 것이니 이는 우리가 軍力을 두려워하거나 또 親美主義를 爲함이 아니라 다만 美國軍 政府가 우

---

4) 이승만박사기념사업회 우남실록편찬회. 1976. 『우남실록』. 서울: 열화당, 358.
5) 이승만박사기념사업회 우남실록편찬회(1976), 362.

리를 解放한 恩人이요. 美政府當局은 絶對 獨立을 贊成하는 故로 信託 問題發生以後 自己政府에 對하여 反駁과 攻擊의 公文를 보낸 것이 한 두 번이 아니였다. 그런데 우리 獨立의 親友를 모르고 怨讐로 待遇하면 이는 도리어 獨立을 沮害하는 것이다.

1946년 1월 1일 서울시민반탁시위대회에서 반탁운동은 절정에 달했다. 그런데 그동안 반탁의 입장을 취하던 중앙인민위원회와 조선공산당은 1946년 1월 2일을 기해 모스크바 삼상회의의 한반도 탁치안을 전폭적으로 지지한다고 밝혔다. 이후 이승만은 반탁운동을 반공반소운동과 동일시하였다. 1946년 1월 7일 기자회견을 통해 이승만은 "반탁성명서를 발표하였다. 그 내용 중 일부를 소개하면 다음과 같다.[6]

> 託治反對는 決코 國際的 孤立을 意味하는 것이 아니라 도리어 우리의 力量을 千分 發揮하여 世界 民主主義發展에 寄與할 수 있는 最善 唯一의 길입니다. 그럼에도 不拘하고 一部 策動分子는 우리의 神聖한 託治反對 運動을 聯合國 反對로 虛位宣傳하고 軍政과 韓人 사이에 誤解를 일으키기 爲하여 美國輿論을 움직여 誤解를 일으키고 모든 叛逆의 行動을 取하려 하다가 이제는 또 다른 陰謀로 三國會談 지지, 託治贊成의 旗幟를 걸고 나섰으니 明徹한 同抱는 미리 覺悟하고 그 陰謀에 빠지지 않아야 할 것입니다. (중략)
> 近者에 所謂「人共」의 旗幟 아래 妄動하는 小數의 反動分子들은 旣往에도 蘇聯을 祖國이라 呼稱하고 우리나라를 分列攪亂하여 그 聯邦으로 끌고 들어가려고 하다가 거의 失敗로 돌아가려고 할 때에 大韓의 信託問題가 三國會談에서 나타나자 反逆輩들이 救世主 나온 듯이 歡迎하였습니다.(중략)
> 우리가 託治反對라는 口實을 所謂 託治를 主張하는 나라에 提供하여

---

6) 이승만박사기념사업회 우남실록편찬회(1976), 367.

永遠히 우리 半島와 國民을 팔아 먹으려 하는 可憎한 行動입니다.

이와 같이 이승만은 공산주의자들이 주장하는 탁치 주장은 한반도를 소련의 예속 하에 두려는 사대주의적 발상이라고 강도 높게 비판하였다. 그러면서 이승만은 1946년 1월 14일 기자회견에서 미국은 한반도를 해방시킨 공로가 있고 어떤 이익도 요구하는 것이 없으므로 관계를 돈독히 해야 한다고 주장했다. 『대동신문』은 1946년 1월 15일에서 이 내용에 대해 다음과 같이 실었다.7)

> 美國은 우리 怨讐와 싸워서 우리를 解放시킨 功勞가 있을 뿐 아니라 우리나라에 對하여 무슨 利益을 要求하는 것이 없으므로 우리는 歡迎하여 合作하는 터이니 다른 나라는 우리 나라에 關係가 없으니 우리 政府組織에 무슨 간섭할 理由가 없을 것이다.

미국에 대한 신뢰감을 여전히 가지면서 이승만은 1946년 2월 8일 독촉중협과 신탁통치반대국민총동원위원회를 통합해 대한독립촉성국민회(이하 독촉국)를 조직하고 김구와 함께 반탁운동에 돌입하였다. 1946년 2월 14일 이승만은 미군정의 최고 자문기구로서 조직된 남조선대한국민대표민주의원(南朝鮮大韓國民代表民主議院)의 의장으로 선출되었다.8)

모스크바 삼상회의에서 결정된 바와 같이 1946년 3월 20일부터 서울에서 제1차 미소공동위원회가 열렸다. 그러나 미소공위는 입장의 차이로 5월 6일경부터 휴회로 들어갔다. 그러자 이승만은 1946년 6월 3일 남선순

---

7) 이승만박사기념사업회 우남실록편찬회(1976), 369.
8) 유영익(2013), 72-73.

행 일환으로 방문한 정읍에서 단독정부 수립 구상을 밝혔다.[9]

> 이제 우리는 無期休會된 共委가 再開될 氣色도 보이지 않으며 統一政府를 苦待하나 如意케 되지 않으니 우리는 南方만이라도 臨時政府 惑은 委員會 같은 것을 組織하여 三八以北에서 蘇聯이 철퇴하도록 世界公論에 呼訴하여야 될 것이니 여러분도 決心하여야 될 것이다. 그리고 民族統一機關 設置에 對하여 努力하여 왔으나 이번에는 우리 民族의 代表의 統一機關을 歸京한 後 即時 設置하게 되었으니 各 地方에서도 中央의 指示에 順應하여 組織的으로 活動하여 주기 바란다.

올리버는 자신의 글에서 이승만이 당시의 국제정세를 다음과 같이 판단했기 때문에 단독정부수립안을 주장했다고 설명했다.[10]

> 소련 제국주의는 거침없이 뻗어나고 엄청난 성공을 거두고 있었다. 수개월 동안에 소련 지배하의 공산정권들이 동유럽 전역에 걸쳐 완전한 지배권을 장악했다. 강력한 이탈리아와 프랑스의 공산당은 정권 인수의 위협을 가하고 있었다. 소련은 북한에 발판을 굳혔다. 중공은 중국 본토 정복 작전을 계속해서 추구하는 한편 마샬 사절로부터 원조와 격려를 받고 있었다. 일본에서는 공산당이 합법화되어 국민에게 미국 지배의 대안을 제시하는 주요 정치세력으로 폭넓은 대중의 지지를 얻어내고 있었다. 동남 아시아 전역에서 공산주의는 여전히 강화되어 가고 있었다. 인도에서는 영국이 쟈와할랄 네루의 친공 정책이 득세하는 독립을 허용하도록 몰려 허덕이고 있었다.

1차 미소공동위원회가 결렬되자 미 정부는 대한반도 정책에 대해 전면

---

9) 이승만박사 기념사업회 우남실록편찬회(1976), 400.
10) 로버트 티 올리버·박일영(역). 1998. 『대한민국 건국의 내막(상)』. 서울: 계명사, 111.

적으로 검토하기 시작했다. 이러한 재검토를 위해 번즈, 육군장관 패터슨, 미 해군성 차관보 설리번 등이 정책 회의를 개최하였다. 이 회의에서 이승만과 김구가 제거되어야만 대한반도 정책을 수립할 수 있다는 결론을 내렸다. 미 국무부는 서울의 미군정 당국에게 이승만을 배제하고 다른 지도자의 물색을 명했다. 하지는 중도파 정치인 김규식과 여운형을 중심으로 좌우합작운동을 벌이기 시작했다. 이승만은 이로 인해 미군정으로부터 강력한 제재를 받았다. 미군정은 김규식을 중심으로 중도 세력 강화에 많은 노력을 기울였다. 이와 같은 미군정의 태도에 이승만은 하지를 찾아가 자신이 직접 미국을 방문해서 미군정의 실책을 폭로하고 유엔에 한국문제를 제출할 것이라 말한 후 12월 4일 미국으로 떠났다.[11]

1946년 12월 8일 미국에 도착한 이승만은 미국 방문 목적에 대하여 첫째, 긴급한 조선통일문제를 유엔에서 토의하도록 하며, 둘째 미국 당국에 대하여 조선정부를 수립 승인하도록 그 원조를 요청하는데 있다고 밝혔다. 워싱턴 기자들에게도 "조선의 즉각적인 자주독립이 미·소 양군의 철군에 도움을 주며, 조선인은 열강의 정책에 염증을 느끼며, 조선인은 미소의 장악 하에 파멸을 감수하지 않을 것"[12]이라고 주장했다.

이승만은 미 언론을 통해 미국의 여론을 움직여 미 국무부의 정책을 바꾸고자 하였다. 미국에 있는 인맥을 활용하여 미 국무부의 좌우합작을 포기하고 자신이 주장하는 단독정부 수립을 지지하게 하고자 하였다. 이승만은 워싱턴 도착 후 트루먼, 국무장관 조지마셜(George C. Marshall), 유엔총회 의장 폴 앙리 스파크(Paul-Henri Spaak) 등을 만나려고 했으나 미

---

11) 유영익(2013), 75-76.
12) 이승만박사기념사업회 우남실록편찬회(1976), 428.

국무부의 방해로 성사되지 않았다. 미 국무부 점령 지역 담당차관 보조 힐드링(John R. Hilldring)만 만날 수 있었다. 1947년 1월 28일 광복 이전부터 친분을 쌓았던 자신의 미국 지지자들과 임병직, 임영신 등과 함께 전략협의회(Strategy Council)를 조직하였다. 이 협의회에서「한국문제의 해결책(A Solution to the Korean Problem)」을 작성한 후 2월 19일 마셜과 27일 미 국무부 동아시아국장 존 빈센트(John C. Vincent)에게 보냈다. 그 다음에는 미국 내 언론 매체들을 통해 남한 과도정부 수립 계획을 적극적으로 홍보했다. 미 국무부의 일부 인사와 남한의 미군정 당국은 공산주의에 호의적이라며 비난했다. 그러면서 하지는 좌우합작위원회를 구성해서 관선의원 상당수를 공산주의자들로 채웠다고 주장했다. 당시 계속 확대되고 있던 미국의 반소반공 여론은 이승만의 주장에 반응을 보였다. 이 때 트루먼은 3월 12일 의회 연설에서 트루먼독트린을 발표하였다. 즉 미국의 대소정책을 봉쇄정책으로 전개하겠다는 선언이었다. 이승만은 트루먼에게 미군정 당국에게 좌우합작을 포기하도록 지시해달라는 서한을 보냈다.13) 이승만은 4월 21일에 귀국하여 미국 방문 성과와 관련한 성명을 발표하였다.14)

> 지나간 一年半동안을 두고 政付樹立에 努力하여 忍耐하여 왔으나 하나도 成功되지 못한 것은 美國 緩和政策으로 因하여 失敗된 것인데 只今은 이 政策이 變한 結果로 우리 總選擧에 依하여 政府를 樹立할 計劃에 모든 障碍가 다 氷消 雪解하게 된 것입니다. 트루맨 大統領이 韓國에 民主政體建設을 絶對支持하며 國務省當局 某氏는 韓國에 總選擧로

---

13) 유영익(2013), 77-78.
14) "政府를 速히 樹立." 『경향신문』 (1947년 4월 26일자).

獨主政府를 樹立함에 贊成이고 中國은 蔣主席以下 政府當局과 民衆輿論이 다 同一히 滿腔熱情을 表하며 맥아더 將軍은 나와 二時間 동안 談話에 韓人들이 自治自主할 能力있는 것과 그 權利使用에 必要는 누구나 認定치 않을 사람이 없다고 말하였습니다.

위 인용문에서와 같이 이승만은 트루먼, 국무부 일부 인사, 장개석, 맥아더 등이 자신의 단정정부수립론을 찬성한다고 주장하였다. 미군정은 이승만을 가택연금 시켰다. 그러한 상황에서 이승만은 김구와 함께 제2차 미소공동위원회에 대처하기 위해 반탁운동에 더욱 박차를 가하면서 남한단독정부수립운동을 전개하였다. 그는 단독정부를 수립하기 위해 한국민족대표자대회(이하 민대)를 발족하고 이어 총선대책위원회를 구성했다.

7월말 제2차 미소공동위원회가 교착 상태에 빠지자 마셜은 9월 17일 한반도문제를 유엔총회에 상정했다. 11월 14일 유엔총회에서 남북한 인구비례에 의한 총선거실시안이 가결되자 이승만은 남한만의 선거가 될 것으로 예상하고 총선대책위원회를 가동함과 동시에 한국민대 지방조직을 확대하였다. 그런데 이승만의 예상대로 1948년 1월 8일 서울에 도착한 유엔한국임시위원단(United Nations Temporary Commission on Korea)이 북한을 방문하려 하자 북한과 소련당국은 거절했다. 그 결과 2월 26일 뉴욕에서 개최된 유엔소총회에서 남한에서만 총선거를 실시하기로 결의했다. 3월 12일 서울에 파견된 유엔위원단 대표들 간에 유엔소총회 결정을 둘러싸고 찬반 논쟁이 일어났는데, 총 8표 중에 4표가 찬성하여 남한에서만 총선거를 실시하기로 결정되었다. 이에 하지는 5월 10일 남한에서만 총선거를 실시하기로 공개 발표하였다.

이승만은 독촉국민회, 민대, 한민당, 전국학생총연맹, 서북청년회 등 자신을 지지하는 모든 단체들을 동원해서 총선거를 준비하였다. 좌익세력, 남북협상파인 김구와 김규식 등은 남한만의 총선거를 거부하였다. 그럼에도 불구하고 선거인 등록률 86퍼센트, 투표율 95.5퍼센트라는 기록을 세우며 5월 10일 총선거가 실시되었다. 이승만은 서울의 동대문 갑구에서 입후보해 당선되었다. 총선거로 당선된 국회의원들은 1948년 5월 31일 국회 개원식을 가졌으며, 이승만은 국회의장 선거에서 국회의장으로 선출된 후 취임 인사말에서 대한민국이 3·1운동 이후 수립된 한성정부를 계승하고 있다는 것을 강조하였다.[15]

> 나는 이 大會를 代表하여 오늘의 大韓民主國이 다시 誕生된 것과 따라서 이 國會가 우리나라에 唯一한 民族代表機關임을 世界萬邦에 公布합니다.
> 이 民國은 己未 3月 1日에 우리 十三道代表들이 서울에 모여서 國民大會를 열고 大韓獨立民主國임을 世界에 公布하고 臨時政府를 建設하여 民主主義의 基礎를 세운 것입니다. 不幸히 世界 大勢에 因緣해서 우리 革命이 그 때에 成功이 못되였으나 우리 愛國男女가 海內 海外에서 그 政府를 支持하며 많은 生命을 바치고 血戰苦鬪하여 이 精神만을 지켜온 것이니 오늘 여기서 열리는 國會는 卽 國民大會의 繼承이요, 이 國會에서 建設되는 政府는 卽 己未年에 서울에서 樹立된 民國臨時政府의 繼承이니 이날이 二十九年만에 民國의 復活日임을 우리는 이에 公布하며 民國年號는 己未年에서 起算할 것이오, 이 國會는 全民族을 代表한 國會이며 이 國會에서 誕生되는 民國政府는 完全한 韓國全體를 代表한 中央政府임을 이에 또한 公布하는 바입니다.

7월 17일 제헌국회에서 헌법이 통과되고, 7월 20일 정·부통령 선거가

---
15) 이승만박사기념사업회 우남실록편찬회(1976), 541.

실시되었다. 선거 결과 이승만은 180표의 압도적 다수의 지지로 대통령에 당선되었다. 7월 24일 이승만은 대통령직에 취임하였으며, 8월 15일 대한민국 정부 수립을 공식적으로 선포하였다.16)

2. 유엔의 정부 승인

1948년 8월 15일 남한에는 대한민국정부가 수립되었고 동년 9월 9일 북한에서는 조선민주주의 인민공화국이 선포되었다. 정권의 정통성을 국내외적으로 인정받는 것은 체제 유지와 확장을 위한 중요한 문제였다. 따라서 남북한 정부는 국제적 승인을 얻기 위하여 경쟁적으로 외교 활동을 전개하였다. 그러한 과정에서 장면은 유엔으로부터 정부의 승인을 얻는데 중요한 역할을 담당하였다.

북한은 1948년 9월 10일 최고인민회의 제1차 회의를 개최하고 조선민주주의인민공화국 정강을 발표하였다. 그 정강 중 대외정책에 대해서는 다음과 같이 발표하였다.

> 민주주의인민공화국 정부는 우리 민족이 전 세계 자유애호민족들의 대열에서 동등한 한 성원으로 되며 또한 우리 민족의 평등적 지위와 자유를 존중하는 여러 자유애호민주국가와 민족들간의 견실한 친선을 맺도록 도모하게 될 것입니다.17)

---

16) 유영익(2013), 81-82.
17) 김일성. 1988. "조선민주주의인민공화국 정부의 정강 발표."『북한최고인민회의 자료집』제1집. 국토통일원, 97.

북한은 정권의 정통성을 가지기 위해 국제적 지위를 높이고 국제무대에서 여러 나라들의 단결과 협조를 얻어 나가는 것을 최우선의 과제로 설정하였다.18) 북한은 이러한 외교정책에 입각하여 소련의 영향 하에 있는 사회주의 국가들과 외교관계를 맺었다. 소련이 북한정권을 승인하자 동유럽 국가들도 연속해서 인정했다. 북한은 1948년 10월 16일 소련과 가장 먼저 외교관계를 수립하였다. 1949년 10월 1일 중공이 수립되자 6일에 중공과 외교관계를 맺었다. 월맹과는 1950년 1월 3일에 외교관계를 수립했다.19)

　남한은 정부를 수립한 이후 유엔으로부터 정부 승인을 얻기 위해 최대한의 노력을 기울였다. 유엔에서의 정부 승인은 국제적으로 정부의 정통성을 인정한다는 의미였기 때문이다.

　남한에서는 정부가 수립된 이후 유엔으로부터 승인받기 위해 장면을 유엔에 파견했다. 그는 8월 11일 제3차 유엔총회 파견 수석대표로 선출되었다. 장면은 광복 이후 정계에 입문하였다. 그는 노기남 주교의 통역을 담당하면서 정계로 진출하게 되었다. 장면은 미국 유학을 통해 쌓은 영어 실력으로 미군정과 가톨릭교회를 연결하는 역할을 담당했다. 노기남 주교는 미군정, 임시정부 요인, 그리고 한민당 등 국내정치세력과의 연계를 위해 교계를 대표하는 인물로 장면을 내세웠다. 이승만도 가톨릭반공주의를 대표하는 미국 스펠만 대주교가 종군 사제장으로 미군을 따라 들어오자 가톨릭교회에 많은 기대를 걸었다.20)

---

18) 백성호. 2005. "국가수립시기 북한 외교의 특징 연구: '후견-피후견 국가관계'(Patron-Client State Relationships)의 시각을 중심으로." 『북한연구학회보』 9:2, 241.
19) 박태호. 1985. 『조선민주주의인민공화국 대외관계사 I』. 서울: 사회과학출판사, 60.
20) 허동현. 2009. "대한민국 승인을 위한 수석 대표 장면의 활동." 『한국민족운동사연구』

장면은 미군정시기에 남조선 국민대표 민주의원, 남조선 과도정부 입법의원 등을 역임하였다. 그는 입법의원의 8개 위원회 중 문교후생위원회 제1분과회 소속이었다. 그리고 뛰어난 영어 능력으로 인해 외무국방위원회 제1분과회에도 상관하였다. 장면은 1948년 5월 10일 총선거에 무소속으로 종로 을구에서 출마하여 제헌국회 의원으로 당선되었다. 제헌국회에서 그는 외교통으로 활약하였다. 장면은 제1회 국회에서 외무 국방위원회 외무담당 주사로 하지 중장이 국회의원에게 보낸 서한에 대한 답신, 유엔과 미군정당국에게 보낸 국회 개회 통지문, 그리고 개회식에 참석한 외국 내빈에게 보낸 감사장을 작성하는데 참여하였다.[21]

장면은 1948년 8월 11일 국무회의에서 유엔파견 수석대표로 선정되었다.[22] 그가 수석대표로 임명된 것은 외교적 능력을 인정받은 것도 있지만 이면에는 천주교단의 영향력도 고려한 것이었다. 이승만이 자신의 정치고문이었던 올리버에게 보낸 서한에서 "가톨릭 교회의 후원"이 있을 것이라면서 장면의 추천 이유를 설명했다.[23]

장면이 파리를 향해 출발하기 전에 가톨릭교회에서는 그를 위한 미사뿐 아니라 장행회를 열었다. 8월 26일 서울가톨릭청년연합회 주최로 서울 혜화동 가톨릭교회에서 미사를 드렸다.[24] 9월 5일에는 서울 혜화동 동성중학교 강당에서 노기남 주교를 비롯한 서울 시내 천주교 본당 신부와 수백명의 남녀신자들이 참석하여 모임을 개최하였다. 그 날 모인 가톨릭교

60, 345.
21) 허동현(2009), 346-350.
22) 『동아일보』(1948년 8월 12일).
23) 허동현(2009), 346.
24) "장면씨 장행회." 『경향신문』 (1948년 9월 2일자).

회의 대표들은 30만 신자들의 선물과 함께 한국천주교 신자들이 교황에게 보내는 메시지를 결정하였다.25) 장면은 9월 9일 장기영, 김활란, 전규홍, 조병옥, 김우평, 정일형 등과 함께 출발했다. 출발 장소인 비행장에는 국무총리 이범석을 비롯해서 각부 장관, 국회의장 신익희, 국회의원들, 공보처장 등 국내 저명인사들, 미군 측에서는 윌리엄 딘(William F. Dean) 소장을 비롯한 많은 장병들이 나와서 환송했다.26)

장면은 대표단과 함께 12일 밤 뉴욕에 도착하였다. 그는 뉴욕에서 기자들에게 5월 10일 한국총선거 승인, 대한민국 정식 승인, 유엔 가입 심의 등을 성사시킬 것을 약속했다.27) 그리고 스펠만 추기경을 만나서 이승만의 메시지와 기념품을 전달했다. 대표단은 9월 20일 파리에 도착했다.28) 장면은 3개월간 50여 개국 유엔회원국 대표들을 만나 설득 작업에 나섰다. 그 결과 20개국 대표들로부터 대한민국 승인을 약속받았다.29) 당시 소련 중심의 공산권 블록과 영연방측은 대한민국 승인에 반대하였다. 북한에서도 유엔총회에 참가하기 위해 대표를 파견했다. 국내 언론에서도 북한에서의 대표 파견에 대해 큰 관심을 보였다. 『동아일보』에서는 권위 있는 소식통에 따른다고 하면서 유엔총회측에서 북한 대표를 정부 대표로 승인하지 않을 것이라는 기사를 보도하였다. 동시에 프랑스 정부에서는 북한 대표의 입국을 거절하였다는 것도 기사로 내보냈다.30)

이러한 상황 하에 남한에서는 단독정부 수립에 반대하는 여순사건이

---

25) "장면씨 장행회성황 교황청 멧세-지." 『경향신문』 (1948년 9월 7일자).
26) "國運을 銀翼에." 『경향신문』 (1948년 9월 9일자).
27) "정부정식 승인 등 장정사 뉴욕서 소신 피력." 『동아일보』 (1948년 9월 15일자).
28) "스펠만 대주교에 멧세지와 기념품 증정." 『경향신문』 (1948년 10월 3일자).
29) 허동현(2009), 359-363.
30) "이북정권 유엔대표 불정부서 입국 거절." 『동아일보』 (1948년 9월 17일자).

일어났다. 파리에 있던 장면은 상황이 긴급해졌다고 판단하고 10월 26일 중국유엔대표단을 방문하고 이 문제에서 대해서 논의했다. 그리고 그는 기자회견을 통해 여순사건은 대한민국 정부에 대한 유엔의 승인을 방해하기 위한 북한의 책동이라고 다음과 같이 설명했다.[31]

> 南漢에 共産主義 暴動이 增大하고 있다는 報道는 興味있게도 北韓駐屯의 蘇聯軍이 撤退를 開始하고 있다는 報道와 때를 같이 하고 있다. 勿論 우리는 오래동안 蘇聯軍의 撤退를 主張하여 왔든 것이다. 이번에 새로히 이러난 共産主義暴動은 韓國을 平和的으로 再統一하기 爲하여 이미 活動이 始作된 유엔의 對韓國計劃을 秩序있게 審議하지 못하게 하기 위하여 計劃된 것이다. 나는 共産主義者들이 南韓에 罷業放火殺人을 일으키기 爲하여 北韓으로부터 와 있다는 消息을 入手하였다.
> 지난해에도 그들의 暴動이 있었으나 곧 鎭壓되었고 無辜한 百姓들만이 殺害되었든 것이다. 이러한 現在의 情勢下에 있어서 우리는 유엔總會가 迅速히 유엔 韓委의 事業을 決定的으로 承認하고 유엔 監視下의 選擧로서 樹立된 大韓民國을 承認할 必要가 있다고 생각한다. 共産主義者들이 阻止하려고 願하는 것은 如斯한 유엔 韓委의 事業承認과 大韓民國政府의 承認인 것이다.

11월 10일 제1위원회 야간회의에서 체코대표단은 총회에서 한국문제를 토의하게 될 시에는 조선민주주의인민공화국을 초청하자는 동의를 제창하였다. 그러나 중국이 휴회를 동의하여 가결되었다. 소련 대표는 첫째, 평양대표단이 파리에 도착하는 데는 7일간이 걸리며 서울대표단과 같이 미리 파리로 오는 것을 허가하지 않은 것은 불공평한 조치이다. 둘째, 평양대표단만이 오직 한국인을 대표할 수 있다고 주장하였다. 이에 중국의

---

31) "UN事業 破壞를 企圖." 『경향신문』 (1948년 10월 26일자).

지지를 받았던 미국대표단 존 덜레스(John Foster Dulles)는 다음과 같이 반박했다. "첫째, 의사수속 상 의사일정에 없는 것이므로 안 된다. 둘째, 초청 제의는 전 한국문제의 기초에까지 미치는 사소한 의사 안건이 아니다. 셋째, 총회는 한국 인민의 대표를 결정키 위하여 위원단을 파견하였을 뿐 아니라 유엔 임시한국위원단의 보고의 결정을 듣기 전에 토의를 예상하고 알지도 못하는 한국인을 초청하는 것은 부적당하다. 넷째, 여사(如斯)한 대표들은 시종일관 유엔을 비난 공격하였음은 주지의 사실이다. 이런 이유하(理由下)에 소련의 주장을 반대하였음니다." 그로 인해 체코의 동의는 38대 6(6표 기권)으로 부결되었다. 장면은 유엔 사무총장에게 한국정부를 대신하여 헌장과 주의에 전폭적 지지를 아끼지 않는다는 서한을 제출할 것이라고 국내에 알렸다.[32] 그는 12월 7일 유엔 제3차 총회 외교위원회 석상에서 다음과 같이 연설하였다.

> 유엔이 소련의 반대로 대한민국을 승인하지 않는다면 이는 권선징악의 반대현상을 나타내일 것이다. 소련이 북한에 또 하나의 정부를 수립한 것은 부당하다. 대중을 애호한다는 여하한 변증법적 논설로써도 삼팔선 이북의 공장 전력에 생활을 의존하고 있는 한국의 일반 남녀노소의 복지에 그들은 전연 무관심하다는 것을 은폐할 수는 없을 것이다. 대한민국의 승인은 한인의 단결을 촉진할 것이며 이것만이 통일을 위한 최대 유일의 원조가 될 것이다.
> 나는 삼팔이북이남의 전외군의 철퇴를 요청하는 바이다. 삼팔선은 한인의 의사에 반하여 강요된 물적인 참혹한 분할이다. 미국은 이의 철폐를 시도하였으나 도로(徒勞)에 끝었으며 소련의 고집으로 이는 상금 존속하고 있다. 더 말할 것 없이 본총회는 단순히 일회원국이 총회

---

[32] "유엔 政委 參加를 交涉中." 『동아일보』(1948년 11월 21일자).

에 반대하고 강제로 우리 국민의 일부가 총선거에 참가하는 것을 방지하였다고 하여 이제 우리 앞길에 놓인 어느 정도의 자유를 행사하는 길을 거부하지는 않을 것이다. 소련 지원하의 북한정권은 자신의 선거를 실시함에 있어서 자신의 씨명을 게시하여 일정한 시일에 전시를 투표장에 동원하였다. 투표자는 불찬성의 흑함과 찬성의 백함중 어느 하나에 입후보의 명부를 넣는 도리 밖에는 없었으며 공산당 역원의 감시 하에서 흑함에 투표하는 사람은 근소하였든 것이다.33)

다음날인 8일 유엔정치위원회는 소련측의 주장인 유엔한국위원회를 즉시 폐지하라는 제안을 42표대 6표로 부결하였다. 대신에 미국측의 주장인 한국통일 및 미소양점령군의 철퇴를 감시할 위원회 설치안을 41표대 6표 (기권 2)로 가결하였다. 유엔정치위원회의 대한민국 정부 승인 결의안 내용은 다음과 같았다.34)

1. 미점령하의 남한선거를 감시한 유엔한국위원단의 사업 승인
2. 현재 미점령지구에 한하여 권위를 갖고 있는 대한민국을 남한인민의 자유의사로서 수립된 합법적 정부라고 선언
3. 소미 양국은 그 점령군을 실천가능한 한 조속히 한국으로부터 철퇴할 것을 건의
4. 현 한국위원단을 재구성하여 이에 대한 한국의 통일을 재래하도록 노력할 것을 지시

12일 유엔소총회에는 미국이 주장한 남한 정부를 한국에서 유일한 합법정부로 승인하였다. 총회에서는 48대 6표(기권 1표)로서 한국에 관한 결의안을 가결 채택하였다. 가결된 정식 결의안은 다음과 같았다.35)

---

33) "韓國承認은 統一促進." 『동아일보』 (1948년 12월 9일자).
34) "'UN 政委'決議案內容." 『경향신문』 (1948년 12월 10일자).

(一) 총회는 유엔 韓國委員團의 事業을 是認함.
(二) 총회는 大韓民國政府가 유엔 韓國委員團監視下에 自由選擧에 依한 合法 政府라는 것을 宣言함.
(三) 총회는 韓國駐屯美蘇占領軍이 實踐可能한 限 早速히 撤退할 것을 建議함.
(四) 총회는 유엔 韓國委員團을 앞으로 一年間 存續시키고 또 한 번 韓國을 統一시킬 것을 指示함.
(五) 총회는 유엔 韓國委員團이 美蘇兩占領軍撤退時에 兩占領軍을 監視하고 同時에 確證할 것을 指示함.

총회는 한국의 통일을 위해 7개국 한국위원단을 설치하였다. 한국위원단은 호주, 중국, 엘살바도르, 프랑스, 인도, 필리핀, 시리아 등의 7개국 대표로 구성되었다. 당초에는 9개국이었는데 캐나다와 우크라이나를 제외하고 7개국으로 구성하자는 캐나다 제안을 42대 0표(기권 3표)로 채택하였다. 우크라이나는 위원단에 참가하지 않겠다고 발표했다. 한국위원단의 임무는 다음과 같았다.[36]

一, 治安部隊를 包含한 韓國統一을 企圖할 것
二, 南北韓間 經濟的, 社會的 其他 障壁撤廢를 希求할 것
三, 合法의 韓國正府의 去益發展에 關하여 相議할 것

원래 총회는 11일 밤에 종료할 예정이었으나 한국문제 결의안에 대한 소련 블록의 방해로 12일까지 연기되었다. 소련 대표 안드레이 비신스키(Andrei Yanarievich Vyshinskii) 외상 대리는 서방국가들을 전쟁 선동자

---

35) ""UN 政委"決議案內容."『경향신문』(1948년 12월 10일자).
36) "世界萬邦大韓民國共同承認."『경향신문』(1948년 12월 14일자).

라고 비난하였다. 폴란드, 체코슬로바키아 대표도 대한민국 정부 승인에 반대하였다. 미국은 유엔이 원자탄을 불법화하고 군비를 1년 이내에 감축하도록 요구한 소련 결의안 승인을 방해하였다. 총회는 북한정부를 승인하라는 소련측 제안에 대해서는 46대 6표로 부결하였다.37) 이로 인해 한반도에서 유일한 합법적인 정부는 대한민국이 되었던 것이다.

세계가톨릭교회는 유엔에서 대한민국 정부가 승인될 수 있도록 많은 노력을 기울였다. 이는 냉전체제하에서 소련의 팽창을 저지하려는 미국과 가톨릭교단, 즉 바티칸의 지원이 작용하였다. 제2차 세계대전 기간에 국제외교무대에서 큰 영향력을 행사했던 교황 비오 12세는 1947년에 장면과 깊은 관계를 맺고 있던 미국 메리놀 외방전교회의 번 주교를 한국 특사로 파견하였다. 이는 국제관례상 교황청이 한국을 주권국가로 승인한 것으로 이해되어 한국이 국제적 승인을 얻는데 큰 힘이 되었다. 특히 비오 12세는 제3차 유엔총회 한국대표단에 대해 지원할 것을 바티칸의 국무장관 몬트니 대주교와 재불 교황 대표 론칼리 대주교에게 명령하는 등 외교적 지원을 아끼지 않았다. 그리고 가톨릭언론의 절대한 호응과 교회측의 기도 후원은 대한민국 정부 승인의 커다란 요인이 되었다.

장면은 무사히 대한민국 정부가 유엔에서 승인되자 대통령의 특사로서 로마 바티칸 궁을 찾아 비오 12세를 만났다. 국내에서는 장면의 이러한 방문에 대해 다음과 같이 큰 기대를 걸었다.

> 이는 戰後 外交上으로 바듸칸의 意義가 國際的으로 重大한 만큼 수番 張勉氏의 敎皇廳 訪問은 南北統一을 앞둔 新生 大韓 外交面에 一大

---
37) "世界萬邦大韓民國共同承認." 『경향신문』 (1948년 12월 14일자).

飛躍이 아닐 수 없으며 同訪問의 結果는 國際的으로 至大한 好影響을 초래할 것으로 자못 期待된다.38)

유엔이 대한민국 정부를 승인하자 미국을 시작으로 여러 국가와 외교 관계를 맺을 수 있었다. 유엔결의안에 찬성했던 26개국이 1950년 3월까지 대한민국 정부를 외교적으로 승인하였다. 1949년 미국을 시작으로, 중국, 영국, 프랑스, 필리핀, 캐나다, 로마교황청, 칠레, 브라질, 뉴질랜드, 도미니크공화국, 볼리비아, 쿠바, 네덜란드, 그리스, 코스타리카, 터키, 아이티, 호주, 벨기에, 엘살바도르, 이란, 타이, 에콰도르, 우루과이, 페루 등과 외교 관계를 맺었다.39)

3. 한미상호방위조약

이승만은 유엔이 한국을 한반도에서 유일한 합법적 정부로 승인하자 미국과 가장 먼저 외교관계를 맺고 미국의 군사지원을 최우선의 과제로 삼았다.40) 대한민국의 생존을 위해서는 미국의 군사적 안보가 가장 중요하다고 판단했다. 미국과 외교 관계가 수립됨으로써 1949년 1월 미국 워싱턴에 대사관을 설치하고 최초의 초대 대사로 장면을 임명하였다. 그리고 조병옥을 대통령 특사 겸 유엔대표단 단장으로 임명하고 미국으로 보냈다. 이승만은 이 두 사람에게 북한보다 우수한 한국군을 육성할 수 있는

---

38) "國聯派遣代表等明日壯途에." 『경향신문』 (1948년 9월 8일자).
39) 김영호. 2014. "대한민국의 건국외교: 정부 승인과 외교기반 구축." 『한국정치외교사논총』 35:2, 59-60.
40) 유영익(2013), 263.

군사적 지원을 미국에게 요청하고 상호방위조약의 가능성에 대해 타진해 볼 것을 지시했다. 미국은 이승만의 요구를 들어줄 생각이 없었고 미국 대사 무초(John J. Muccio)를 통해 입장을 밝혔다. 1949년 5월 7일 무초는 기자회견을 열고 미국 역사상 어느 국가와도 상호방위조약을 체결한 일이 없기 때문에 한미상호방위조약은 불가능하다는 뜻을 밝혔다.[41]

소련군이 북한에서 철수하자 미군도 1949년 6월 군사고문단만 남겨둔 채 철수했다. 이승만은 미군이 철수하기 전인 5월 17일에 미국이 북대서양조약기구와 맺은 상호방위조약과 유사한 태평양조약을 한국과 체결하든지 한미 간에 상호방위협정을 체결하거나 아니면 한국을 방위하겠다는 약속을 공개적으로 할 것을 요구했다. 미국은 여전히 부정적이었으며 1950년 1월 26일 실속 없는 조약인 상호방위원조협정(Agreement on Mutual Defense Assistance, 1950년 1월 26일)과 주한미군사 고문단설치협정(Agreement for the Establishment of the U.S. Military Advisory Group to the Republic of Korea)만 맺었을 뿐이었다.[42]

이러한 상황에서 김일성이 소련 스탈린 승인과 모택동의 군사적 지원을 약속받고 1950년 6월 25일 남침을 감행함으로써 한국전쟁이 시작되었다. 이승만은 즉시 미국에 군사 개입을 요청하였다. 그리고 남한의 70만 그리스도인이 북한의 점령으로 절박한 위험에 처해 있다며 미국을 비롯한 57개국 국가에 도움을 요청하였다. 그는 공산주의자들이 그리스도를 목표로 삼은 이유는 모스크바 통치에 반대하고 남한지도자들이 그리스도인이기 때문이라고 설명했다.[43] 7월 14일에는 한국군의 작전 지휘권을 유엔

---

[41] 유영익(2013), 263-264.
[42] 유영익(2013), 264.
[43] 윤정란. 2015. 『한국전쟁과 기독교』. 서울: 한울아카데미, 139.

군 총사령관인 맥아더에게 양도하였다. 북한군은 6월 27일 서울을 점령하고 한 달 만에 낙동강까지 남하하였다. 한국정부는 대전, 대구를 거쳐 부산까지 피난을 가서 그곳을 임시수도로 정하였다. 그러나 9월 15일 인천 상륙작전으로 반격이 시작되어 9월 28일 서울을 수복하고 38선을 넘어 북으로 진격하였다. 그런데 10월 19일 중공군이 전쟁에 개입함으로써 유엔군과 한국군은 후퇴하기 시작했다. 1951년 1월 4일 서울은 중공군과 북한군에게 점령당했다가 3월 14일 다시 탈환했다. 3월 24일에는 38선까지 밀고 올라갔다. 미국은 중공군이 개입하자 핵무기 사용도 고려하였으나 참전국과 미국 여론의 반대에 자제하기로 하고 계속 북진을 주장하는 맥아더를 해임하였다. 그리고 한국전쟁을 제한전으로 종결짓기로 결정하였다. 1951년 6월 23일 유엔의 소련 대표 야코프 말릭(Jacob Malik)이 휴전을 제의하자 미국은 이를 받아들이고 7월 10일부터 휴전회담이 시작되었으나 의견 대립으로 교착상태에 빠졌다.[44]

이승만은 휴전회담을 계속 반대했으며, 1952년 3월초 트루먼에게 미국이 한국과 상호방위조약을 체결해야만 한국인들이 휴전을 받아들일 수 있을 것이라고 주장하는 공한을 보냈다. 그러나 미국에서는 이승만의 요구를 묵살했다. 1952년 12월 한국전쟁의 조기 종결을 공약으로 내세운 아이젠하워가 대통령에 당선되고 1953년 3월 스탈린이 사망함으로써 휴전회담은 급물살을 탔다. 이승만의 계속된 한미상호방위조약 체결 요구에 아이젠하워, 국무장관 존 덜레스(John F. Dulles), 육군참모총장 콜린스(J. Lawton Collins) 등은 묵살했다. 미국은 이승만의 요구보다는 16개유엔 참전국 명의로 대제재선언(the greater sanctions declaration)을 공개적으

---

44) 서중석. 2013. 『사진과 그림으로 보는 한국현대사』(개정판). 웅진지식하우스, 131-138.

로 발표하고 한국군을 20개 사단으로 증강하는 계획을 가지고 있었다. 이러한 계획을 전해들은 이승만은 유엔참전국의 대제재선언은 무의미하다면서 휴전반대운동을 계속할 것이라고 주장했다. 미국은 이승만의 태도에 긴급하게 회의를 개최한 후 미 필리핀조약 혹은 ANZUS(Australia New Zealand and the United States) 조약에 준하는 방위조약을 체결할 수도 있다고 밝혔다. 그러나 이승만은 미일안보조약에 준하는 상호방위조약 체결을 주장하며 반공 포로 석방으로 미국을 놀라게 했다. 유엔군 사령관 동의 없이 이승만은 6월 18일 새벽 반공포로 2만5천여 명을 석방시켰다. 이에 아이젠하워는 '대전협정'을 위반했다고 비난했다. 미 국무부 극동문제 담당 차관보 월터 로버트슨(Walter S. Robertson)이 이승만을 만나기 위해 서울로 날아왔다. 6월 24일 도착한 로버트슨은 7월 12일까지 서울에 체류하며 이승만과 협상을 진행했다. 올리버도 이 협상에 참여했다. 로버트슨과 회담을 하는 자리에서 이승만은 미국이 역사적으로 한국문제를 처리할 때 한국 측과 협의를 하지 않은 사례가 많았고 대한민국은 주권국가로서 동등한 자격을 가진 동맹국으로 대접받아야 한다고 목소리를 높였다. 그리고 한미상호방위조약의 즉각적인 체결과 경제원조, 그리고 한국 육군의 20개 사단으로의 증강 등을 요구했다. 그러면서 한미 간의 상호방위조약은 한국이 제2의 중국이 되는 것을 사전에 방지할 수 있다고 강조했다. 로버트슨은 7월 1일 국무장관인 덜레스에게 회유와 압력의 전략으로 이승만의 협력을 얻어내야 한다고 보고서를 보냈다. 여러 차례의 협의 이후 이승만과 로버트슨은 상호방위조약의 초안을 교환하였다.[45]

7월 27일 유엔군과 공산군은 판문점에서 휴전협정에 조인하였다. 이승

---

45) 유영익(2013), 266-270.

만은 휴전협정이 조인되던 날에도 덜레스에게 상호방위조약 체결에 대한 서한을 보냈다. 덜레스 일행은 1953년 8월 4일 한국에 도착한 후 5일 이승만을 만났다. 8월 7일 이승만은 덜레스와 만난 자리에서 미국의 즉각적이고 자동적인 개입을 보장하는 조약인 NATO조약과 같은 조약으로 한미상호방위조약이 체결되어야 한다고 주장했다. 처음에는 의견의 충돌이 있었지만 서로 양보한 끝에 현실적인 상호방위조약을 체결하는데 협의했다. 국무총리 백두진과 외무부장관 변영태는 올리버의 도움을 받아 로버트슨과 상호방위조약의 초안 문안을 놓고 협상을 벌인 후 8월 8일 변영태와 덜레스는 경무대에서 한미상호방위조약안에 가조인(假調印)했다. 그 다음 덜레스는 이 조약은 미국 청년들의 피로 봉인되었다고 선언하였다. 이승만은 이 조약의 역사적 의의를 다음과 같이 발표하였다.[46]

    오늘날 미국과 상호방위조약이 성립된 것은 1882년 조미통상조약 이후로 우리나라 독립 역사상에 가장 긴중한 진전이다.
    강대한 이웃 나라 중간에서 비교적 소약국으로 알려진 우리나라는 금수강산에서 산출되는 풍부한 물산 때문에 자고로 탐내는 나라들이 많았다. 따라서 우리나라는 어떤 큰 이웃 나라를 의지하지 않고는 독립을 보장하기 어렵다는 뜻의 '주인없는 땅no-man's land'으로 여겨져 왔다. 우리는 애당초 국제상 도의를 믿고 군비를 소홀히 한 결과 무력을 숭상한 일본이 서양 각국의 도움을 받아 우리나라 역사상 전례없는, 치욕스럽고 통분한 40년간의 노예상태로 몰아 넣었던 것이다.
    일본이 세계를 정복하려다가 패전하고 그 뒤에 연합국이 한국을 어떻게 조치할까 하여 저희들끼리 모여서 한반도 분할 점령 정책을 정하고 우리로 하여금 그 결정에 복종케 한 결과 필경은 남북 분열의 참담한 상태를 이루었던 것이다. 그러나 다행히 천의인심의 순환을 응해

---

[46] 유영익(2013), 276.

우리 전 민족의 한 마음 한 뜻과 우리 청년들의 애국충심으로 우방의 도움을 얻어 우리 국군이 놀랍도록 짧은 시일 내에 동양에서 가장 큰 군병의 하나로 발전했으니 이는 실로 커다란 공효의 성취라 하겠다.

변영태와 덜레스는 10월 1일 워싱턴에서 정식으로 조약에 서명함으로써 한미상호방위조약이 마침내 체결되었다. 1954년 1월 15일에는 한국 국회에서, 1월 26일에는 미 상원에서 각각 이 조약에 비준하였다. 그 다음 1954년 7월 26일 워싱턴을 방문한 이승만이 아이젠하워와 두 차례 정상회담 후 양국 실무자 협의가 이루어져 1954년 11월 17일에 '경제와 군사 문제에 관한 한미합의의사록(Agreed Minute Relating to continued Cooperation in Economic and Military Matters)'이 조인되었다. 이 조약의 발효는 합의록이 조인되던 날 양국을 대표해서 변영태와 대사 브리그스가 한미상호방위조약의 비준서를 교환함으로써 이루어졌다. 이 방위조약은 전문과 본문 6조 및 부속문서로 되어 있으며 그 핵심 내용은 다음과 같다.[47)]

(1) 한국은 국제연합(UN)을 통한 가능한 노력을 포함하는 국토통일을 위한 노력에 있어서 미국과 협조한다.
(2) 국제연합군사령부가 대한민국의 방위를 위한 책임을 부담하는 동안 대한민국 국군을 국제연합군사령부의 작전지휘권 하에 둔다. 그러나 양국의 상호적 및 개별적 이익의 변경에 의하여 가장 잘 성취될 것이라고 협의 후 합의되는 경우에는 이를 변경할 수 있다.
(3) 1955 회계연도에 총액 7억달러에 달하는 계획적인 경제원조 및 직접적 군사원조로써 대한민국이 정치적 경제적 군사적으로 강화되도록 원조하는 미국의 계획을 계속한다.

---

47) 차상철(2013), 63.

(4) 대한민국의 군비를 지원하기 위한 계획을 실시함에 있어서 대한민국의 적당한 군사대표들과 충분히 협의한다.
(5) 대한민국의 도발에 의하지 않는 침공이 있을 경우에는 미국의 헌법 절차에 의거하여 침략자에 대하여 그 군사력을 사용한다.

조약이 체결됨으로써 한미방위체제는 한국방위의 핵심을 이루게 되었고, 이를 바탕으로 하여 한국은 방위력의 증강은 물론 경제적 발전까지 이룩할 수 있었다. 특히 주한미군과 한미연합사령부설치는 이 조약을 구체적으로 실천한 것이라고 할 수 있다. 이 조약은 한국이 외부로부터 무력공격을 당할 때에만 미국이 조약상의 의무를 이행한다고 규정하고 있다. 그렇기 때문에 남한이 북한을 먼저 무력 공격을 할 때에는 미국이 책임지지 않는다. 조약의 적용 범위는 태평양지역에 국한되어 있으므로 남한은 미국 영토내의 분쟁에 개입할 수 없다. 이 점에서 이 조약은 쌍무조약이 아닌 미국이 일방적인 의무를 지는 편무조약의 성격이 강하다. 또한 이 조약에서는 남한에 미군 주둔을 허용하고 있으므로 미일안보조약과 상당히 유사하다. 합의의사록의 발표로 미국은 1955년도 회계연도에 7억 달러 규모의 군사 및 경제 원조를 한국에 제공했으며, 이중 군사원조가 4억 2천만 달러였고 나머지는 3억 8천만 달러가 경제구조였다. 이와 함께 10개 예비사단의 신설과 79척의 군함, 약 100대의 제트 비행기를 제공하기로 약속함으로써 한국은 육군 66만 1천 명, 해군 1만 5천 명, 해병대 2만 7천 500명, 그리고 공군 1만 6천 500명으로 구성되는 총 72만 명의 군대를 보유할 수 있게 되었다.[48]

이 조약 제2조에 "대한민국은 유엔군사령부가 대한민국의 방위를 책임

---

48) 유영익(2013), 271.

지는 한 그 군대를 유엔군사령부의 작전통제권(operational control)아래에 둔다"라고 규정하여 이승만의 독단적인 북진무력통일을 위한 군사행동을 사전에 차단시켰다. 유영익은 한미상호방위조약을 "미국이 다시는 한국을 배신하지 못하도록 미국의 발목을 잡은" 역사상 보기 드문 외교적 위업이라고 평가하였으나 남한 내에 미군 주둔을 허용하고 국군이 작전권을 미군에 예속시킨 점에서 한국인의 자존심과 국가의 주권을 훼손한 점도 있었다는 것을 지적하였다.[49]

---

49) 유영익(2013), 276.

제 5 장
결론

　1948년 대한민국 정부가 수립된 이후 미국에 전적으로 의존하던 대미 외교는 이승만에 의해 독점적으로 운영되었다. 오늘날까지 이승만에 의해 구축된 한미관계는 한국사회의 대미인식에 큰 영향을 미치고 있다. 2006년 조선일보 주필은 다음과 같은 사설을 썼다.

　　자주를 들먹이는 횟수가 잦은 사람일수록 한미동맹의 역사에 무지한 사람들이 많다. 일본식민지에서 해방된 45년 8월 15일부터 한국과 미국이 동맹관계였던 걸로 알고들 있다 … 그러나 그 미군은 동맹의 의무를 지키려고 뛰어온 동맹군은 아니었다 … 대통령 이승만은 북한의 재침략을 막을 수 있는 방법은 동맹으로 미국의 발을 이 땅에 묶어 놓는 것 밖에 없다고 생각했다. 그러나 고금의 역사에 작은 나라를 위해서 큰 전쟁에 뛰어들려는 나라는 없는 법이다. 대통령 이승만이 한미동맹을 추진하면서 미국 주재 한국대사에게 보냈던 수백통의 전보와 주한 미국대사를 경무대로 불러 나눴던 수십건의 대화기록은 백척간두에 서 있던 대한민국의 절박함을 증언해 주고 있다. 미국을 어르고 달래며 방위조약 체결을 밀어 붙이던 이승만에게 '사기꾼'이라는 모욕적 표현을 붙이는 것도 서슴지 않았다는 기록까지 남아 있다. 이런 수모를 견뎌내고 움켜쥔 것이 전문과 6개 조항으로 된 '대한민국과 미합중국의 상호방위조약'이다. 200자 원고지 7-8장 분량의 짤막한 조약이다. 6.25 전쟁에서 흘린 수백만명의 한국인의 피가 밴 문서다. 이로써 한국과 미국은 비로소 동맹국으로 맺어졌고 전쟁의 거친 숨소리도 잦아들었다. 무엇보다도 전쟁 예방이 가능해진 것이다.1)

이 사설은 1953년 한미상호방위조약 체결이 이승만의 뛰어난 외교력에 의해서 성사된 것이며 오늘날까지 한미동맹은 대한민국을 지키고 성장시킨 원동력이라고 평가한다. 오늘날 여전히 이승만의 대미외교에 대해서는 자주와 사대의 관점에서 평가가 나뉜다. 자주와 사대의 관점에서 평가되는 이승만의 대미외교는 오늘날까지도 이러한 관점에서 평가가 나뉜다. 이승만의 외교활동에 대한 기존의 연구에서는 이승만이 친미 일변도의 외교를 한 것이 아니라 미국과의 대립과 갈등 속에서 자율성과 자주성이 존재했다는 해석이다. 신탁통치반대, 미군철수 반대, 북진통일론, 휴전협정의 반대, 한미상호방위조약의 체결 등이 자율성과 자주성을 확보한 외교였다는 것이다. 1945년 이후 냉전이라는 국제질서체제에서 신생독립국인 한국은 최강대국인 미국에게 협조하면서도 가능한 한 많은 군사 및 경제원조를 받았다는 점에서 실용주의적이고 현실주의적인 외교활동이었다고 평가한다.

반면 이승만의 외교활동은 대미의존적이고 친미사대주의적이라는 평가가 있다. 즉 정권을 획득하고 유지하기 위한 수단으로 대미외교 과정에서 미국과 대립과 갈등을 벌이면서 미국의 적극적인 군사개입을 유도했다고 부정적으로 보는 것이다.

---

1) 오제연. 2006. "가로막힌 남북 평화공존의 길: 휴전협정과 이승만의 선택."『내일을 여는 역사』26, 60-61.

미국은 오늘날까지 한국에 단순한 우방국가나 의례적인 외교 상대국이 아니라 결정적인 힘을 갖고 있는 존재이다. 한국 현대사에서 미국은 한국의 운명을 좌지우지해 온 결정자였다. 미국은 1882년 조미수호통상조약 체결 이후 가쓰라-태프트 밀약, 소련군과 함께 남북 분할점령, 신탁통치, 미군정통치, 한국전쟁에 이르기까지 한국의 운명에 결정적인 역할을 하였다.

제2차 세계대전 종전 과정에서 미소의 한반도 분할 점령은 한국정치체제의 성격뿐만 아니라 외교정책의 방향성을 규정하였다. 연합국의 일원이었던 미소가 전후 냉전체제에 돌입하면서 국제정치질서 체제는 대전환기를 맞이하였다. 한국전쟁은 한국으로 하여금 국가의 생존을 전적으로 미국에 의존하게 만들었다.

이러한 시기에 정부를 수립하고 한국전쟁을 경험한 이승만정권은 미국과 긴밀한 관계를 가지면서 미국의 전적인 영향력 하에 놓였다. 그 결과 이승만은 친미사대주의자로 보일 수밖에 없었다. 당시 국제적 상황과 신생독립국의 안보와 경제재건이라는 측면에서 볼 때 이승만 개인이나 정권은 미국에 전적으로 의존해야 했다. 오늘날 대한민국의 친미성향도 보는 관점에 따라서 사대주의적일 수도 있고 자주적일 수도 있는 것이다. 친미의존도에서만 보자면 사대주의적이지만 북한 고립화정책에서는 자주적인 안보외교라고 할 수 있다. 그러므로 사대와 자주는 역사적 상황, 혹은 보는 관점에 따라 다르게 해석될 수 있는 문제라고 할 수 있다.

결론

오늘날 한국사회에서 '사대주의와 민족자주론'이라는 문제를 둘러싸고 역사적인 논쟁을 벌이는 것은 미래 한국이 나아갈 방향이 어디인지에 대한 해답을 구하기 위한 것이라고 할 수 있다. 19세기말 이후 서구 열강들이 한반도에 들어오면서 많은 지식인들은 당시 한반도의 미래는 어디로 가야 하는지에 대한 해답을 구하기 위해 논쟁을 벌였다. 구한말에는 중국의 문화를 두고 자주와 사대, 일제강점기에는 일제에 대한 태도를 두고 자주와 사대, 해방 이후에는 미국에 대한 태도를 두고 자주와 사대 등으로 논쟁이 벌어졌다. 이렇게 본다면 역사적으로 사대와 자주의 논쟁이 끊임없이 벌어진 것은 한반도의 지리적 위치와 밀접한 관계가 있었다.

한반도는 개항 이전에는 중국, 일제강점기에는 일제, 해방 이후에는 미국과의 관계 속에서 운명이 좌지우지 되었다. 이러한 관계 속에서 강대국과 어떻게 관계를 가지며 민족자주의 길을 지킬 것인가를 두고 계속 논쟁을 벌여왔던 것이다.

이 책은 총 3부로 구분해서 역사적으로 전개되었던 민족자주노선과 사대주의노선을 살펴보았다. 제1부에서는 위정척사파와 문명개화파, 제2부에서는 일제강점기 조선지식인의 자주독립노선과 친일사대주의노선, 제3부에서는 한미관계 속에서 이러한 문제를 추적해 보았다.

제 1부에서는 문명개화와 위정척사의 화이관을 살펴봄으로써 사대와 자주의 문제를 다루었다. 개항에서 대한제국 시기 가장 중요한 문제는 서구에 의한 문명개화를 선택할 것인지 아니면 중화문명의 보존을 통해 국가위기를 극복할 것인지에 집중되었다. 그것은 서구문명에 대한 사대주의적 양상과 동시에 중화문명에 대한 사대주의적 양상을 보여주며, 반면 서구문명에 따른 자주적 근대화의 실현을 위한 노력과 의지를 보여주는 동시에 중화문명의 정통성을 계승해서 우리를 중심으로 하는 새로운 질서의 구축의지라는 자주성으로도 비쳐질 수 있다. 이와 같은 모순된 양면성은 사실상 자주 대 사대의 구도로부터 개화파 대 위정척사파를 바라볼 경우 발생하는 선입관에 불구하며, 오히려 그들 내부논리와 실천양상에서 외형상 나타나는 사대 대 자주의 의미와 달리 각자가 사대와 자주의 논리가 교차하고 갈등하고 있었다.

제 2부에서는 일제 강점기에 자주독립노선과 친일사대주의노선을 걸었던 조선지식인을 살펴봄으로써 사대와 자주의 문제를 다루었다. 이 부에서는 유교지식인, 근대민족지식인들, 그리고 친일지식인들로 구분해서 살펴보았다.

유교지식인들의 자주독립노선은 다음과 같았다. 1910년 대한제국이 멸망하자 유교 지식인들은 큰 충격을 받았고 자존감 상실로 이어졌다. 국권을 상실한 다음날부터 전국 유림들이 자정순국으로 생을 마감했다. 그 해에 이 길을 선택한 유림들은 38명에 이르렀다. 이외에 상소, 망명, 투서, 서원, 항일사적에의 정기 향사 등 다양한 방법으로 항일운동을 전개하였다. 이중에서 가장 강력한 항일의 양상은 의병투쟁이었다. 유림들은 복벽론을 제기하면서 독립의군부를 결성하였으나 1914년 일제에 의해 그 조직이 파괴당하고 말았다.

국내에서 항일유림세력 조직이 거의 궤멸되었기 때문에 1919년 3·1운동이 일어났을 때 유림세력은 민족 대표 33인에 포함되지 못했다. 김창숙은 유림이 국가적 사명을 다하지 못해서 나라가 망했는데 다시 광복운동에서도 유림이 빠진 것은 정말 부끄러운 일이라며 개탄했다. 이에 그는 유림이 파리강화회의에 대표를 파견하여 국제여론의 환기로 독립을 인정받을 수 있다면 유림도 광복운동의 선구가 될 수 있다고 동지들에게 제안했다. 그리하여 김창숙은 1919년 3월 파리강화회의에 '儒敎徒呈巴黎和會書'로 명명된 '한국독립청원장서'를 가지고 조선의 독립 문제가 의제에 상정되도록 추진하는 역할을 맡았다.

김창숙은 1차 유림단 의거 이후 식민당국에 의해 국내 유림들의 구속과 체포가 이루어지자 상해로 망명하여 손문(孫文)을 만나 조선독립을 위한 중국의 협력과 지원을 얻어내고 상해의 대한민국임시정부를 지원하기 위해 모금운동을 전개했다. 이후 김창숙은 대한민국임시정부 수립과 활동에 참여하여 외교활동을 전개했지만 국내 유림세력의 지원미비로 인해 중국 혁명인사들에게 지원을 요구할 수 없었다. 중국 혁명인사와 군벌에 대해 직접 현장에서 경험한 김창숙의 입장과 국내 유림의 기대와는 괴리를 갖는 것이었고 2차 유림단 의거에 가서야 중국에 대한 기대감에서 탈피하게 된다. 이로 인해 중국현실을 체험한 김창숙뿐만 아니라 국내 유림세력 역시 중국에 대한 전통적인 동질성과 지원 기대에서 독립에 강조점을 둔 자조의 방향으로 전환하였다. 그 결과 2차 유림단 의거로 이어졌다.

2차 유림단 사건은 1925년 김창숙이 국내로 복귀하여 영남유림을 중심으로 의병양성의 군비모금을 진행했던 일이다. 2차 유림단 의거도 내부의 비협조와 실망감, 식민당국의 검거로 인해 좌절되었다. 이후 김창숙은 의열(義烈) 투쟁을 더 강조하게 되었다. 김창숙은 의열투쟁을 위해 나석주에게 무기와 행동 자금을 제공하였다. 김창숙은 14년형을 선고받았으나 1934년 9월 병의 악화로 풀려났다. 이후 그는 일제의 정책에 끝까지 저항하였다.

근대민족지식인들의 저항논리는 대동단결선언에서 잘 나타나 있었다. 이 선언에서 보면 순종(융희황제)이 삼보(토지·인민·주권)를 포기한 8월 29일은 민족 전체에게 삼보를 계승한 8월 29일이므로 대한제국의 완전한 상속자라고 선언하였다. 황제가 한민족 전체에게 주권을 상속한 것이므로 일제가 주권을 양도받았다는 것은 근본적으로 무효라고 주장하였다. 그러므로 민족 전체가 당연히 이 삼보를 계승하여 통치할 특권이 있고 또 대통을 상속할 의무가 있다고 선언하였다. 삼보는 민족 고유의 것임을 천명한 것이었다. 그러므로 이들의 자주독립노선은 황제가 국민에게 주권을 양도한 것이므로 국민 스스로 나라를 이끌어가고 성취를 이룩해야 한다는 것이었다. 근대민족지식인들은 이러한 주권의식에 따라 1919년 상해에서 대한민국임시정부를 수립하였다. 1931년 만주사변, 1937년 중일전쟁 등으로 일본이 중국 대륙을 침략하자 임시정부는 여러 곳을 옮겨 다녔으며 1940년 중경에 안착하고 한국광복군을 창설하였다. 일본이 태평양전쟁을 일으키자 한국광복군도 선전포고를 하고 전쟁에 참전하였다. 민족주의 지식인들은 1910년 8월 29일은 망국의 날이 아니라 국민에게 주권을 상속한 날이라고 생각했기 때문에 36년간 좌절하지 않고 독립운동을 지속할 수 있었던 것이다.

이에 반해 사대주의 지식인들은 1919년 3·1운동 이후 일제가 그동안 무단통치에서 문화통치를 표방하자 일본 문화주의를 수용했다. 이 시기부터 본격적으로 선실력 후독립을 요구하는 실력양성론이 제기되었다. 최남선·김성수·이광수 등은 식민당국과 정치적으로 타협하고 협력하여 민족이 독립할 수 있는 실력부터 길러야 한다고 주장하였다. 그래서 민족성을 개조하고 조선인 각자가 근대 서구적 시민으로 다시 태어나야 할 것과 조선총독부의 정책에 더 적극적으로 참여할 것을 주장하는 민족개조론과 자치론을 전개했다.

그러다 1937년 중일전쟁을 기점으로 일본이 계속 승전하리라고 내다본 친일지식인들은 조선의 독립이 이제는 불가능하다고 생각하였다. 조선은 힘이 없어 독립할 수 없다는 입장과 독립하지 않는 것이 조선인들에게 더 낫다는 입장을 가졌다. 일본이 전쟁에서 승승장구할수록 후자의 입장이 강해졌다.

일본은 조선인들을 전시정책에 총동원하기 위하여 내선일체와 황민화 정책을 강요하였다. 그런데 일반 조선인들은 유언비어를 확산시키면서 일제의 총동원정책에 차질을 가져왔다. 일제는 일반 조선인들을 설득시키기 위해 친일지식인들을 활용하였다. 친일지식인들은 대동아공영권, 내선일체, 전쟁협력 등과 같은 많은 글들을 신문, 잡지 등에 기고하며 일반 조선인들이 일제의 전시정책에 적극 참여할 것을 독려하였다. 동시에 친일단체를 조직하여 강연, 거리행진 등을 통해서도 일제의 전시정책을 적극 선전하였다. 즉 힘이 강한 일제에 어떤 의문도 가지지 못하고 무조건 순종하는 것이 조선을 위해서도, 자신을 위해서도 행복한 미래를 가져다준다고 생각했다. 이와 같이 일제 식민지 통치기 조선 지식인들이 조선 독립에 대한 희망을 가지느냐 아니면 좌절하느냐에 따라 자주독립노선과 친일사대노선으로 구분되었던 것이다.

제 3부에서는 해방이후 강력한 친미관을 가지고 대한민국 정부수립 이후 초대 대통령이 된 이승만의 대미인식 형성과 대미활동에 초점을 맞추어 사대와 자주의 문제를 살펴보았다. 이승만이 친미적 대미관을 형성한 것은 19세기말 이후부터였다. 그는 미국선교사로부터 미국을 처음 접하게 되었고 호감을 가지게 되었다. 어렸을 때 서당에서 한학을 공부하던 도중 천연두로 시력을 상실하게 되었을 때 몇 달 동안 한의사로부터 치료를 받았으나 차도가 없자 이승만의 부모는 주위의 권고로 미국선교사 알렌을 찾아가 치료 3일 만에 시력을 되찾게 되었다. 그로 인해 미국인에 대해 좋은 감정을 가지게 되었지만 기독교와 미국이라는 나라에 대한 호감으로 이어지지 않았다. 그러다 1894년 과거제도 폐지로 1895년 4월 배재학당에 입학한 후 서양의 선교사들로부터 근대학문과 기독교를 배웠다. 그러나 여전히 기독교를 받아들이지 못했다. 이승만이 기독교와 미국을 긍정적으로 받아들이기 시작한 것은 옥중에서였다. 이승만은 졸업 후 독립협회 회원으로 활동하면서 언론인으로서도 활동하였는데 독립협회 간부들이 체포되자 이에 대한 항의 시위를 주도하였고, 이들이 석방되자 중추원 의관으로 임명되었다. 1899년 1월 박영효와 관련된 고종 황제 폐위 음모 사건에 연루되어 1904년 8월까지 5년 7개월 간 한성감옥에 투옥되었다. 1899년 1월 말 탈옥을 시도하다 실패해 종신형을 언도받은 후 기독교로 개종한 후 조선의 미래를 기독교국가인 미국과 같은 나라로 만들고자 결심하였다.

이승만은 직접 미국을 방문한 후 미국의 정치 및 사회제도에 대해서 더 많은 것을 배울 수 있었다. 미국은 여론을 통해 정치를 움직인다는 사실을 알게 되었다. 이승만이 미국을 가게 된 것은 1904년 8월 9일 특별 사면령을 받고 감옥에서 석방된 이후였다. 같은 해 11월 민영환(閔泳煥)과 한규설(韓圭卨)의 주선으로 한국의 독립을 청원하기 위해 미국으로 갔다. 이승만은 성과를 거두지 못 하였다. 1907년 조지워싱턴 대학에서 학사, 하버드 대학(Harvard University)에서 석사학위를 받았고, 1910년 프린스턴 대학에서 박사학위를 받았다. 1910년 황성기독교청년회(YMCA) 청년부 간사이자 감리교 선교사로 활동하던 중 1912년 '105인 사건'에 연루되어 일제의 압박을 받자, 같은 해 4월 감리교 선교부의 도움으로 미국 미네소타에서 열린 국제감리교대회 참석을 빌미로 도미하였다. 이후 1945년 10월 귀국 때까지 계속 미국에서 활동하였다. 1918년 제1차 세계대전이 끝나고 미국의 윌슨(Thomas Woodrow Wilson) 대통령은 '민족자결주의'를 주창하면서 국제연맹(The League of Nations)을 구상하였고, 이승만은 한국을 국제연맹의 위임통치 하에 둘 것을 요청하는 청원서를 윌슨 대통령에게 제출하였다. 장차 완전한 독립을 준다는 보장 하에서 국제연맹의 위임통치를 받는 것이 일본의 식민지로부터 벗어날 수 있는 길이라고 주장하였던 것이다. 그러나 일본이 승전국이었던 상황이었기 때문에 한국 문제는 국제연맹의 고려 대상이 아니었다. 상해 임시정부 의정원은 1919년 9월 6일 이승만을 임시 대통령으로 추대하였고, 그는 1920년 12월부터 약 6개월 동안 상해에서 대한민국 임시정부 대통령직을 수행하였다. 이승만은 1921년 5월 워싱턴에서 개최될 군축회의(The Washington Disarmament Conference) 참석을 목적으로 상해에서 미국으로 돌아갔다.

이승만은 워싱턴에서 대한민국 임시정부 전권 대사로서 한국의 독립 문제를 군축회의 의제로 상정시키고자 하였지만 뜻을 이루지 못 하였고, 1922년 9월 하와이로 돌아갔다. 1925년 3월 11일 임시정부 의정원은 이승만을 탄핵해 대통령직을 박탈하였다.

1933년 11월 이승만은 임시정부 국무위원에 선출되었고, 1934년에는 외무위원회 외교위원, 1940년 주미외교위원부 위원장으로 임명되었다. 태평양 전쟁이 발발한 후 이승만은 미국 정부에 임시정부를 한국의 대표로 승인해줄 것을 여러 차례 요청하였다. 미국의 전략첩보국(Office of Strategic Services)과 연락해 임시정부의 광복군이 미군과 함께 작전을 수행할 수 있도록 연결하는 활동을 하였다. 또한 태평양 전쟁 시기 미국과 소련이 얄타회담에서 한반도 문제에 대해 합의한 후에는 소련을 비판하는 성명을 발표하기도 하였다.

1945년 8월 15일 해방 후 두 달이 지난 10월 16일 귀국하였다. 귀국 직전 일본 도쿄에서 맥아더 장군, 하지 미군정 사령관과 만나 회합을 한 후 귀국한 이승만은 독립촉성중앙협의회를 조직해 회장에 추대되었다. 1945년 12월 28일 모스크바 삼상회의 결정서 발표 이후 김구와 함께 반탁, 반공, 반소운동에 나섰다.

1946년 2월 14일 미소공동위원회의 개최를 앞두고 미군정이 조직한 남조선대한국민대표민주의원에 참여해 의장에 선출되었다. 그러나 미군정이 소련군과 타협해 한반도 문제를 해결하려 하자 의장직을 사퇴하고 지방 순회에 나섰다. 그는 미소공동위원회에 반대하며, 1946년 6월 3일에는 정읍에서 "남쪽만의 임시정부 혹은 위원회 조직이 필요"하다고 발언해 38선 이남에서라도 단독정부를 세워야 한다고 주장하였다. 미소공동위원회가 휴회하자 1946년 12월 미국을 방문해 워싱턴에서 소련과의 타협에 반대하는 활동을 하였는데, 때마침 1947년 3월 12일 트루먼 독트린이 발표되면서 이승만의 미국에서의 활동이 국내에 크게 보도되었다. 1947년 9월 미소공동위원회가 완전히 결렬되고, 한반도 문제가 유엔으로 이관되자 유엔 감시 하에서 실시되는 선거에 참여하였다. 1948년 5월 10일 실시된 국회의원 총선거에서 동대문구 갑 지역구에 단독으로 출마해, 투표 없이 당선되었다. 1948년 5월 31일 국회가 소집되자 선출된 국회의원 중 가장 나이가 많았던 그가 의장에 선출되었으며, 7월 20일 국회에서 선거에 의해 대한민국 대통령에 선출되었다. 같은 해 7월 24일 대통령에 취임하였다. 미국의 정전협정 추진에 반대하며 1953년 6월 18일 반공포로 석방을 지시하였고, 이로 인해 미국 정부와 갈등을 빚었지만, 정전협정에 반대하지는 않되 참여하지 않는 조건으로 미국과 타협하였다. 정전협정을 추진하는 과정에서 미국과의 협의를 거쳐 1953년 10월 1일 '한미상호방위조약'을 조인하였다. 1954년에는 미국을 방문해 의회에서 연설을 하였고, 한국군의 작전통제권을 유엔군사령관 관할 하에 두는 대신 한국에 대한 미국의 군사원조를 약속받는 '한미합의의사록'을 체결하였다. 한미상호방위조약의 체결로 이후 한국사회는 미국에 완전히 의존적인 국가로 나아갔다. 이러한 역사적 과정에서 한국 지식인들은 미국에 어떻게 대응할 것인지를 두고 많은 고민과 성찰을 거듭하였다. 그것은 민족자주론과 사대주의 논쟁으로 나타났다. 이 논쟁 과정에서 한미상호방위조약으로 한국을 미국에 완전히 의존적인 국가로 만든 이승만을 친미사대주의자로 비판하기도 하였다. 이에 이정식은 이승만은 미국 건국이념의 신봉자였고 미국 생활양식에 숙달해 있었으며 미국을 좋아했지만 친미사대주의자는 아니었다고

반박했다.[1]

한국에서 반미감정이 출현한 것은 1980년 광주항쟁 이후였다. 한국사회에는 오늘날 친미와 반미 감정이 혼재되어 있다. 맹목적인 친미주의자들도 존재하고 있다. 해방 이후 한국은 식민지를 이제 벗어난 신생독립국으로서 미국의 절대적인 영향력 하에 놓여 있었고 한국전쟁으로 이러한 영향력은 더욱 강화되었다. 그러나 한국은 점차 급속한 경제성장으로 한국의 국제적인 지위가 향상되었고 세계 속의 국제적 위상도 높아졌다. 이러한 역사적 과정을 거치면서 한국의 대미인식은 객관적이고 다원화되어 갔다고 할 수 있다.[2]

이와 같은 역사과정에서 오랫동안 지속된 민족자주론과 사대주의의 논쟁은 한반도를 둘러싼 강대국에 대해 좀 더 객관적이고 다원적인 인식을 가지는데 기여할 수 있었다. 이렇게 본다면 미국을 비롯한 강대국에 둘러싸인 한국이 앞으로 국제관계를 어떻게 취해야 하는지에 대한 해답을 찾는데 반드시 필요한 것이 민족자주론과 사대주의의 지속적인 논쟁이라고 할 수 있을 것이다. 한국근현대사에서 사대주의는 정부가 존재하지 않았던 1930-40년대 일제의 전시정책에 내선일체를 주장하며 많은 조선인들을 전장에 내몰았던 친일지식인들에게 볼 수 있는 것이며, 정부가 존재하였던 구한말, 해방 이후의 민족자주론과 사대주의론은 뚜렷하게 구분할 수 있는 것은 아니었다. 오히려 미래 한국이 나아가야 할 방향에 대한 해답을 찾기 위한 과정에서 나타난 논쟁이었다고 할 수 있다.

---

1) 이정식. 2000. "해방전후의 이승만과 미국."『이승만연구』. 연세대학교출판부, 434.
2) 유영익, 송병기, 양호민, 임희섭. 1994.『한국인의 대미인식: 역사적으로 본 형성과정』. 민음사, 228-229.

참고문헌

제1차 연구자료

자료

『左傳』.
『論語』.
『孟子』.
『高宗實錄』.
『華西集』.
『重菴先生文集』.
『勉庵先生文集』.
『毅菴集』.

신문

"장면씨 장행회." 『경향신문』(1948년 9월 2일자).
"장면씨 장행회성황 교황청 멭세-지." 『경향신문』(1948년 9월 7일자).
"國運을 銀翼에." 『경향신문』(1948년 9월 9일자).
"정부정식 승인 등 장정사 뉴욕서 소신 피력." 『동아일보』(1948년 9월 15일자).
"스펠만 대주교에 멧세지와 기념품 증정." 『경향신문』(1948년 10월 3일자).
"이북정권 유엔대표 불정부서 입국 거절." 『동아일보』(1948년 9월 17일자).
"UN事業 破壞를 企圖." 『경향신문』(1948년 10월 26일자).
"유엔 政委 參加를 交涉中." 『동아일보』(1948년 11월 21일자).
"韓國承認은 統一促進." 『동아일보』(1948년 12월 9일자).
"UN 政委 決議案內容." 『경향신문』(1948년 12월 10일자).
"世界萬邦大韓民國共同承認." 『경향신문』(1948년 12월 14일자).
"國聯派遣代表等明日壯途에." 『경향신문』(1948년 9월 8일자).
"政府를 速히 樹立." 『경향신문』(1947년 4월 26일자).

논문 · 저서 · 기고문

강동국. 2009. "사대주의의 기원."『일본공간』 5, 138-162.
강상규. 2006. "명성왕후와 대원군의 정치적 관계연구."『한국정치학회보』 40:2, 27-49.
_____. 2010a. "1870~1880년대 고종의 대외관과 자주의식에 관한 연구."『통합인문학연구』 2:1, 5-62.
_____. 2010b. "개화기 조선 지식인의 시대인식."『통합인문학연구』 5:42, 5-42.
_____. 2013.『조선정치사의 발견』. 서울: 창비.
강영심 외. 2013.『한국독립운동의 역사: 1910년대 국외항일운동II- 중국, 미주, 일본』 17. 천안: 독립기념관 한국독립운동사연구소.
강재언. 1983.『근대한국사상사연구』. 서울: 한울.
강필선. 2002. "화서 리기론의 주리적 특성에 대한 일고."『한국철학논집』 11, 9-27.
국사편찬위원회. 2001.『신편 한국사: 전시체제와 민족운동』 50. 과천: 국사편찬위원회.
_____. 2002.『한국사: 대한민국의 성립』 52. 과천: 국사편찬위원회.
금장태. 2009. "19세기 한국성리학의 지역적 전개와 시대인식."『국학연구』 15, 5-54.
김근호. 2009. "화서학파의 형성과정과 사상적 특징."『국학연구』 15, 187-208.
김기승. 2012. "심산 김창숙의 사상적 변화와 민족운동."『한국독립운동사연구』 42, 107-134.
김도형. 2010. "하와이 대조선독립단의 조직과 활동."『한국독립운동사연구』 37, 209-263.
김명호. 2001. "대원군정권과 박규수."『진단학보』 91, 134-173.
김민규. 2005. "개화기 유길준의 국제질서관 연구."『한국인물사연구』 3, 303-326.
김병우. 2006. "대원군의 집권과정과 권력행사."『역사와 경계』 60, 135-176.
김소진. 1998.『한국독립선언서연구』. 서울: 국학자료원.
김영작. 2003. "초기 개화파의 '내셔널리즘'의 사상적 구조."『동양정치사상사』 2:2, 111-146.
_____. 2006.『근대한일관계의 명암』. 서울: 백산서당.
_____. 2008. "한·일 양국의 서양수용에 관한 비교연구."『한일공동연구총서』 6, 90-185.
김영호. 2014. "대한민국의 건국외교: 정부 승인과 외교기반 구축."『한국정치외교사논총』 35:2, 43-72.
김옥균 저·조일문 역주. 1977.『甲申日錄』. 서울: 건국대학교출판부.
김용구. 2001.『세계관 충돌과 한말외교사, 1866~1882』. 서울: 문학과 지성사.
김웅진. 1992.『정치학방법론서설』. 서울: 명지사.
김인식. 2007. "안재홍의 신간회 운동."『애산학보』 33, 83-112.

김일성. 1988. "조선민주주의인민공화국 정부의 정강 발표."『북한최고인민회의 자료집』1. 서울: 통일연구원.

김학민, 정운현 엮음. 1993.『친일파 죄상기』. 서울: 학민사.

김홍우. 1986. "정조조의 천주학 비판."『한국정치학회보』20:2, 51-68.

김희곤. 2001. "제2차 유림단의거 연구."『대동문화연구』38, 461-485.

_____. 2011. "안동유림의 자정순국 투쟁."『국학연구』19, 147-176.

로버트 올리버·박일영(역). 1998.『대한민국 건국의 내막(상)』. 서울: 계명사.

로버트 올리버(Robert T. Oliver). 1979. "내가 아는 이승만박사."『신동아』9월호.

리승만. 1993.『독립정신』. 서울: 정동출판사.

박경환. 2004. "동아시아 유학의 근현대 굴절양상."『국학연구』4, 5-29.

박광용. 1997. "19세기 초중반의 정치와 사상."『역사비평』37, 36-57.

박병주. 2010. "갑신정변과 갑오경장 시기의 사대와 독립의 의미."『한국학연구』34, 39-64.

박상섭. 2008.『국가. 주권』. 서울: 소화.

박성순. 2008. "근대 척사운동의 상징용어에 대한 고찰."『동양학』44, 231-253.

박수현. 2006. "전시파시즘기(1937-1945) 조선 지식인의 체제협력 양상과 논리: 신문·잡지의 친일 글을 중심으로."『한국민족운동사연구』46, 159-198.

박양신. 2017. "대동아공영권의 건설과 식민정책학."『일본연구』28, 147-176.

박정심. 2005. "개화파의 문명의식과 타자인식의 상관성에 관한 연구."『유교사상연구』41, 61-88.

_____. 2009. "근대 위정척사사상의 문명사적 함의에 관한 연구."『한국사상사학』32, 435-464.

박태호. 1985.『조선민주주의인민공화국 대외관계사 I』. 평양: 사회과학출판사.

박현모. 2001. "서학과 유학의 만남."『정치사상연구』4, 1-25.

배경한. 1994. "북벌시기 장개석과 반제문제-제남사건의 해결교섭 과정과 반일운동에의 대응을 중심으로."『부산사학』25:6, 259-308.

백성호. 2005. "국가수립시기 북한 외교의 특징 연구: '후견-피후견 국가관계'(Patron-Client State Relationships)의 시각을 중심으로."『북한연구학회보』9:2, 233-254.

변은진. 2011. "유언비어를 통해 본 일제말 조선민중의 위기 담론."『아시아문화연구』22, 53-92.

변창구. 2013. "심산 김창숙의 선비정신과 구국운동."『민족사상』7:4, 9-35.

부남철. 1996.『조선시대 7인의 정치사상』. 서울: 사계절.
삼천리사. 1939. "시국유지원탁회의."『삼천리』11:1, 36-46.
_____. 1939. "신년사."『삼천리』11:1, 32.
서중석. 2013.『사진과 그림으로 보는 한국현대사』(개정판). 서울: 웅진지식하우스.
서희경. 2006. "대한민국 건국헌법의 역사적 기원(1898-1919)."『한국정치학회보』40:5, 139-163.
細川嘉六. 1941.『植民史』. 東京: 東洋經濟新報社.
손애리. 2012. "동아를 호출하는 세 가지 경로 : 중·일전쟁기 쇼와연구회의 '동아협동체'론을 중심으로."『동아시아문화연구』52, 119-147.
손열. 2017. "지역질서로서 공동체개념의 성장: 동아협동체론의 성립, 전파와 식민지 유통."『동아연구』36:1, 1-31.
송건호. 2002.『송건호전집4: 한국현대사 2』. 서울: 한길사.
아놀드 조셉 토인비 저·김규태, 조종상 옮김. 2012.『역사의 연구 Ⅰ』. 서울: 더스타일.
역사학연구소. 2004.『한국근현대사』. 서울: 서해문집.
염인호. 2003. "김창숙의 재중국 독립운동에 관한 일고찰."『대동문화연구』43, 223-252.
오석원. 1997. "화서 이항로의 척사위정과 의리사상."『유교사상연구』9, 121-148.
오영섭. 2012a. "1910-1920년대『태평양잡지』에 나타난 이승만의 정치사상."『한국민족운동사연구』70, 41-80.
_____. 2012b. "대한민국임시정부 초기 위임통치 청원논쟁."『한국독립운동사연구』41, 81-156.
오제연. 2006. "가로막힌 남북 평화공존의 길: 휴전협정과 이승만의 선택."『내일을 여는 역사』26, 59-70.
와타나베 히로시, 박충석 공편. 2008.『'문명' '개화' '평화': 한국과 일본』. 서울: 아연출판부.
兪吉濬全書編纂委員會 編. 1996.『兪吉濬全書 Ⅰ-Ⅳ』. 서울: 일조각.
유미림. 2002.『조선후기의 정치사상』. 서울: 지식산업사.
유영익 외. 1994.『한국인의 대미인식: 역사적으로 본 형성과정』. 서울: 민음사.
유영익. 1996.『이승만의 삶과 꿈』. 서울: 중앙일보사.
_____. 2002.『젊은 날의 이승만』. 서울: 연세대학교출판부.
_____. 2013.『건국대통령 이승만: 생애, 사상, 업적의 새로운 조명』. 서울: 일조각.
유준기. 2001. "1910년대 전후 일제의 유림 친일화 정책과 유림계의 대응."『한국사연구』 114, 57-91.

유한철. 1995. "1910년대 유인석의 사상 변화와 성격."『한국독립운동사연구』9, 21-44.

윤대식. 2005. "맹자의 왕도주의에 내재한 정치적 의무의 기제."『한국정치학회보』39:3, 7-32.

_____. 2013. "한국 민족주의의 쟁점-민족주의를 바라보는 양가적 시선에 대한 자존의 변명."『정신문화연구』36:2, 331-362.

윤정란. 2015.『한국전쟁과 기독교』. 서울: 한울아카데미.

이광린. 1993.『올리버 알 애비슨의 생애』. 서울: 연세대출판부.

이덕희. 2004. "이승만과 하와이 감리교회, 그리고 갈등: 1913-1918."『한국기독교와 역사』21, 103-126.

이만채 편·김시준 역. 1987.『闢衛編』. 서울: 한국자유교양추진회.

이상익. 2009. "위정척사파의 사회사상."『율곡사상연구』19, 231-261.

이승만. 1904. 11. "상동청년회에 학교를 설치함."『신학월보』.

이승만박사기념사업회 우남실록편찬회. 1976.『우남실록』. 서울: 열화당.

이영훈. 2007.『대한민국이야기』. 서울: 기파랑.

이이화. 1977. "척사위정론의 비판적 검토."『한국사연구』18, 111-140.

이재진, 이민주. 2006. "1920년대 일제 '문화정치' 시기의 법치적 언론통제의 폭압적 성격에 대한 재조명."『한국언론학보』50:1, 221-251.

이정식. 2000. "해방전후의 이승만과 미국."『이승만연구』. 서울: 연세대학교출판부.

이준식. 2005. "파시즘기 국제 정세의 변화와 전쟁인식."『일제하 지식인의 파시즘체제 인식과 대응』. 서울: 혜안.

이택휘. 1987. "조선후기 척사논의의 전개와 그 의의."『한국정치외교사논총』4:1, 163-201.

이황직. 2011. "초기 근대 유교 계열의 민족주의 서사에 대한 연구: 유인석의『우주문답』을 중심으로."『문화와 사회』11, 107-151.

임성모. 2005. "대동아공영권 구상에서의 '지역'과 '세계'."『세계정치』26:2, 101-135.

임종국 편. 1987.『친일논설논집』. 서울: 실천문학사.

장신. 2014. "일제말기 동근동조론(同根同祖論)의 대두와 내선일체론의 균열."『인문과학』54, 87-122.

장인성 외. 2014.『근대한국 국제정치관 자료집 2』. 서울: 서울대학교 출판문화원.

전봉덕. 1978. "박영효와 그의 상소 연구서설."『동양학』8, 175-236.

전상숙. 2005. "제1차 세계대전 이후 국제질서의 재편과 민족 지도자들의 대외 인식."

『한국정치외교사논총』 26:1, 313-349.

_____. 2008. "1920년대 사이토오 총독의 조선통치관과 "내지연장주의"."『담론 201』 11-2, 5-41.

전택부. 1994.『한국기독교청년회운동사』. 서울: 범우사.

정병준. 2005.『우남 이승만 연구』. 서울: 역사비평사.

정윤재. 2005. "일제강점기 민족생존의 정치사상."『동양정치사상사』 4:1, 35-45.

조동걸. 2011.『우사 조동걸전집』. 서울: 역사공간.

조현걸. 2013. "위정척사사상의 변용에 관한 연구."『대한정치학회보』 20:2, 89-112.

차상철. "이승만과 한미합의의사록의 체결."『군사연구』 135, 39-71.

최규진. 2014. "대동아공영권과 '협력적' 지식인의 인식지형."『역사문화연구』 50, 39-76.

최린. 1940. 9. "대동아공영권과 고도국방."『삼천리』.

최영호. 2000. "이승만의 하와이에서의 초기 활동."『이승만 연구: 독립운동과 대한민국 건국』. 서울: 연세대 출판부.

최유리. 1997.『일제말기 식민지 지배정책 연구』. 서울: 국학자료원

최종원. 2014.『이승만의 기독교수용과 기독교국가건설론 연구』. 서울: 북랩.

한국학문헌연구소. 1979.『金玉均全集』. 서울: 아세아문화사.

한기형. 2005. "문화정치기 검열체제와 식민지 미디어."『대동문화연구』 51, 69-105.

한석희. 1988. "전시하 조선의 신사참배 강요와 기독교의 저항."『일제말기 파시즘과 한국사회』. 서울: 청아출판사.

한시준. 2000. "이승만과 대한민국임시정부."『이승만연구: 독립운동과 대한민국 건국』. 서울: 연세대학교출판부.

허동현. 2009. "대한민국 승인을 위한 수석 대표 장면의 활동."『한국민족운동사연구』 60, 337-375.

허태용. 2010. "정조대 후반 탕평정국과 진산사건의 성격."『민족문화』 35, 235-268.

홍선영. 2005. "1920년대 일본 문화주의의 조선 수용과 그 파장."『일어일문학연구』 56, 455-480.

홍선표. 2016. "1910-1930년대 하와이 한인사회의 선전·외교 활동."『한국민족운동사연구』 89, 5-42.

홍이섭. 1959. "소위『闢衛編』의 형성에 대해서."『인문과학』 4권. 연세대학교 인문학연구원, 193-214.

황준헌 저·조일문 역주. 1977.『朝鮮策略』. 서울: 건국대학교출판부.

황현 저·이장희 역. 2008. 『매천야록 상』. 서울: 명문당.
후쿠자와 유키치 저·임종원 역. 2012. 『문명론의 개략』. 서울: 제이앤씨.
히야마 히사오 저·정선태 역. 2000. 『동양적 근대의 창출』. 서울: 소명.
『漢語大辭典』.

색인

■ 주제색인 ■

㈀

가쓰라 태프트 밀약 164, 216

갑신정변 35, 42, 60, 158

갑오개혁 153, 158

『개벽』 90

경성부민관 101

고려임시정부 174

공립협회 170~171

관민공동회 157

광학회 161~162

구미위원부 166, 176~180

구미주차한국위원부 177

「국민대회취지서」 135, 176

국민정신총동원조선연맹 93, 112, 123, 141, 143

국민총력조선연맹 95, 112, 130, 141, 145

국제감리교대회 165, 225

국제연맹 173~174, 225

궁성요배 93

기독교인친한회 179, 181~182

김제 광양광업소 97

㈁

NATO조약 210

낙동서당 153

남조선대한국민대표민주의원 191, 226

내선일체 93, 97~98, 110~117, 122~123, 136, 140~143, 223, 228

㈂

단발령 64

대동단결선언 83~85, 135, 222

대동보국회 171

대동아전쟁 105, 109, 126, 139, 144

대동아정치경제협동권 105

대한국민의회 87, 174

「대한독립선언서」 135

대한독립촉성국민회 191, 195

대한민국 15~17, 21, 150~151, 186, 196~197, 200~206, 209, 211~212, 214~216, 224

대한민국 임시정부 78, 82~83, 134~135, 174, 180, 221~222

대한인국민회 166, 170~172

대한제국 16, 73, 75, 133, 135, 167, 220, 222

대화숙 129

독립의군부 76, 133, 221

『독립정신』 162~163

독립촉성중앙협의회 187, 191, 226

독립협회 156~158, 162~163, 224

동경대공습 95

동아공영권 98, 104~107, 109~110, 131, 137, 139~140, 223

동아연방체 103, 138

『동아일보』 91, 188, 200

동아협동론 140

동아협동체 100~103, 105, 137~138

동제사 82~83

ㄹ

러일평화회의 163~164

ㅁ

만민공동회 157~158

만주사변 87, 93, 135~136, 222

『매일신보』 118, 124~127, 143~144

『매천야록』 36

메리놀외방전교회 205

모스크바삼상회의 188, 190~191, 226

미국 전략첩보국 183, 226

미국 정보조정국 182

미국 커버넌트 장로교회 (The Presbyterian Church of Covenant) 165

미소공동위원회 149, 191~192, 195, 226~227

미일안보조약 209, 212

「민족개조론」 90, 136, 223

민족주의 5

ㅂ

방송선전협의회 127, 144

배재학당 152~159, 224

105인사건　165, 225
벽위편(闢衛編)　45~47
병인양요　26, 51
병자수호조약　25, 29, 57
병참기지론　110, 140

㈅

「사의조선책략(私擬朝鮮策略)」　31
사진신부　167
삼민주의　92, 100
3·1운동　77, 86~88, 90, 133, 135~136, 174~175, 196, 221, 223
『삼천리』　100, 121, 123, 137, 142
상동청년회　158~159
서로군정서　80
소약국동맹회　166, 172
쇼와연구회(昭和研究會)　98~100, 102, 105, 138
시국대응전선 사상보국연맹　129, 145
시국대책조사회　111, 141
신미양요　26, 160
신사참배　93, 129
『신시대』　108, 140

신탁통치반대국민총동원위원회　189, 191
『신학월보』　159
신한민국임시정부　175
『신한민보』　153, 171
신한혁명당　83
신한협회　172
신해혁명　82

㈆

애국금차회　127~128, 144~145
얄타밀약설　179~180, 184~185
얄타회담　184, 226
연동교회　162, 163
연못골교회　163
옥중학당　161~162
우남학관　154
『우주문답』　29, 66
워싱턴군축회의　177~178
유엔군사령부　212~213
유엔소총회　195, 203
유엔한국임시위원단　195
육군지원병제도　93

을미사변 64

의화군 158

2차유림단 79~80, 134, 221~222

1차유림단 78, 134, 221

「임시정부령」 135

「임시정부선포문」 135

임전대책협의회 130, 132, 145~146

ⓒ

재미한족연합위원회 180

제헌국회 196, 199

조미수호통상조약 149, 163~164, 216

조선공산당 189~190

「조선교육령」 93

조선군사후원연맹 127~128, 144~145

「조선독립선언서」 86~87

조선문예회 127~128, 144~145

조선민국임시정부 174

조선민주주의인민공화국 197, 201

조선부인연구회 127~128, 144

「조선사상범보호관찰령」 94, 136

조선유림연합회 129, 145

조선인민당 189

조선임전보국단 132, 146

「조선인학도육군특별지원병제도」 125, 143

『조선책략』 30~31, 61~62

주만독립군 80

중일전쟁 87, 93~94, 98~100, 110, 112, 118, 135~137, 140~142, 222~223

중층적 담론분석 6

지원병제도 110, 121~126, 140, 143~144

ⓒ

창씨개명 93

천도교청년단 129, 145

청일전쟁 154

ⓔ

태평양전쟁 87, 93, 95, 105, 118, 135~136, 139, 142, 179, 181, 183, 222, 226

⟨ㅍ⟩

파리강화회의 77, 134, 172~173, 176, 221

파운드감리교회(The Foundry Methodist Church) 181

⟨ㅎ⟩

한국광복군 87, 135, 222

한국독립청원장서 77, 134, 221

한국친우회 177~178

한국해방위원회 185

한미상호방위조약 151, 186, 206~211, 213, 215, 227

한미합의의사록 211, 227

한미협회 179~181, 183

한성감옥 150, 162, 224

한인감리교회 169

한인기독교학원 169

한인기독교회 166, 168~169

한인기독학원 166, 168

한인기숙학교 167~168

한인선교부 169

한인여자학원 168

한인중앙학원 166, 168

합성협회 170

협동주의 100, 107

『협성회 회보』 157

황국신민화정책 93, 136

황성기독교청년회 163, 165, 225

흥남조선질소비료공장 96

흥아보국단 130, 132, 145~146

■ 인명색인 ■

⟨ㄱ⟩

갈홍기 101, 129

강동모 97

강준흠 45

게일(James S. Gale) 160, 163~165

계광순 120

고경흠 129

고노에 후미마로(近衛文麿) 98~99, 104~105, 137, 139

고승제 107, 120

고염무 46

고원훈 130, 132

고이소 111, 140~141

고종 16, 29~31, 33~35, 38, 43, 48~

51, 56~57, 60~63, 83, 150, 157~
158, 224

고황경　128, 145

구자옥　119, 142

권상로　128

권상익　79

권일신　43

권철신　43~44

권충일　101, 129, 145

그류(Joseph C. Grew)　184

김가진　163

김건　107

김경승　107

김관　107

김구　180, 183, 188, 191, 193, 195~
196, 226

김규식　83, 176, 193, 196

김기진　104, 118, 120, 138

김대익　129

김동인　113, 119~120

김동환　104, 107, 131, 138

김두정　113, 116~117, 120, 141~142

김명식　102, 138

김명준　130

김문집　113, 120

김병국　30

김병학　30

김복수　128, 145

김사연　130

김성수　90, 120, 126, 129, 136, 144, 223

김성식　130

김연수　130

김옥균　35~38, 42

김용제　113, 115, 141

김우평　200

김원주　97

김윤식　31, 35, 59

김인영　109

김일성　207

김정식　161, 163

김종한　163

김좌근　50

김창숙　75~81, 133~134, 221~222

김철완　96

김평묵　65~66

김해강　119

김홍집　30, 35

김활란　120, 128~129, 145, 200

ⓝ

나석주　80, 134, 222

노기남　198~199

노천명　119, 142

ⓓ

도바타 세이이치　106

딘스모어(Hugh A. Dinsmore)　164

ⓡ

로버트 올리버(Robert T. Oliver)
　　181, 192, 199, 209~210

론칼리　205

루즈벨트(Theodore Roosevelt)　164,
　　181

리차드(Timothy Richard)　162

ⓜ

마쓰오카 요스케(松岡洋右)　105,
　　139

맥아더　187, 195, 208, 226

맥켄지(Robert Mckenzie)　162

모윤숙　119~120

모택동　207

목만중　44

목태석　45

몬트니　205

무초(John J. Muccio)　207

미나미　110~111, 115, 125, 129~140

민규식　129~130

민영환　163, 225

민찬호　169, 172

ⓑ

박규수　30, 56~58

박기준　83

박남규　113, 115, 141

박영철　128~129

박영효　35, 37~38, 42, 60~61, 158,
　　175, 224

박영희　104, 107, 129, 138, 145

박용만　83, 158, 162, 166, 171

박은식　76, 83

박인덕 109, 131
박종화 120
박흥식 129~130
박희도 108~110, 118~120, 140, 142
발렌타인(Joshph Ballantine) 184
방응모 128, 145
백관수 128, 145
백낙준 109, 118
백두진 210
번(Patrick J. Byrne) 205
번즈 193
벙커 161
벡(S.A. Beck) 177
변영태 210~211
브리그스 211
비오 12세 205

㊀

사이토 마코토(齊藤實) 88
서강백 119, 142
서광범 35, 42
서광설 130
서은숙 128

서재필 35, 163, 178, 182
서정주 119~120
서춘 107~108, 113, 120, 128, 140
설리번 193
성인기 119, 142
셔만(Harry C. Sherman) 158
손문 78~79, 134, 221
손병희 175
손정규 128
송금선 128, 145
송도정 43
송문헌 128
송자문(宋子文) 184
송진우 189
스크랜튼(William B. Scranton) 160
스탈린 207~208
스틸웰(Joseph Stilwell) 183
스펠만 198, 200
시오바라 111, 140
신갑범 113
신규식 82~83
신빈 83
신석우 83

신익희 200

신정왕후 49

신채호 83

신태악 131

신후담 46

신흥우 109, 119~120, 130~131, 142, 161, 163

ⓞ

아이젠하워 208~209, 211

아펜젤러(Henry G. Appenzeller) 155, 160~161

안국선 163

안동혁 128

안드레이 비신스키(Andrei Yanarievich Vyshinskii) 204

안재홍 189

안정복 45~46

안준 101

안창호 172~173, 175

알렌(Young J. Allen) 162

애비슨(O.R. Avison) 158, 160~161

야마모토 노보루(山本登) 106

야코프 말릭(Jacob Malik) 208

양녕대군 152

양주동 128

양주삼 109, 118, 120, 126, 130, 144

어윤중 35

언더우드(Horace G. Underwood) 160

여운형 193

여운홍 118

오긍선 120, 126, 128, 143, 145

오오토리 게이스케(大鳥圭介) 34

오이스터 베이(Oyster Bay) 164

올리버 에빈스 182

와드만(Superintendent John W. Wadman) 168

왕자오밍(汪兆銘) 99, 137

원덕상 130

월터 로버트슨(Walter S. Robertson) 209~210

윌리엄 딘(William F. Dean) 200

윌슨(Woodrow Wilson) 166, 172~173, 175~176, 225

유광열 107, 118~120, 142

유길준 33~34, 58~59

유동열 83

유성준 163

유영기 129

유영익 157, 160, 162, 213

유인석 29, 33, 41, 65~67, 76

유점암 97

유진오 120, 123, 142~143

유치진 107

유형기 101

유홍렬 83

윤기정 129

윤덕영 128~129, 145

윤봉길 179

윤세복 83

윤웅렬 35

윤일선 109

윤치영 109, 119

윤치호 113~114, 120, 127, 129~131, 144, 163

윤형식 101

이가환 44

이각종 101

이건혁 107

이경선 152

이광수 90~91, 101, 107, 113, 119~120, 123, 128, 130, 136, 143, 145, 223

이기경 44~46

이기찬 130

이돈화 118

이동휘 83, 175

이만채 45~46

이범석 200

이병길 130

이봉수 129

이상설 83

이상재 161, 163, 178

이상협 128, 145

이성근 130

이성환 120, 131~132

이수광 46

이숙종 128

이승만 21, 150~155, 157~200, 206~211, 213~216, 224~227

이승우 130

이승훈 43~44

이용설 109, 120, 142

이용혁 83

색인 245

이원긍 161, 163

이원영 120

이유원 30

이윤하 43

이응준 125, 128

이익 46

이종린 120, 123, 130~131

이종일 157

이중업 79

이진호 130

이창수 107, 120, 142

이최응 30

이춘일 83

이탄 120

이항로 40, 48, 50~54, 63, 65, 67

이헌경 45~46

이헌구 124

이홍장 37

인정식 101~103, 113, 138

임병직 194

임영신 194

임효숙 123

ⓒ

장기영 183, 200

장덕수 108, 118, 120, 130

장면 197~202, 205~206

장석영 79

장제스 99, 137, 195

장호근 57

재콥슨(Anna P. Jacobson) 155

전겸익 46

전규홍 200

전덕기 158

전석범 107

전필순 109

정교원 130

정구충 121, 128, 145

정비석 123

정순만 158

정약용 44

정약전 44

정약종 44

정인과 107, 109

정일형 200

정조 43~45, 47~48

정춘수 109
정태식 189
정한경 172~174
제럴딘 피치(Geraldine T. Fitch) 182
제이 윌리암스(Jay Jerome Williams) 181
제임스 크롬웰(James H.R. Cromwell) 181, 183
조두원 101
조병상 129~130
조병옥 101, 200, 206
조성환 83
조소앙 83~84
조지마셜(George C. Marshall) 193
존 덜레스(John Foster Dulles) 202, 208~211
존 빈센트(John C. Vincent) 194
존 스태커(John W. Staggers) 181
존 커피(John M. Coffee) 182
존스(George H. Jones) 160~161
주연 101
주요한 101, 119~120, 130, 142
주이존 46

질렛(Philip L. Gillet) 160

ㅊ

차상달 101
차재정 101~104, 138
채만식 107
채이강(蔡爾康) 162
채제공 43~45
최기석 107
최남선 90, 118, 120, 128, 136, 145, 223
최동 109
최린 107~108, 124~125, 129~132, 139
최봉안 96
최순주 109
최익현 30, 57, 63
최재서 107, 123, 143
최정덕 158
최정익 157
최정희 120
최창학 129

색인 247

ⓚ

콜린스(J. Lawton Collins)　208

ⓣ

토인비　26
트루먼　181, 184, 186, 193~195, 208

ⓟ

패터슨　193
포크　173
포훈(蒲勳)　121, 142
폴 더글러스(Palul Douglass)　182
폴 앙리 스파크(Paul-Henri Spaak)　193
프란체스카　181
프레더릭 해리스(Frederick B. Harris)　181
프레스턴 굿펠로(M. Preston Goodfellow)　183, 186
프레스톤(John F. Preston)　160

ⓗ

하경덕　101

하지(John R. Hodge)　186, 193~195, 199, 226
한규복　130
한규설　163, 225
한상룡　128~130, 145
한석운　109
한진교　83
함대훈　120
함상훈　107, 120, 142
해리스(Bishop Merriman C.V. Harris)　168
햄린(Lewis T. Hamlin)　165
헐버트(Homer B. Hulbert)　160, 177, 182
헤이(John Hay)　164
현순　175
현영섭　101, 113, 115, 118, 120, 123~124, 141, 143
현제명　119, 128~129
현준호　130
호레이스 알렌(Horce N. Allen)　153, 224
홀(Ernest F. Hall)　165
홍낙안　43~45

홍난파　128

홍명희　83

홍순목　30

홍영식　35, 42

홍의호　44

홍이섭　46

홍재기　163

화이팅(Georgiana E. Whiting)　155

황준헌　30~31, 61~62

황현　36, 56, 58

후쿠자와유키치　35, 42

힐드링(John R. Hilldring)　194